中国名山风景名胜区研究丛书

峨眉山风景名胜区景观析要

李雄 肖遥 著

中国建筑工业出版社

图书在版编目（CIP）数据

峨眉山风景名胜区景观析要 / 李雄，肖遥著. —北京：中国建筑工业出版社，2022.5
（中国名山风景名胜区研究丛书）
ISBN 978-7-112-27042-2

Ⅰ.①峨… Ⅱ.①李… ②肖… Ⅲ.①峨眉山—风景名胜区—研究 Ⅳ.①K928.3

中国版本图书馆CIP数据核字（2021）第270235号

责任编辑：杜　洁　李玲洁
责任校对：张　颖

中国名山风景名胜区研究丛书
峨眉山风景名胜区景观析要
李　雄　肖　遥　著

*

中国建筑工业出版社出版、发行（北京海淀三里河路9号）
各地新华书店、建筑书店经销
北京锋尚制版有限公司制版
北京富诚彩色印刷有限公司印刷

*

开本：787毫米×1092毫米　1/16　印张：14¾　字数：304千字
2022年10月第一版　　2022年10月第一次印刷
定价：88.00元
ISBN 978-7-112-27042-2
（38848）

版权所有　翻印必究
如有印装质量问题，可寄本社图书出版中心退换
（邮政编码100037）

前言

风景名胜，是人类在其生存的大地上书写的痕迹，是人类文化的物象表达。峨眉山风景名胜区则是巴蜀地域文化、宗教和自然景观融合与历史演变的缩影。

本书从山岳型风景名胜区自然和人文景观的视角，对峨眉山区域历史文化和宗教的演变进行归纳总结，综合运用风景园林、建筑等多学科的理论，结合语言学、美学、哲学，从自然背景、人文发展、景观时空演变等维度阐述峨眉山风景名胜区的风景理法，论述了峨眉山人文景观的精神内核和空间演变规律。全书分为七章，前两章对峨眉山的研究状况和资源、景观特征进行了系统介绍，通过翔实的资料和重点明确的分析，帮助读者了解峨眉山风景名胜区独特人文景观形成的背景和基础。第三章阐释了峨眉山人文景观的形成与发展过程，结合志书、古图等众多史料刻画了峨眉山人文景观从萌芽、发展、鼎盛到衰退和恢复跨越千年的变化。第四至五章研究了人文景观整体布局和寺庵单体的营构理法，从不同尺度探讨峨眉山人文景观的空间规律。第六至七章分别从空间和时间的维度分析了峨眉山人文景观蕴含的思想意境和哲学内涵。第四至七章是本书的核心章节，每章末尾均以实例解析的方式，配合测绘图纸及分析图稿，深入展现峨眉山风景名胜区景观理法的艺术特征和文化魅力。

本书对山岳型风景名胜区研究和中国国家公园体系建设均具有重要的理论意义和实践价值，具体体现为：

第一，构建了峨眉山人文景观为代表的巴蜀名山景观研究理论框架：

峨眉山作为巴蜀地区长期以来的文化中心和名胜古迹，融合了巴蜀地区丰富的民风民俗、价值观念、审美特性和建造技艺，是巴蜀名山的典型代表。

通过对峨眉山景观理法的研究，探索风景名胜区及寺庵园林化空间的形式与精神内涵，分析峨眉山建筑与环境特征，总结峨眉山寺庵在发展过程中蕴含的哲学价值观、审美观，对构建巴蜀名山景观研究理论框架具有积极意义。

第二，丰富了中国山岳类风景名胜区景观理法研究的理论体系。

为了充分保护我国风景名胜，1982年国务院建立了中国风景名胜区制度，将国内具有突出历史价值和景观价值的地块划分为14种类型：历史圣地类、山岳类、岩洞类、江河类、湖泊类、海滨海岛类、特殊地貌类、城市风景类、生物景观类、壁画石窟类、纪念地类、陵寝类、民俗风情类和其他类。

中国为多山国家，山地、高原、丘陵约占全国土地总面积的69%。山岳类风景名胜区是我国风景名胜区的典型代表，占全部风景名胜区的半数以上。山岳类风景名胜区具有区别于其他风景名胜区的自然风貌特征、历史文化脉络和景观布局结构。本书以峨眉山为研究对象，从宏观、中观和微观层面探讨了人工构筑与山林环境的融合方式，总结山岳风景名胜区的景观理法特征，对丰富中国山岳风景名胜区景观理法研究的理论体系具有重要的理论价值。

第三，以自然文化双遗产的峨眉山研究为基点，助力构建具有中国风格、中国特色和中国气派的国家公园体系。

为了保护国土资源，我国于2013年正式提出建立国家公园体制。2015年，在中国国家发改委社会发展司的牵头带动下，中国国家公园试点正式启动，并选择地方具有代表性、具有保护价值的区域作为试点对象。风景名胜区与中国国家公园体系的建设紧密相关，是最具有中国文化特征的组成部分。

四川地区，具有秀丽而多样的自然风光和独具特色的地域文化，是我国自然文化资源的重要构成部分。峨眉山作为历史上四川的文化中心和如今重要的自然文化双遗产，具有极强的区域代表性和保护价值。峨眉山作为山岳型风景名胜区，其独特的人文景观文脉、人与天调的风景理法、"人化的自然"的哲学观对于中国国家公园体系的建设均具有重要的理论意义和实践价值。

目录

第一章　引言

第二章　峨眉山自然资源与景观特征

第一节　自然资源 / 008
　　一、区位范围 / 008
　　二、自然资源 / 009

第二节　景观特征 / 013
　　一、自然景观 / 013
　　二、人文景观 / 022

第三章　峨眉山人文景观的形成与发展

第一节　原始山岳崇拜时期 / 038
　　一、原始山岳崇拜 / 038
　　二、向中原地区传播 / 039

第二节　道教名山时期 / 039
　　一、道教的传入与"峨眉治"的建立 / 039
　　二、道教名山地位的确立与宫观修建 / 040

第三节　佛道并重时期 / 041
　　一、道教的发展与衰落 / 041
　　二、佛教的传入与发展 / 043
　　三、佛道共存 / 045

第四节　佛教鼎盛时期 / 046
　　一、道教衰落与道观绝迹 / 046
　　二、佛教的鼎盛发展 / 046
　　三、佛道融合发展 / 049

第五节　动荡与衰退时期 / 051

第六节　恢复与重建期 / 051
　　一、寺庵的修整与恢复 / 051
　　二、国家级山岳类风景名胜区的建立 / 052

第七节　人文景观演变的驱动因素 / 053
　　一、自然因素 / 053
　　二、人文因素 / 054
　　三、政治因素 / 054
　　四、社会因素 / 055

第四章　峨眉山人文景观整体布局风景析要

第一节　人文景观布局的整体结构特征 / 058
　　一、寺庵分布特征 / 058
　　二、道路网络特征 / 060

第二节　寺庵布局的山水风景特征 / 062
　　一、山体 / 062
　　二、水体 / 065
　　三、山水组合模式 / 066
第三节　寺庵布局的方位特征 / 069
　　一、最佳山水朝向的主轴线 / 070
　　二、多因子影响下的生活朝向布局 / 070
第四节　寺庵布局的尺度形态特征 / 072
　　一、平面形态 / 072
　　二、透视尺度 / 074
　　三、轮廓呼应 / 078
第五节　寺庵择址要素与人文特征 / 079
　　一、生存需求 / 079
　　二、山水美学 / 083
　　三、文化认知 / 087
第六节　多因子影响下的综合整体布局实例解析 / 090

第五章　峨眉山寺庵单体营构与风景理法析要

第一节　寺庵单体 / 096
第二节　引导空间 / 097
　　一、功能与作用 / 097
　　二、空间类型 / 098
第三节　建筑空间 / 117
　　一、建筑单体特征 / 117
　　二、台基 / 118
　　三、屋身 / 123
　　四、屋顶 / 127
　　五、入口单体的强化 / 130
　　六、单体院落 / 131
　　七、多重院落 / 132
第四节　环境空间 / 136
　　一、环境空间的基本类型 / 136
　　二、庭院花木 / 141
　　三、景观水系 / 147
　　四、台层处理 / 150
　　五、自然形胜 / 151
第五节　空间的渗透与交融 / 155
　　一、外部环境空间 / 155
　　二、庭院环境空间 / 158
　　三、室内环境空间 / 159

第六节 随物赋形的单体理法实例解析 / 160
　　　一、遇仙寺 / 160
　　　二、神水阁 / 161

第六章 峨眉山人文景观文化意蕴与意境生成

第一节 寺庵意境的思想根源与文化底蕴 / 166
　　　一、文化意识本源 / 166
　　　二、传说意象 / 170
　　　三、文人审美 / 171
　　　四、民风与民俗 / 173
第二节 意境的生成与表达 / 175
　　　一、意境、意象、立意 / 175
　　　二、意境的生成原理 / 175
　　　三、景观意境的类型 / 177
第三节 峨眉山人文景观中的实体意境 / 178
　　　一、景观实体与实体意象 / 178
　　　二、实体意象类型及立意 / 185
　　　三、实体意象的意境转化 / 189
第四节 峨眉山人文景观中的空间意境 / 192
　　　一、空间意境 / 192
　　　二、山水空间意境 / 192
　　　三、建筑空间意境 / 192
　　　四、空间意境的营造 / 193
第五节 意的指引与感知 / 194
　　　一、题名指引 / 194
　　　二、题对指引 / 197
　　　三、诗文指引 / 199
　　　四、民间传说指引 / 199
第六节 单体意境的升华和整体意境的生成实例解析 / 201

第七章 峨眉山人文景观的时空观与表达途径

第一节 人文景观的传统时空观 / 208
　　　一、时空哲学观 / 208
　　　二、时空伦理观 / 211
第二节 景观中的时空表达 / 213
第三节 人文景观的共时表达 / 214
　　　一、重要天时的空间物象表达 / 214
　　　二、四方中央的布局模式 / 215
第四节 人文景观的历时表达 / 217
　　　一、历代建设与寺庵的有机生长 / 218
　　　二、丰富的景观意象和交叠的时空境界 / 220
第五节 景则由时而现、时则因景而知的实例解析 / 220

后记

第 一 章

引言

位于四川盆地边陲的峨眉山，海拔3099米，显赫地矗立在成都平原西南侧。因其秀丽的自然环境、奇特的地理景观，自古以来吸引了无数文人墨客和僧道修行者。峨眉山在历史上曾与山西五台山、浙江普陀山、安徽九华山并称佛教四大名山，素有"峨眉天下秀"的称誉。

在两千多年的发展与演变过程中，峨眉山凭借幽深灵性的古刹和优美的自然风光，成为地方文人墨客宴游、寻古探幽的中心。佛教禅宗、道教和巴蜀儒学思想在这里汇聚，不同的宇宙观、价值观相互融合，注入峨眉山秀丽的风光之中，并通过名山景观的形式表达出来。而构成名山景观的建筑、香道、林木和形胜景点，又经过历代更替，兴盛与衰败，流传至今，成为峨眉山风景名胜区景观的重要组成部分。

历史文献是了解峨眉山风景名胜区的重要线索。据统计，自唐代起描写峨眉山的诗词约有2000多首。其中一些诗词对于峨眉山的整体景观做出了艺术化的描写，例如岑参《忘峨眉》、苏轼《峨眉山》、曹松《送峨僧归》等。另一些诗词集中描写了峨眉山古刹或自然形胜，如《解脱坡》《白水寺》《双飞桥》等。其中李白的《登峨眉山》尤为众人所熟知：

蜀国多仙山，峨眉邈难匹。
周流试登览，绝怪安可悉？
青冥倚天开，彩错疑画出。
泠然紫霞赏，果得锦囊术。
云间吟琼箫，石上弄宝瑟。
平生有微尚，欢笑自此毕。
烟容如在颜，尘累忽相失。
倘逢骑羊子，携手凌白日。

诗仙挥毫的文字描绘了旖旎瑰怪的仙山景象：群峰险怪，林泉幽邃。这正符合唐代对峨眉洞天的认知。

峨眉山游记散文众多。与着重艺术性表达的诗歌不同，散文及游记的描述相对客观。以宋代范成大的《峨眉山行纪》、明代胡世安的《峨眉山道里纪》《涤瞩岩记》、明代王士性的《游峨眉山记》、袁子让的《游大峨山记》和清代江皋的《游峨眉山记》为代表。游记中详细记载了峨眉山寺观、村落、茶亭、自然形胜的名称与位置，山道、建筑名胜的传说典故和历史变更等。另有一些关于峨眉山部分寺庙的记叙散文，如明代文章《创造会宗堂记》《纯阳宫记》《增修古大峨寺记》等，记述了寺庙新建和修缮时间、原因和规模等重要信息。通过不同时期游记散文的对照，不难筛选出具有说服力的历史信息，作为还原峨眉山历史景观面貌的重要组成。

方志，指记述地方情况的史志，大多为政府官方或由官方委托编纂，是可信度较高的历史文献。峨眉山重要的方志有：明代胡世安所著《译峨籁》，清代蒋超所著《峨眉山志》，清光绪年间的《峨山图说》以及1996年四川省地方志编纂委员会编纂的《四川省志·峨眉山志》。其中《译峨籁》是目前已知最早的峨眉方志，有孤本收藏于北京。1988年乐山史志资料丛书编纂时，按照原版内容重新印制。《译峨籁》共分十卷，分别为"星野纪""形胜纪""典籍纪""图绘纪""玄览纪""宗境纪""方物纪""道里纪""文翰纪""诗歌纪"。搜集了关于峨眉山区位、山水、诗词、传说等内容，详细描述了明代的峨眉山景观，分类逻辑清晰，内容翔实。

清代的蒋超依据《译峨籁》编撰了《峨眉山志》，保留了《译峨籁》的大部分内容，但删去了一些被认定为误传的传说典故。《峨眉山志》分为"星野图说""菩萨圣迹""全山形胜""寺庵胜概""感应灵异""历代高僧""王臣外护""仙隐流寓""古今艺文"九卷。书中加强了对峨眉山寺庵建筑、自然景观的分类总结和描写；补录邑人冯文炳所绘"峨眉山图"，图中显示了峨眉山山势起伏、道路走向、河流方位、建筑布局和自然景观位置，是峨眉山重要的图示资料。

1884年，光绪皇帝突然提出要去峨眉山祭祀，四川总督丁宝桢接奉朝命特颁祀典，需进呈峨眉山图以供圣览。遂命四川道台黄绶芙督办，黄绶芙受命后，令举人、诗人和画家谭钟岳绘制峨眉山图，并调研沿途道路和寺庵详情，以备皇帝驾临。1886年，黄绶芙提议重修《峨眉山志》，谭钟岳再次绘制山图，廖星堂重修文字，编纂成《峨山图说》。1935年，四川成都华西大学英文学系教授费尔朴[①]偶然寻得该书，将其翻译为英语，并以中英对照的形式出版为《新版峨山图志》[②]（图1-1），使《峨山图说》的面貌得以重现。《新版峨山图志》是第一本用英文介绍峨眉山的专著。图志收录了源自《峨山图说》山图64幅，诗46首，包括总图1幅、详图53幅。图绘翔实清晰，图中又附有说明，介绍清代光绪年间峨眉山的自然景观、游程步数、山形道路，详细描绘了寺庙和周边形胜景点，建筑布局、

---

① 费尔朴，美国人，哲学博士，英文名为Dryden Linsley Phelps，华西协和大学文学院教授。
② 该书英文名称为A New Edition of the Omei Illustrated Guide Book。

图1-1 新版峨山图志中文封面

形制和建置简史、传说典故。另有10幅示意图与诗歌并作一体，记录清代"峨眉十景"。

1996年四川省地方志编纂委员会对峨眉山文献资料进行了整理，并对风景名胜区进行了重新勘查，出版了新版《峨眉山志》。该山志在前志的基础上搜集整理了峨眉山历史、自然环境、风景名胜、宗教、文物、艺文、建设旅游、保护管理等几个方面的内容，以更加科学和系统的方式对峨眉山千年历史进行了梳理。

除山志外，峨眉县志亦有相关记录。主要有康熙《峨眉县志》八卷、乾隆《峨眉县志》十二卷、嘉庆《峨眉县志》和1991年四川省峨眉县志编纂委员会编纂的《峨眉县志》。县志记载补充了峨眉山居民、民间习俗文艺、生产就业等内容。

对峨眉山风景名胜区的记录虽然繁多，但近现代的整理和研究仍然处于初期阶段。从景观角度，主要涉及山中建筑、园林和整体景观。其中，代表性的建筑研究文献有沈庄《峨眉山建筑初探》，从峨眉山寺庵创作手法的角度阐释了建筑整体序列的组织和单体建筑的特征和规律，并将峨眉山建筑理法概括为："因借体宜、点景引人、庙旅合一、时空合韵"。文中作者对峨眉山重要建筑进行的实测，是峨眉山建筑研究的重要基础。季富政《峨眉山风水建筑浅识》论述了峨眉山建筑选址、平面布局与通风、水源的关系。熊锋《峨眉山万年寺无梁砖殿的修建起源及其研究》从建筑考古的角度研究了万年寺砖殿的外观演变与建造立意。李沄璋、陈科臻、梁燕枫对峨眉山民居建筑进行了抢救性测绘，研究分析了建筑格局、建筑材质、建筑结构特点，以支持建筑保护与修复。此外，四川省建设委员会、四川省勘察设计协会和四川省土木建筑学会、四川省文物考古研究院对包括峨眉山寺庵在内的四川重点传统建筑进行了测绘，测绘结果收录于《四川古建筑》《四川古建筑测绘图集》等专著中。

关于峨眉山园林的研究非常稀少。陈黎清和林葳描述性地研究了峨眉山寺院的园林化布局特征。天津大学曾宇在《巴蜀园林艺术》一书中将峨眉山寺庙园林作为研究个例，进行了阐释。陈其兵在《巴蜀园林》中对巴蜀园林的整体造园背景、历史进程、造园思想、园林类型、造园技术和风格等进行了系统性研究，收录了峨眉山寺观园林的诸多实例。

重庆大学周翔的硕士论文《峨眉山名山风景区景观序列研究》是一篇从景观序列组织的角度研究峨眉山风景名胜区的文章，文章回顾了峨眉山风景名胜区的发展历史，并从自然景观序列和人文景观序列、朝拜意境序列三个方面研究了峨眉山总体景观序列的特征和构建特点，探寻景观序列的现实价值，是目前对峨眉山风景名胜区研究较为完整的文献。作为一种不可再生的文化资源和历史遗产，峨眉山风景名胜区人文景观的整体序列和单体建筑的空间组织，包含了巴蜀文化和自然文化信息。自然与人文景观长时间的交融演变历程，表现出独特的外在形式、空间构成和文化审美。为实现地域景观的保护和延续，传承巴蜀文化，我们需要严肃而谨慎地对待峨眉山风景名胜区的研究，从景观形成与发展，景观整体与单体，景观意蕴与意境的综合角度进行完整的梳理与探讨。

参考文献

[1] 沈庄. 峨眉山建筑初探[J]. 建筑学报. 1981, 1.
[2] 季富政. 峨眉山风水建筑浅识[J]. 四川建筑, 1994, 2: 9-11.
[3] 熊锋. 峨眉山万年寺无梁砖殿的修建缘起及其演变[J]. 中国俗文化研究, 2005, 12: 89-92.
[4] 李沄璋, 陈科臻, 梁燕枫. 峨眉山典型山地民居特征研究[J]. 沈阳建筑大学学报（社会科学版）, 2014, 2: 117-121.
[5] 陈黎清. 论峨眉山佛寺园林特色[J]. 中华文化论坛, 2007, 3: 29-34.
[6] 林葳. 峨眉山寺庙园林的保护与发展[J]. 中国园艺文摘, 2010, 11: 76-78.
[7] 曾宇, 王乃香. 巴蜀园林艺术[M]. 天津: 天津大学出版社. 2000.
[8] 陈其兵, 杨玉培. 西蜀园林[M]. 北京: 中国林业出版社. 2009.
[9] 周翔. 峨眉山名山风景区景观序列研究[D]. 重庆大学, 2008.

第二章

峨眉山自然资源与景观特征

第一节　自然资源

一、区位范围

峨眉山，位于四川盆地西南乐山市境内，距成都168公里。距乐山市区38公里，距峨眉县城7公里。属东昆仑山北岭邛崃山脉南支，与横空出世的昆仑山一脉相连，有伯仲之称。从成都远望，峨眉山自平原拔地而起，山体横卧，与西南部连绵的群山交融，形成环绕成都平原的盆地边界。在唐宋时期，因峨眉山所在的"嘉州"[①]与吐蕃、西夏诸部接壤，被视作中原统治的边陲之地；又因其山体挺拔耸立，胜于周边诸峰，被认为是汉族领域西南方的最高峰。

峨眉山的具体范围在不同历史时期有所变化。宋范成大《峨眉山行记》中称"峨眉有三山为一列，曰大峨中峨小峨"，即现在的大峨、二峨[②]、三峨[③]，此三山是广义上的峨眉山。又因金顶在大峨山绝顶，故狭义上峨眉山专指大峨山。

20世纪80年代，为了保护我国独有的自然资源和人文资源，国务院建立国家风景名胜区体系，峨眉山位列其中。同时于1983年及1993年两次进行《峨眉山风景名胜区总体规划》（以下简称《规划》）编制，确定了峨眉山风景名胜区范围。2018年修编的《规划》规定风景名胜区总面积176.83平方公里，地理坐标为东经103°14′11.619″~103°227′22.240″，北纬29°28′24.957″~29°36′51.324″（图2-1）。由于该范围与历史上的大峨山基本一致，故本书将大峨山、峨眉山、峨眉山风景名胜区的范围均定义为《规划》划定的176.83平方公里范围。

---

① 现峨眉山市。
② 二峨山又名绥山，位于大峨山西南部，两山相连。
③ 三峨山现名"美女峰"，位于现乐山市沙湾区。

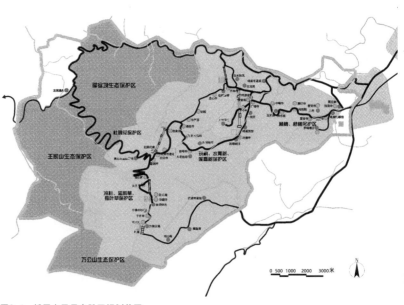

图2-1　峨眉山风景名胜区规划范围

二、自然资源

自然资源是景观的物质基础,峨眉山自然资源主要包括地形地貌、气候、水利资源和植物资源。

(一)地形地貌

地质地貌是峨眉山自然景观的基本要素。依据我国地貌基本类型划分指标,峨眉山海拔3099米,起伏高度约2500米,为大起伏高中山。山体由古生代的花岗石、石灰岩、变质岩构成。顶部为玄武岩,属背斜格褶皱断块山。在漫长的地质年代里,经风化剥蚀、冰川、流水等自然作用,演化成了峰峦奇绝、怪石峥嵘、川流曲绕、山环水抱的"峨眉山断块带"。其地形,东部下降为丘陵起伏、田畴如锦的峨眉平原,西部上升为巍峨雄峙、逶迤如黛的峨眉山。全山呈西南东北走向,西南侧制高点万佛顶海拔3099米,东北侧朝向峨眉山市与成都平原下降,最低海拔约450米。山体由一南北向山脊分为东坡与西坡。东坡地势陡峭,部分坡度可达40%以上,由数条西南至东北走向的山脊构成,谷壑众多。西坡地势平缓,坡度多在15%左右,以西北及东南坡向为主(图2-2)。

(二)气象资源

峨眉山基带属于中亚热带季风型湿润气候,冬暖夏凉、雨量充沛、日照少、风力微弱。由于地势形态属"立体地貌"类型,因而形成自下而上热带、寒温带等多层次的"立体气候",具有明显的气候垂直分带特点。

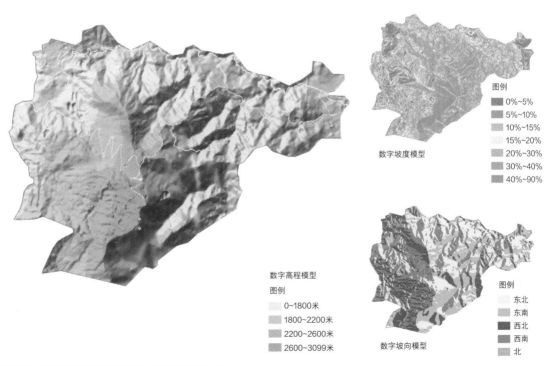

图2-2　峨眉山数字高程模型(左)及数字表面模型(右)

海拔800米以下为低山、平坝区，属亚热带湿润气候区，包括报国寺、伏虎寺、清音阁、神水阁等地。气候主要特点为冬暖夏热，四季分明，春雨较晚，夏季多暴雨，秋雨绵长，阴天多，日照少，霜雪极少。

海拔800~1600米为中山区，属暖温带气候区，包括万年寺、洪椿坪、九老洞、大坪地区。气候特点是冬较冷，夏不热，阴天多。日照少、降水丰富，又随海拔升高，气温逐渐下降。

海拔1600~3099米为高山区，属亚高山温带寒温带极湿气候区。包括洗象池、大乘寺、雷洞坪、金顶、千佛顶、万佛顶地区。由于地面抬升幅度较大，热量条件四季不显，只有冷暖之分，且霜雪期长、云雾多、雨量多、温差大。其中金顶、千佛顶、万佛顶山顶具有不同的气候特点。属亚寒带气候，年均气温3摄氏度，气温比其他高度气温更低，但日照增多。

总体来说，峨眉山天气多变，气温随海拔的升高而降低，雨量充沛，阴湿多云雾，素有"一山有四季，十里不同天"之称（图2-3）。

（三）水利资源

峨眉山水文地理类别属于大渡河青衣江水系，境内天然河流5条。分别为峨眉河支流符汶河（含黑水、白水、黑水河），虹溪河（含赶山河、瑜珈河），临江河支流张沟河，龙池河支流燕儿河和花溪河支流石河。天然河流均具有坡度陡、流程短的特点。流量情况不稳定，雨水充沛时容易

图2-3 高山晴雪与中山云雾

暴涨，而雨水过后消退得很快，干旱季节容易干涸。

峨眉山地下水主要储存在构造裂隙和灰岩溶蚀中。山中地表泉水露头不多，主要有峨眉山矿泉、玉液泉、龙洞涌泉三处。

（四）植物资源

峨眉山历来有"植物王国"之称，以它色彩缤纷的琼花瑶草、名木佳树闻名于世。南宋诗人冯时行以"岩峦皆创见，草木半无名，翠削山山玉，光摇树树琼"描述了峨眉山的自然风貌，它是一个古老的植物园。

峨眉山山势巍峨，峰峦叠翠，海拔3099米，垂直气候带十分明显，从下至上，有亚热带、温带、亚寒带气候类型。云雾多，日照少，雨量充沛，空气潮湿，并有中、酸、碱三性土壤，加之复杂的地形环境，植物适生条件宽广，因而植物种类极为丰富，构成了多种多样的植物群落。据统计，峨眉山植物种类约为5000种，高等植物约3200种，植物种类占中国植物物种总数的十分之一，国家重点保护植物41种。此外峨眉山特有植物极为丰富，为107种，占我国特有植物的九分之一。

由于气候、土壤的影响，峨眉山植物资源显示出垂直分异特性（表2-1）。海拔1000米以下人类活动频繁，主要植物类型为人工栽培林和亚热带次生林，如落叶阔叶林、杉木林、马尾松林、落叶栎类灌木丛、杂木灌木等。海拔1000～1800米为山地常绿阔叶林带，以樟科、常绿壳斗科为优势种，混生壳斗科、山矾科、山茶科、落叶阔叶种类植物。海拔1800～2200米为山地常绿阔叶与落叶阔叶混交林为主，常绿阔叶与落叶阔叶林相互掺杂。海拔2200～2600米为亚高山针叶与落叶阔叶混交林，针叶树多为冷杉，落叶阔叶树有槭、珙桐、水青、连香等。海拔2600米以上为亚高山针叶林和亚高山次生灌丛、草甸，以冷杉、箭竹、峨眉银叶杜鹃、峨眉蔷薇、草丛为主。

表2-1 峨眉山植物资源垂直分异特性

海拔（米）	垂直自然带	特征
500～1000	亚热带次生植物及栽培植物带	冬暖夏热，四季分明，多雨水，夏季多暴雨。常绿阔叶林已遭破坏，多亚热带次生针叶林。次生林以杉木林为主，次为柏木林、马尾松林及栽培植被。林中夹有落叶阔叶树种及竹类。土壤为黄壤。地形较平缓
1000～1800	亚热带常绿阔叶林带	冬暖夏热，四季分明，多雨水，夏季多暴雨。海拔1000～1200米处，气温较高。樟科植物为优势种，混生有壳斗科及山矾科等种类。海拔1200～1800米处，气温较低。以常绿壳斗科为优势种，并含有樟科、山茶科及落叶阔叶种类。土壤为黄壤
1800～2200	亚热带常绿阔叶与落叶阔叶混交林带	温暖湿润，降雨量大，日照特别少。本带地貌切割破碎，地势起伏大。常绿阔叶与落叶阔叶两类林木相互掺杂。常绿阔叶林以壳斗科及樟科的种类为多，落叶阔叶林的优势种有珙桐、稠李、华西枫杨等
2200～2600	温带针叶与落叶阔叶混交林带	寒冷潮湿，日照少。地形陡峭。以落叶阔叶林为背景，针叶树多为冷杉。土壤为暗棕壤
2600～3099	寒温带针叶林带	相对湿度大，积雪时间长，气候冷湿。山顶区域平坦，悬崖陡峭，地形奇特。原以针叶林冷杉林为主，但由于砍伐严重，冷杉林被严重破坏。目前以次生亚高山灌丛、草甸为主。土壤为山地灰化土

药用植物在峨眉山极为丰富,晋代《抱朴子》即载有修行者登山采药的传说。据四川省中药学校调查资料显示,峨眉境内有药用植物212科、1645种,其中以"峨眉"命名的就有200多种。尤以峨参、峨七最为著名,特别是峨眉黄连,在国内外药物中占有重要地位。相传隋唐时代"药王"孙思邈曾来这里研究药物达数年之久,至今在牛心寺后面还留有"真人洞"遗址。

(五)动物资源

峨眉山素有"树林阴翳,禽鸟和鸣"的胜地之称,是珍禽异兽的天然乐园。据统计,山中各种动物有2300多种,著名珍禽包括国家一类保护动物黑鹳;二类保护动物大鲵、红腹角雉、白鸡、小熊猫、短尾猴;两期动物峨眉髭蟾、弹琴蛙等。

峨眉山的猴群,素有"峨眉灵猴"之称。早有"青猴传书""猢狲引路""白猿献果"等传说。它们分布在1400~2100米的中山区,九老洞、遇仙寺、洗象池、华严寺等处。峨眉猴是高等猿猴类中狭鼻猴的一种,属哺乳纲,灵长目,猴科。它们体型较大,成年猴一般可达30斤。背面毛色黑褐,尾很短,故称"短尾猴",是国家二类保护动物(图2-4)。

图2-4 峨眉短尾猴

第二节 景观特征

一、自然景观

　　景观，是人类在生存的土地上书写的痕迹，是人类文化的物象表达。自然景观代表了人类对自然的认知和解读。历代人们在游历峨眉的过程中，不断对其奇特的自然景象加以观察、总结和想象，塑造了广为流传的峨眉山自然景观形象。这些景观脱胎于客观的自然资源，又与人们的认知紧密相关，展现出独特的文化审美。

　　峨眉山自然景观以巍峨秀丽，气势雄伟而得名。峨是形容山高，在距离百里之外，都可以看见峨眉山高插入云、庄严壮丽的雄姿。眉是形容它的秀，因山脉绵亘曲折，千岩万壑，瀑布、溪流、秀丽清雅，故有"峨眉天下秀"之称，其代表性的自然景观主要有地质景观、气候景观和动植物景观三类。

（一）地质景观

1. 地貌景观

　　峨眉山得天独厚的雄姿秀影，是山体上升过程中，漫长的地质作用——冰川、流水、大气和生物联合作用的结果，铸成形态万千的奇峰怪石，深邃莫测的仙泉灵洞。

　　（1）冰川地貌

　　冰川地貌塑造的峡谷景观造就了峨眉山立壁千仞，似刀斧开凿的山崖。龙门洞位于峨眉山麓，峡底河深水碧，岩岸壁立，遥望如门，曾称为"登山门户"，是代表性的冰川地貌景观。这里两岸峭壁百丈，秀色争艳，倒影变幻无穷。龙门瀑布飞泻而下，直至峡底。如飞絮游丝，喷珠溅玉，阳光映射，又似彩练缥缈，是一幅动静皆备的图画。张大千曾以其为素材，绘画出《峨眉山麓净水图》。宋人范成大在《峨眉山行》中说："及至龙门，则双溪又在下风。盖天下峡泉之胜，当以龙门第一"。一线天峡谷是另一处典型的冰川地貌景观，位于清音阁左侧的白云峡内。其两岸壁立千尺，直落江底，仰望岩顶，天仅一线（图2-5）。

　　（2）喀斯特溶洞和出露泉景观

　　相传峨眉山溶洞有七十二处，这些洞穴流传着种种神奇的传说。如药王洞、鬼谷洞、藏经洞等。其中最为著名的九老洞位于九老峰下，是山中最大的天然溶洞。洞深1505米，山洞上下套叠，如同迷宫，洞内多布石笋、石柱等。相传黄帝登峨眉寻访天皇真人时在洞内遇到九位老者，又传说道教财神赵公明曾在此修炼。除溶洞外，风景区西北部脚盆坝有喀斯特地下河龙洞，天池峰下有喀斯特石林石笋沟。

　　出露泉是由于地质作用形成的泉池。峨眉山泉池并不多，但都属于非常重要的自然景观，记载于诸多游记、诗词中，主要有井络泉、玉女池、

图2-5 白云峡一线天

图2-6　神水阁前的大峨石和玉液泉

神水池、明月池、洗象池、白龙池6处。现存最为著名的泉水是神水阁前的神水池"玉液泉"（图2-6），有"神水通楚"的典故，水质清澈，山民常到此取水饮用。

2. 奇峰异石景观

从历代峨眉游记中可以发现，山中出现频率最高的自然景观是奇峰异石。

峨眉山峰雄秀险峻，从东向西，由低到高，峰峦叠嶂，层次分明。低山区山势如一列锦屏，苍翠清雅；中山区黑白二水盘桓汇集，秀丽幽深；高山区三峰并列，高耸云端。山形多变，如"青莲""凤屏""翠笋""弓背""伏虎""象鼻"等，地势奇峻，变化多端。

山中多有奇石，如天门石（图2-7）、大峨石等峨眉山玄武岩，形体巨大，气势磅礴。本身就是一道自然奇景，加之来往文人的题跋，更成为象征山水灵性的奇妙景观。

另一些山石受流水冲刷或自然分化形成了特殊的形态，如石船、石盘、石人等。岩石与人们的想象力相互融合，成为山中传说典故的载体与佐证。

"双桥两虹影，万古一牛心。"牛心石在中山清音阁前，黑龙江和白龙江交汇处的一块玄武岩巨石，高约2米，由于水流冲刷，光滑无比，黝黑的表面带有菊花状的斑晶（图2-8）。该石由于酷似牛心而得名，代表了

图2-7 天门石

图2-8 清音阁牛心石

道教祭祀的三牲之一，是山中负有盛名的景观之一。此外如太子石、普贤船、仙女桥等奇石尚有二十余处。

（二）气候景观

1. 四时四季景色

峨眉山素有"一山有四季，十里不同天"的赞誉。阳春三月，山下桃红李白，落英缤纷，而山顶还是白雪茫茫，银装素裹。盛夏三伏，山下骄阳似火，山上则是浓荫蔽日，凉风习习。一日登山，可感四季变迁，古人感叹山顶长冬无夏，"五月峨眉须近火，木皮岭上衹如冬。"[①]"春风日日吹不消，五月行人冻如蚁。"[②]即展现了这一点。

四季峨眉则有春荣、夏丽、秋幽、冬静之称。《新版峨山图志》作者费尔朴在其书的序言中描写"严冬则积雪莹莹，盛夏则芳草青青，晨则旭日初升，金光璀璨，夜则皓月当空，银色荡漾"，记述了百年来令醉心于此山者神往的四时四季景象。

2. 金顶三相景观

峨眉山最具代表性的自然景观称为"金顶三相"，一般认为包括了宝光、云海、日出（或圣灯）三种气象景观（图2-9）。

（1）宝光

宝光又被称为"佛光"，在佛教中指释迦牟尼眉宇间的光芒。在气象学中，宝光指空中圆环状的光圈，由于最早在峨眉山观测到，被命名为"峨眉宝光"。

宝光是峨眉山最著名和最具有吸引力的自然景观。由于观测条件十分苛刻，只有很少的游山者有幸观赏到这一奇特的景象，因而宝光现象又带上了几分神奇色彩。

明代《译峨籁》中记载了最早观测宝光的故事：晋人蒲公入峨眉采药，追寻白鹿至峰顶，见到宝光，认为是普贤显灵，于是在峰顶建造了初殿，以祭祀普贤。

宋代范成大在《峨眉山行纪》中清晰地描述了宝光："……云头现大圆光，杂色之晕数重。倚立相对，中有水墨影若仙至跨象者。一碗茶顷，光没，而其旁复现一光如前，有顷亦没。云中更有金光两道，横射岩腹，人亦谓之小现。……有大圆光堰卧平云之上，外星三重，每重有青、黄、红、绿之色。光之正中，虚明凝湛，观者各自见其形现于虚明之处，毫厘无隐，一如对镜，举手动足，影皆随形，而不见傍人。僧云摄身光也。"范成大引述"僧人"说法，将宝光分为"清现""金桥""收岩""大现""小现""摄身光"几类，详细描写了宝光现象出现的形状、颜色、变化。

明代胡世安又记："白色无红晕者曰水光；如箕形者曰辟支光；如铙钹形者曰童子光；光有尖梢上映，直竖斜移者曰仙人首、仙人掌光……"充实了宝光现象的种类。

目前，对于"峨眉宝光"现象已经有科学解释，认为宝光是由于云雾散射产生。宝光难得，是由于观测条件苛刻，需观测者、阳光射入方向、云雾体位于一条直线上。峨眉山光明岩金刚嘴处地形适宜，云雾缭绕，恰

---

① 出自曹松《送僧入蜀过夏》。
② 出自苏轼《雪斋》。

图2-9 峨眉山宝光、云海和日出景观

适宜观测。

（2）云海

峨眉多云雾，唐代李白《登峨眉山》："蜀国多仙山，峨眉邈难匹……云间吟琼箫，石上弄宝瑟"，白居易《赠薛涛》："峨眉山势接云霓"，郑谷《峨眉山》："万仞白云端，经春雪未残"等，均描写了峨眉山云蒸霞蔚的自然特征。

宋代范成大曾描写在云雾中穿行的景象，"俄氛雾四起，混然一白"，如同银色的世界。登上金顶，则见云层停留在山崖下方，云平如玉石，周围的山脉如同岛屿漂浮在云海上方。范成大感叹峨眉云海景观的奇特，并引述山中僧人的话，将云海称为"兜罗云"。

兜罗云源自佛教传说：相传有一种兜罗树，会生出洁白无瑕、柔软如絮的兜罗绵[1]。又由于兜罗绵质地如云，也被用于比喻云雾。

（3）日出

日出是金顶三相中最容易观测到的景观。

高山日出尤为壮观，清晨于峨眉顶峰光明岩眺望，西达瓦屋，北达西域诸峰，千峰万仞如"万朵莲开"。峰下有云海衬托，顷刻"海东日出扶桑赤。气冲衲衣举，光摇角巾明[2]。"日出后的阳光将顶峰光明岩上华藏寺铜殿镀成金色，这也正是金顶之名的由来。

（4）圣灯

在一些记载中，将圣灯替代日出作为金顶三相之一。

"圣灯"又叫"夜灯"，指夜晚时山中亮起星星点点的火光，如同点亮的烛火一般，山中僧人解释为礼敬普贤的圣灯。范成大在《峨眉山行纪》中描写："日暮，云物皆散，四山寂然。及夜灯出，岩下遍满，弥望以千百计。"

圣灯形成的原因存在很多争议，一些说法是磷火产生的，另一些研究认为是附着在树叶上的特殊菌种在发光。这种独特的夜晚景观虽在历史文献中有所记载，但近现代已经很少有观测报告。

3. 月、雨、雪景观

峨眉山月、雨、雪等气象景观多而奇绝。传颂最广的《峨眉山月歌》描写了峨眉山月色"峨眉山月半轮秋，影如平羌江水流"的景象。清代峨眉十景也有"象池夜月""大坪霁雪"来体现峨眉月色与雪景（图2-10）。《峨眉山志》中收录如"水洗群山绿，日照金顶红"等古今描写雨水的诗句。

（三）动植物景观

峨眉山植物种类众多，全山覆盖在一片翠绿之中，而从山麓至山顶植物资源又各有特色，从常绿阔叶林到高山针叶林，森林、灌丛、草甸结合瑰丽的山势，构成了秀丽的林木景观，均具有很强的观赏性（图2-11）。

珍稀植物如珙桐、银杏、连香树、四川木莲等在山中均有分布。其中珙桐分布在大坪、九老洞、遇仙寺、九岗子、洗象池、弓背山等地，报国寺、万年寺等寺院中也有栽植，由于花朵酷似鸽群栖息于树梢，有很强的

---

[1] 出自《翻译名义集·沙门服相第六十一》，原文："兜罗树名。绵从树生。因而立称。如柳絮也。"
[2] 出自方孝孺《华藏寺》。

图2-10 峨眉雪景

图2-11 峨眉山苍翠的植被

观赏性,每年开花时吸引众多游客观赏。此外高山区域的杜鹃花海、冷杉原始森林群也吸引着众多的游客。

峨眉山游记和诗词中另记载了一些重要的观赏植物,如华严寺中形状如同大伞的古树"木凉伞"和华严寺中干皮白色"老气横秋"的树"老僧树",均为山中古树名木,以树大形奇而著名。

峨眉猴群是山中最为突出的动物景观,猴群在一年中春、夏、秋三季,均活跃在山间路旁,自成部落,分疆而居,各有家风,有着"猴居士"的美名。这类活泼顽皮的动物给游人倍增旅途上的种种野趣,成为峨眉山风景名胜区的一大奇观。

二、人文景观

(一)寺庵建筑与人文景观

1. 寺庵建筑

寺和庵都是佛教建筑的一种类型。寺,指出家人居住的地方。庵,多指女性修行者居住的地方。寺庵合指所有佛教修行者的居所。

寺庵建筑是峨眉山人文景观的最小构成单体,这些寺庵有一些是僧尼修建的,另一些由道教宫观或农舍改建而来。

清代鼎盛时期的峨眉山曾有144座寺庵,鳞次栉比,沿山道布局(图2-12)。

图2-12 清代《峨山图说》总图

但随着历史更替,有的寺庙毁于火灾,有的因年久失修而垮塌,迄今大部分已荡然无存。到20世纪70年代,仅有26座寺庵和9处遗迹尚存,包括:报国寺、萝峰庵、伏虎寺、雷音寺、善觉寺、纯阳殿、神水阁(神水禅院)、中峰寺、广福寺、清音阁、白龙洞、牛心寺、洪椿坪(千佛禅院)、仙峰寺、遇仙寺、洗象池、太子坪、卧云庵、华藏寺(金顶)、初殿、息心所、万年寺、慈圣庵、雷洞坪(灵觉寺)、接引殿、华严顶26寺和净水寺、万佛庵、千佛庵、大坪、观音寺、莲花石、明月庵、长老坪、白云寺9处遗迹。现存各寺情况如表2-2所示。

表2-2 峨眉山风景名胜区现存寺庵状况简表

编号	寺庵名称	初建年代	现存建筑建造年代	建筑状况
1	报国寺	明代万历年间	山门、弥勒殿、大雄殿、七佛殿为清同治年间建造。普贤殿、祗园、弄月亭、钟鼓楼、法物流通处、茶园、佛协办公楼、僧伽寮房均为现代仿古建筑	建筑坐西朝东。四进院落。各主殿架梁结构均为抬梁和穿斗相结合，歇山式屋顶，小青瓦屋面，素面台基，坐四级平台，四周红墙青瓦，前后高差约24米
2	萝峰庵	明末清初	现存寺院建筑为1983年复建。普同塔、海会塔为1988—1992年新建	建筑布局坐西南朝东北，单体建筑，仿古结构，歇山式单檐滴水，小青瓦屋面，素面台基，坐一级平台
3	伏虎寺	明确记录见于唐代	现存建筑建于明末清初，华严铜塔亭、罗汉堂、观音殿和财神殿为1980—1997年新建。庭院为2003年整修	寺建筑布局坐西南朝东北，木结构二进四合院，楼梁架为抬梁和斗式相交，部分重檐，小青瓦屋面，素面台基。前后高差共50米
4	雷音寺	明代嘉靖年间	现存两殿为民国时期重建	寺建筑布局坐西南朝东北，四合院布局，中轴线对称。两殿为抬梁式梁架，厢房穿斗式，四合院施檐，吊脚楼为单檐，歇山式屋顶，小青瓦屋面，坐二级平台
5	善觉寺	明代万历年间	山门及后殿为现代重建	建筑均为穿斗式梁架，二进院落，一坡水，歇山式屋顶，小青瓦屋面，素面台基，坐三级平台，前后高差约2米
6	纯阳殿	明代	现存建筑为清代修建	主殿建筑布局坐南朝北，木结构二进院落，前殿两侧厢房较宽，均为吊脚楼，山门前突，两边依次向后减柱，大雄宝殿为抬梁式梁架，其中为穿斗式，重檐和单檐均有，歇山屋顶，小青瓦屋面，素面台基，坐三级平台，前后高差7.5米
7	神水阁	明代	除法堂外，原有建筑已拆除，现为1987年后新建	建筑布局坐南朝北，木结构四合院落
8	中峰寺	西晋	普贤殿为明代建筑，大雄宝殿为清代建筑	建筑布局坐南朝北，四合院，进门右侧兼有跨院，中轴线对称。普贤殿和大雄宝殿为抬梁式梁架，其余为穿斗式，重檐滴水，歇山式屋顶，小青瓦屋面，殿前有圆月儿台连接上下踏道，素面台基高4.1米，坐二级平台，前后高7.5米
9	广福寺	宋代	现存建筑为清代修建	建筑布局坐西南朝东北，封闭型四合院落。山门与台阶结合。前殿为抬梁式和穿斗式混交，其余为穿斗式，一坡水，歇山式屋顶，小青瓦屋面，坐二级平台
10	清音阁	北宋	主殿为民国时期复建，寺左客堂、禅房、茶园为现代仿古建筑。双桥可能建于南宋	建筑布局坐西南朝东北，由清音阁主殿、接王亭、牛心亭、双飞桥组成。主殿为单体建筑，穿斗式梁架，重檐滴水，四周施回廊，歇山式屋顶，小青瓦屋面，素面台基，垂带式踏道，坐一级平台
11	白龙洞	明代嘉靖年间	大雄宝殿为清末遗物，其他为现代新建	建筑布局坐北朝南，木结构四合院布局，主殿为抬梁式和穿斗式梁架结合，其余为穿斗式，单檐滴水，歇山式屋顶，小青瓦屋面
12	牛心寺	唐代	重建于民国元年（1912年）	建筑布局坐北朝南。主殿当心间为抬梁式构架，其余为穿斗式，一坡水，歇山式屋顶，小青瓦屋面，素面台基，垂带式踏道，坐二级平台，前后高差3.3米
13	洪椿坪（千佛禅院）	宋代	清乾隆年间重建	建筑布局坐西南朝东北，复合四合院布局。该寺三殿均为抬梁式梁架，其余为穿斗式，重檐滴水，歇山和悬山屋顶相交，青瓦屋面

续表

编号	寺庵名称	初建年代	现存建筑建造年代	建筑状况
14	仙峰寺	元代	大体为清乾隆年间建筑，舍利殿及山门为现代建筑	建筑布局坐西南朝东北，四合院布局，中轴线对称，除餐秀山房外，均为重檐，主殿为抬梁式梁架，其余为穿斗式，悬山和歇山式屋顶均施，原为木皮瓦屋面，现改为铝皮瓦屋面，素面台基，垂带式踏道多级，坐四级平台，前后高差约8米
15	遇仙寺	清代	主体建筑为清代遗物，大部分为现代增建	建筑布局坐西朝东，单体建筑，穿斗式梁架，悬山式屋顶，原为树皮瓦屋面，现换成铝皮，石砌素面台基，阶梯式踏道多级，主体坐一级平台
16	洗象池	清康熙年间	主体建筑为晚清遗物，山门、明月楼为现代新增	建筑布局坐南朝北，殿宇三重，纵线对称。木结构架，穿斗式梁架组成，单檐和重檐相结合，歇山式屋顶，原为木板树皮屋面，现改为铝皮，素面台基，坐四级平台，垂带式踏道多级
17	太子坪	明代万历年间	清代遗存	建筑布局坐南朝北，原为四合院布局，现只存大雄宝殿及东厢房一部。大雄宝殿为单檐悬山顶，抬梁式梁架，屋面原为木板树皮，现改成铝皮，素面台基，坐二级平台
18	卧云庵	明代嘉靖年间	民国时期重建	建筑布局坐东朝西。由山门、大雄宝殿及厢房组成四合院落，大雄宝殿楼上为玉佛殿，玉佛殿朝向坐西朝东。全寺三面开门，木结构，殿堂和厢房抬梁式和穿斗式梁架兼顾，重檐滴水，歇山式屋顶，铝铁皮屋面，坐一级平台
19	华藏寺	明确记载见于宋代	现代新建	新建仿古建筑，坐东朝西
20	初殿	明确记载见于明万历年间	民国重建	建筑布局坐南朝北，原为四合院布局，现存主殿（大雄宝殿）。全殿为木结构，穿斗式梁架，单檐悬山式屋顶，小青瓦和铝皮混用，素面台基，垂带式踏道数级，坐一级平台，殿前为山门和厢房遗址
21	息心所	明嘉靖年间	主殿为清光绪年间遗物，其他为现代恢复	息心所建筑布局坐西南朝东北，主殿为木结构二重檐，穿斗式结构，歇山和悬山式屋顶均有，小青瓦屋面，素面台基，垂带式踏道多级，坐二级平台
22	万年寺	东晋	除砖殿为明代建筑外，其余均为现代新建	砖殿为砖石穹隆顶，坐西南朝东北
23	慈圣庵	明万历年间	民国时期重建	慈圣庵建筑布局坐西南朝东北，木结构三合院，由主殿（大雄宝殿）及左右二厢房组成，主殿明间为抬梁式梁架，单檐歇山式屋顶，小青瓦屋面，素面台基，阶梯式踏道数级，坐二级平台，似山村民舍
24	雷洞坪	唐代	现代新建	新建仿古建筑
25	接引殿	宋代	现代新建	新建仿古建筑
26	华严顶	明确记载见于清代	现代新建，为云雾站工作用房恢复改建为寺	建筑布局坐南朝北，三合院落，因地势原因南侧未封闭，木制简易剪刀梁架结构，单檐悬山式屋顶，石棉瓦屋面，坐一级平台。寺前原有木制六角"华严宝塔"

图2-13 仙峰寺与兼具山门、财神殿和弥勒殿的第一重大殿

峨眉山以禅宗为主。依据《百丈清规》规定，建筑以法堂为中心，两侧布局僧堂、方丈等功能。

在长期的发展过程中，峨眉山禅宗建筑吸取其他宗派特征，又融合了各时代建筑、园林构建思想。在清代形成了相对稳定的格局，朴素而小巧。现存寺庵基本保持了清代格局，多为合院式，中部为佛殿，依次设山门，二三重大殿，中心为大雄宝殿。大雄宝殿前一般设弥勒殿、天王殿或观音殿，大雄宝殿后一般为普贤殿、藏经楼等。为了适应狭小的山地空间，常将原本相互独立的两座佛殿合并为一座（图2-13）。如报国寺将七佛殿和观音殿合并，正檐面供奉七佛而背檐面供奉观音。仙峰寺的第一重佛殿财神殿兼具山门、财神殿和弥勒殿的功能，该佛殿进深较长，檐下悬挂着"仙峰寺"匾额，立有一对石狮，佛殿中央供奉着赵公明像，赵公明像右后侧又供奉着弥勒。

藏经楼、罗汉堂、禅堂、法堂等房间也常与佛殿结合设置，如设在佛殿楼上或同一幢建筑的左右两侧。除佛殿外，两侧厢房一般分别承担为僧寮、客寮和食堂、厨房等起居食宿功能（图2-14）。在规模较大的寺庵中，左右两侧还拥有天井或庭院。

总而言之，峨眉山寺庵经过长时间的发展，具有区别于其他川西寺庵的特点：规模小巧，布局紧凑；居住与寺庙功能紧密结合。这些灵活的建筑缩减体现了寺庵对山地条件的适应。

2. 人文景观

人文景观指寺庵建筑单体和受建筑影响的外部半自然环境。

峨眉山寺庵融于山林环境之中，除建筑外，僧人在寺周广植树木，新修道路，修建建筑小品，形成了融合于人文自然景观的香道和林木幽深的寺庵外部环境。香道上点缀着牌坊、亭、桥、碑、经幢，寺庵附近的山石、洞窟、泉池、古树被赋予神奇的典故或雕刻上题字与图画，转化成人文形胜。

同时，峨眉山的寺庵不仅是各具内涵的建筑单体，还和整个自然山水

图2-14 洪椿坪第一进院落,中央为大土殿,二层为千佛阁。右侧为茶园和食堂,左侧为忘尘庐客寮

共同构成了起伏而漫长的风景序列。让游客在整个登山的过程中体验到强烈的诱引与悬念,进而沉醉在峨眉山特有的人文景观体验中。

鼎盛时期的峨眉山有三条登山线路:北部"峨眉县城—报国寺—弓背山—金顶",中部"清音阁—息心所—华严顶",南部"清音阁—大坪①—洪椿坪",三带由清音阁分离,在九岭岗汇合(图2-15)。其中南部建筑密度最大,占全山88%。寺庵建筑有明显的聚集现象,以伏虎寺、中峰寺、清音阁、万年寺、金顶华藏寺5处重要寺庵为中心,形成了6个寺庵密集分布的组团。此外还有神水阁、洪椿坪、洗象池等组团也表现出寺庵聚集的特点。每个组团有着相互关联的人文意境,例如以"白水秋风"为线索的万年寺组团,以"牛心石""双桥清音"景观为核心的清音阁—牛心寺—牛心别院组团,以大峨石和大峨神水为核心的大峨寺—神水阁组团(图2-16)和顶峰以"金顶三相"及华藏寺为核心的金顶组团等。寺庵和

① 现代的游山线路不再经过牛心寺、会佛寺、大坪,这三座寺庙已经废祀。

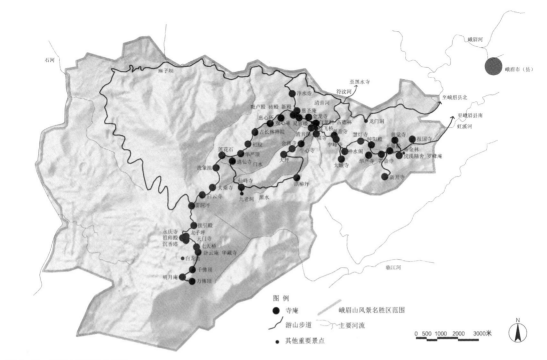

图 2-15　峨眉山清代登山路线

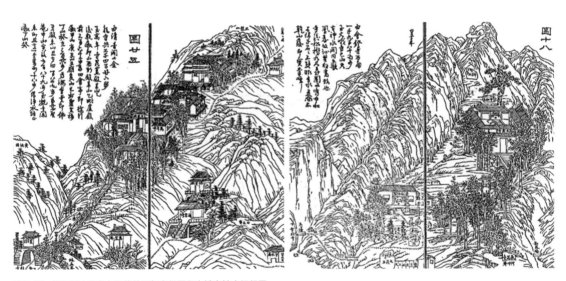

图 2-16　新版峨山图志中记载的万年寺组团和大峨寺神水阁组团

组团由山麓到山顶，借由游览的节奏和人文意境的塑造，形成渐入佳境的游览体验。由小型寺庵做引，使寺庵组团成为游览过程中的小高潮，进一步铺垫出金顶的重要性，完成朝拜"普贤"的人文景观序列。

（二）峨眉十景

峨眉十景记载于光绪十三年（1887年）《峨山图说》卷末，为山中"景之最盛者"，包括"金顶祥光""灵岩叠翠""圣寺晚钟""象池月夜""白水秋风""红椿晓雨"①"双桥清音""九老仙府""大坪霁雪""萝峰晴云"。每景均包含示意图一幅及诗歌一首，十景采取了人文与自然相融合的视角，描写了优美的人文景观及周边自然环境和作者的所思所感。

1. 金顶祥光

金顶祥光指在金顶和祖殿前金刚嘴处观看佛光的情景。

佛光往往在云海中出现，为多重色彩围绕的光圈，光圈中显现观察者的倒影，一如对镜，举手投足，影皆随形。

"一抹祥光画不成，峨山形势极峥嵘。琳宫绀宇尘缘绝，直似须弥顶上行。"记述了佛光出现后，山顶视线辽阔，三峨的形态尽显眼前的景象（图2-17）。

2. 灵岩叠翠

灵岩寺为峨眉山清代古寺，现已废祀。该寺位于报国寺南5公里，出大峨山后往二峨山的路途中，现高桥镇内。灵岩寺地处山麓低海拔区，是观看大峨山全景的最佳地点。由该寺南望，可观赏到大峨山东西向展开，万佛顶、金顶两峰并立，如一道锦屏，山中层峦叠翠，景观恢宏。

① "红椿晓雨"现多写作"洪椿晓雨"。

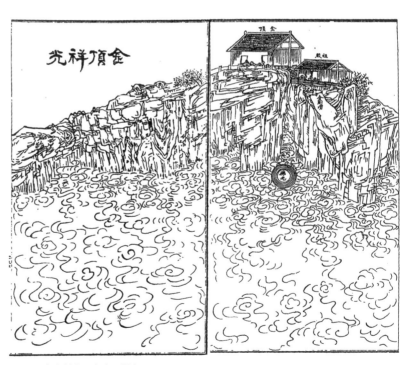

图2-17　新版峨山图志 金顶祥光

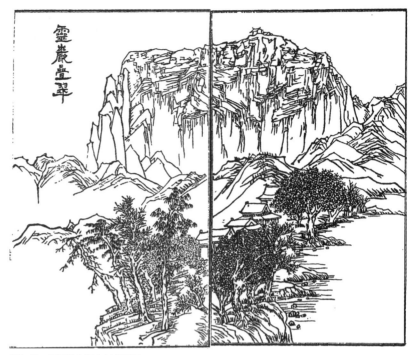

图2-18　新版峨山图志 灵岩叠翠

"危岩固是钟灵蕴，风雨飘零常翠青。疑是为吾标奇迹，心香一瓣荐芬馨。"描写了该景点危岩高耸，历经风雨洗礼愈发青翠的景象（图2-18）。

3．圣寺晚钟

圣积寺位于清峨眉县城外南2.5公里处，现峨眉山风景名胜区范围外。清代时，圣积寺为入山第一大寺，现已废圮。圣积寺是在明万历慈福院的基础上重修而来，内置嘉靖八卦铜钟"高九尺，径八尺，重二万五千斤"。相传该钟每月农历十五和月末傍晚敲响。钟声近处洪壮，远处韵澈。静夜时，甚至在金顶也能听到钟声。

"晚钟何处一声声古寺犹传圣积名。纵说仙凡殊品格，也应入耳觉清心"（图2-19）。

4．象池月夜

洗象池是峨眉山高山区的重要寺庵。相传因普贤菩萨骑象登山时，曾在寺前一六方池中汲水洗象而得名。洗象池建在钻天坡陡峭的脊线上，地势狭窄，清代时仅有几间木板树皮屋。寺庵背倚金顶，可三面远眺，矗立于云层之上，群山低伏。夜幕降临，皓月初升，似乎近在咫尺；月色倒映在水中，池畔的人则沉浸在月色的禅意中。

"普贤骑象杳何之，胜迹空留洗象池。一月映池池储月，月池感应妙难思"（图2-20）。

5．白水秋风

白水普贤寺，即现万年寺。相传万年寺建造于东晋，是高僧慧持在"观瞩峨眉"期间修建的第一座正规的佛教寺庙，可以作为峨眉山寺庵建造的开端。秋季林中色彩斑斓，红叶如醉，寺内的白水池碧波荡漾，蛙声

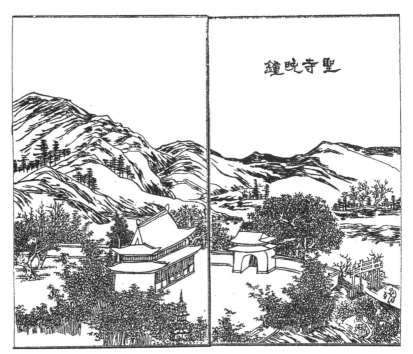

图2-19 新版峨山图志 圣寺晚钟

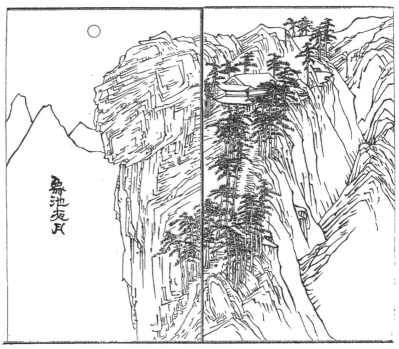

图2-20 新版峨山图志 象池夜月

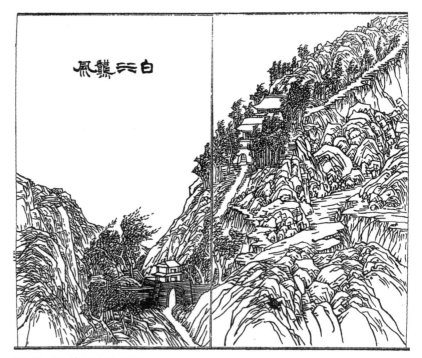

图2-21 新版峨山图志 白水秋风

如琴,丹桂飘香,令人怡然神爽,因而称之为"白水秋风"。

"曾闻白水出真人,此水依然不染尘。何处西风吹木落,万山深处领前因"(图2-21)。

6. 红椿晓雨

洪椿坪,位于海拔2400米左右的玄武岩层上,该处地势较平坦,形成东北—西南进深的"坪"。相传此处生长着千年洪椿,故称"洪椿坪"。洪椿坪上的千佛禅院建筑秀丽,呈四合院布局,精致典雅的山门掩藏在古木深处,别有隐世的意味。此处古木扶疏,盛夏入山也清凉幽深,常年的雾气化作阵阵细小的水滴,如同雨水一般清润游人的衣物,勾勒出朦胧淡雅的烟岚图画。

"万壑千岩势不平,攀萝扪葛力难胜。苍茫山雨天将曙,寺入洪椿又一程"(图2-22)。

7. 双桥清音

双桥清音指中山黑白二江汇流处的清音阁。山中黑龙江与白龙江长期冲刷岩壁,形成了刀削般的两条深涧,最终汇聚成一体,当洪水来时,左右冲激,声浪如千军万马,但平日里却清音淅沥,如鼓琴瑟。两江之上各架有一座石拱桥,桥形古朴,呈现极拱的弧线,如同两道飞虹。两水交汇处的岩石经过常年的冲刷,状如牛心,为山中奇观之一。清代戊戌六君子之一的刘光第有联绝妙,曰:"双桥两虹影,万古一牛心"。

"孑然高阁出清音,仿佛仙人下抚琴。试向双桥一倾耳,无情雨水漱牛心。"《峨山图志》诗歌点明了此处人文胜景的由来,"清音"指此处的水声,为自然天籁,加之江上双桥,故有此称(图2-23)。

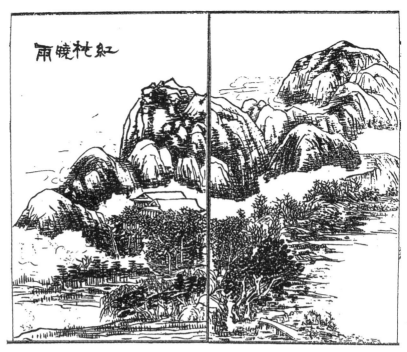

图2-22 新版峨山图志 红椿晓雨

图2-23 新版峨山图志 双桥清音

图2-24 新版峨山图志 九老仙府

8. 九老仙府

九老洞为峨眉山洞窟中最大和最复杂的一处，位于九老峰下，下临黑龙潭，洞口呈"人"字形，全长约1500米，高约4米，洞口与洞底高差84米，是峨眉山最大的天然溶洞。全称九老仙人洞，相传是仙人聚会的洞府——"图成九老记香山，九老缘何到此间。料是个中丹诀妙，致令九老远追攀"。洞中石窟和钟乳石形态多变，如珍禽、猛兽或石床、石桌，地下泉水终年涌出，令其景观神秘莫测（图2-24）。

9. 大坪霁雪

大坪，原为峨眉山中部路线的重要寺庵，现已废圮，仅有采药人小路可达。大坪地形三面环峡，东南地势陡峭，四周渐缓，视线极为开阔。此处冬季雪景非常壮美，天地银装素裹，山边山势绵亘延展，层层环护。寒风虽然凛冽，但白雪反射的阳光使大坪显得非常纯洁，正是"禅院清凉别有天，偶来净土识真禅。清光晃映雪光朗，心目空明照大千"（图2-25）。

10. 萝峰晴云

萝峰岭，位于山麓伏虎寺旁，岭有萝峰庵，原名龙凤辉室。清康熙年间，蒋超在此修撰《峨眉山志》，改名萝峰庵。山上林木繁茂，山下峡深水秀。萝峰岭是鸟瞰峨眉平原的最佳处，山下平原一望无垠，万里蓝天，片片白云。

"峰庵到此学仙余，太史虎臣曾结庐。跨鹤飞凫踪已渺，晴云一片卷还舒"（图2-26）。

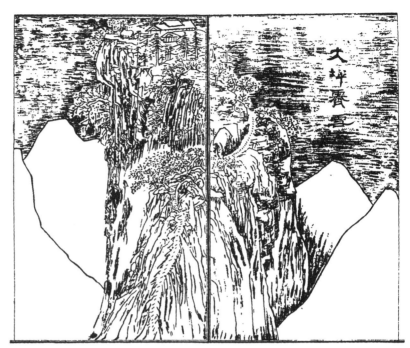

图2-25　新版峨山图志 大坪霁雪

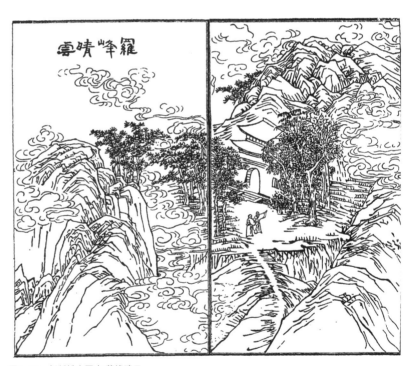

图2-26　新版峨山图志 萝峰晴云

参考文献

[1] （宋）范大成. 峨眉山行纪[Z]. 杜洁祥主编. 中国佛寺史志汇刊第一辑，第30册，峨眉山志补[M]. 中国台湾：明文书局印行. 1980.

[2] （明）胡世安. 登峨山道里纪[Z]. 杜洁祥主编. 中国佛寺史志汇刊第一辑，第30册，峨眉山志补[M]. 中国台湾：明文书局印行. 1980.

[3] 杜洁祥主编. 中国佛寺史志汇刊第一辑，第46册，新版峨山图志[M]. 中国台湾：明文书局印行. 1980.

第 三 章

峨眉山人文景观的
形成与发展

峨眉山人文景观经过了漫长的发展。其形成与发展经历了6个时期：原始山岳崇拜时期、道教名山时期、佛道并重时期、佛教鼎盛时期，动荡衰退时期和恢复与重建时期。

原始山岳崇拜是峨眉山人文景观的形成基础。山中宗教从晋代确立峨眉山道教名山地位以来不断发展，在明清佛教鼎盛时达到顶峰。清末至新中国成立以来，受社会时局的影响，峨眉山也经历动荡与衰退，人文景观破坏严重。直到1982年，国务院确立的风景名胜区制度，峨眉山人文景观得到保护和发展，转变为人文与自然并重的山岳类风景名胜区。

第一节 原始山岳崇拜时期

一、原始山岳崇拜

位于古蜀国境内的峨眉山历史悠久，最早记述来自东晋常璩编撰的《华阳国志》。《华阳国志》是我国古代关于西南地区历史、人文、地理的专门著作，其卷三《蜀志》对古代蜀郡做了详细记录："七国称王，杜宇称帝……自以功德高诸王，乃以褒斜为前门，熊耳、灵关为后户，玉垒、峨眉为城郭，江、潜、绵、洛为池泽，以汶山为畜牧，南中为园苑。"

杜宇所在的时期相当于"西周"，从上文的记述看来，该时期的古蜀人对峨眉山及周边区域的地理布局十分了解，以其作为国家边界。

古蜀人对峨眉山的详细记述已不可寻，只能通过零星文字推断古蜀人对峨眉山的态度。依据现代考古研究与古代记述，古蜀人有明确的自然崇拜思想，尤其崇敬"天"。由于生产水平低下，古蜀人对日月星辰、风霜雨雪等天象无法解释，认为自然现象由天上神灵控制，因而敬畏"天"、祭祀"天"，进一步对高耸的山岳感到敬畏，产生出"山岳崇拜"的思想。

在祭祀"天"的过程中，"高"是非常重要的"通天"条件，因而高大的山便被认为具有强大的"通天"力量。而在广阔平坦的平原地区，古蜀人则模仿山岳的形态修筑高台，作为登高祭祀的场所，成都北郊有商代末期土台遗址，名"羊子山土台"，台高十余米，就是古蜀巫模仿山岳修建的祭祀场。祭祀场越高，通天能力越强；海拔越高的山，也越接近"天"；"通天"能够祈求"风调雨顺、国泰民安、五谷丰登、六畜兴旺"，是古蜀人祭祀的核心内容之一。

生活资源崇拜是古蜀人自然崇拜的另一个侧面。古人生存依赖于有限的资源，因而产生了一种实用性的资源崇拜：使用火，便崇敬火神；依赖水，便祭祀水神。而山岳，为古蜀人提供了大部分的生活资源，包括木材、石材、食物等；古蜀人又依据观察，发现河流也发源于山地，因而对山岳有一种万物之源的崇敬。

据《华阳国志》记载："蜀之为国，肇于人皇，与巴同囿。至黄帝，为其子昌意娶蜀山氏之女，生子高阳，是为帝，封其支庶于蜀，世为侯伯。"

蜀国先祖源自"蜀山氏"，蜀山即峨眉所在的岷山。三星堆祭祀坑中曾出土一枚刻有人物山岳图案的玉璋，据四川省文物考古研究所考证，该玉璋雕刻的是"祭祀神山的图案"。进一步研究认为，该玉璋雕刻的神山为岷山，玉璋表达了古蜀人对岷山的崇拜。

峨眉山属于岷山山脉南部，是古蜀国疆域西南方最高的山峰，且物产丰富。峨眉山的特征正符合古蜀人的山岳崇拜模型，很可能是古蜀国原始山岳崇拜的对象之一。

二、向中原地区传播

春秋战国时期，蜀国被秦国吞并，蜀地与中原隔绝的状况被打破。在秦国的统治下，蜀国的文化开始与中原交流。战国地理专著《尚书·禹贡》提到："华阳黑水惟梁州，岷、嶓既艺，沱、潜既导（道），蔡、蒙旅平，和夷底绩。"

这是战国时期中原人对西南蜀国水利治理的记录，"华阳"指西南国家，"和夷"指西南人，"蔡"在史记中注释为"峨眉山"。"蔡、蒙旅平"意思是峨眉山、蒙顶山的道路修好了。这段记述表明，春秋战国时期中原人十分了解峨眉山及周边的状况，峨眉山的名声已经传播到了中原。

第二节　道教名山时期

一、道教的传入与"峨眉治"的建立

东汉顺帝时期（公元126—144年），张陵吸收融合了阴阳家、五行家、方士和老、庄哲学的诸多要素，在四川鹤鸣山创建了"正一道"，建立"二十四治"。"治"是道教用以祭祀、修道、传教等活动的据点，"二十四治"可理解为二十四个教区。

永和六年（公元141年），张陵之孙张鲁扩展了"正一道"，在"二十四治"外增加了"四品别治""八品配治""八品游治"，形成"四十四治"格局。其中"八品游治"中的首治即为峨眉治。峨眉治的设立，标志着峨眉山道教教区的确立。

张鲁时期的道教是一种"政教合一"的管理形态，以"师君""祭酒""鬼卒"的组织结构对西南"四十四治"进行统治。"治"中普通信徒称为"鬼卒"；具有教中职务的道人称为"祭酒"，教首张鲁为"师君"。

峨眉山作为游治之首,山中居民多为"鬼卒",居于村庄,平日务农、牧山为生。"鬼卒"之外,有修道隐士散居山中,《青神志》《峨眉山志》记载如史通平、左慈等隐士均山居峨眉。

该时期,峨眉山已经确立了地方宗教中心的地位。山中以自然景观为主,山林茂密,坡岩陡峭,山下和山中部存在少量村庄农田和隐士搭建的棚屋、穴居石室,这些隐士棚屋和石室是宗教建筑的雏形。

二、道教名山地位的确立与宫观修建

两晋时期,峨眉山道教名山的地位真正确立。主要表现在峨眉山全国范围内"名山"地位的确立和道教宫观的建设两方面。

东汉建安年间(公元196—220年),张鲁归降于曹操,"正一道"向北传播。"正一道"在传播过程中逐渐从满足世俗愿望的民间宗教,发展为士族阶层追求"长生不死"的"神仙道教"。两晋时期,士大夫葛洪将已有的"神仙"文化与道教结合,提出了普通人通过修行、服食丹药,最终成仙的道教神仙体系,确立了"天仙""上仙""地仙"的早期道教神仙系统。其中"地仙"是凡人修行成为的仙,修行地点大多在"名山"之中。"名山"是道教神仙体系的重要环节,专指有仙人修行居住的山岳。"名山"的特征有二:一是物产丰富,出产药材和矿石;二是独立于世俗世界,山高难登,林木深深,修道之人可免于俗世的干扰,专心修行。实际上,由于我国多山的地理条件和丰富的自然资源,符合名山特征的地点并不算罕见。这无疑给地仙和名山传说增添了不少现实依据。因此名山神仙体系在全国范围内很快流行起来。

峨眉山俨然位列"名山"之中。葛洪《抱朴子内篇·卷四·金丹》记载了古代的道士入名山采药的传说:"是以古之道士,合作神药,必入名山,不止凡山之中,正为此也。又按仙经,可以精思合作仙药者,有……青城山、峨眉山[①]、绥山……此皆是正神在其山中,其中或有地仙之人。上皆生芝草,可以避大兵大难,不但于中以合药也。若有道者登之,则此山神必助之为福,药必成。"

两晋时期,峨眉山道教名山的地位还有更加明确的佐证,主要来源于两个著名的典故。一是黄帝问道的故事,黄帝即轩辕氏,为寻求治邦安民之道,立志游历名山大川,遍访天下贤能之士。《抱朴子内篇·卷十八·地真》追述峨眉历史,认为黄帝曾在峨眉山探寻道教宝典"三皇经":"昔黄帝……到峨眉山,见天真皇人于玉堂,请问真一之道。"《五符经》也有相同记叙:"皇人在峨眉山北绝岩之下,苍玉为屋,黄帝往受三一五牙之法。"

峨眉山黄帝问道的说法,将峨眉山道教历史推进到了上古,追认峨眉山为黄帝问道的"皇人山",极大地稳固和传扬了峨眉山作为"道教名山"的地位。

另一个传说则更具有浪漫气质。《高士传》中追述了春秋时"凤歌笑孔丘"的楚狂陆通隐居峨眉,成仙得道的故事:"楚王闻陆通贤,遣使者

---

① 峨眉山即现在峨眉山。

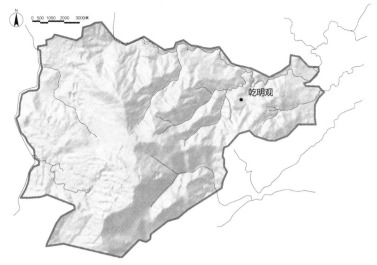

图3-1 晋代乾明观区位图

持金百镒、车马二驷往聘通，曰：王请先生治江南。通笑而不应。使者去，妻从市来，曰：先生少而为义，岂老违之哉？外车迹何深也！妾闻义士非礼不动。妾事先生，躬耕以自食，亲织以为衣。食饱衣暖，其乐自足矣，不如去之。于是夫负釜甑，妻戴纴器，变名易姓，游诸名山。食桂栌实，服黄菁子，隐蜀峨眉山，寿数百年。俗传以为仙云。"

陆通结庐峨眉的传说从晋代开始广为流传，1980年出版的《峨眉山志补》中收录了明代冯炳异所绘峨眉山图，图中便有纪念陆通的"歌凤台"。

其他两晋时期书写的峨眉神仙事情尚有很多，在此不再举例。

除传说故事外，两晋峨眉道人的数量也在上升。西晋，外方道士乾明上山，修建了山中第一座道教宫观"乾明观"。乾明观的修建结束了道人结庐散居的局面，标志着峨眉山人文景观规模性建设的开始（图3-1）。

第三节 佛道并重时期

一、道教的发展与衰落

两晋以后，峨眉山道教继续发展壮大。历经南北朝、隋代，唐代时峨眉道教进入了鼎盛期。在两晋"名山"体系的基础上，发展出了"洞天福地"系统。

"洞天"概念在道教中由来已久，陶弘景（公元456—536年）《真诰》

曰："大天之内，有地中之洞天三十六所。"提出三十六洞天的理论，并且将洞窟与洞天结合起来，形成了"名山之中有洞天"的思想。

盛唐，司马承祯（公元647—735年）编辑《上清天宫地府图》。该书首次构建了明确的"洞天福地"系统。用"洞天""福地"代指神仙治理的圣地："十大洞天者，处大地名山之间，是上天遣群仙统治之所。三十六小洞天，在诸名山之中，亦上仙所统治之处也。七十二福地，在大地名山之间。上帝命真人治之，其间多得道之所。"

峨眉山为司马承祯十大洞天的第六位。"周回三百里，名曰虚凌洞天，在嘉州（今乐山）峨眉县，真人唐览治之"。虚凌洞天或虚凌太妙洞天成为道教中峨眉山的正式名称，沿用至今。

众多的诗词也记载了唐代峨眉道教的盛行。一些文人墨客乐于吟咏山中的"仙风道骨"，如李白《登峨眉山》：

"蜀国多仙山，峨眉邈难匹。周流试登览，绝怪安可悉。
青冥倚天开，彩错疑画出。泠然紫霞赏，果得锦囊术。
云间吟琼箫，石上弄宝瑟。平生微有尚，欢笑自此毕。
烟容如在颜，尘累忽相失。倘逢骑羊子，携手凌白日。"

"锦囊术"指道家修仙之术，"骑羊子"指仙人葛由，全诗描写了峨眉仙山的氛围和诗人求道、脱离俗世的愿望。

另一些文人乐于与峨眉山的道人结交，这些道人颇通文墨琴瑟，又具有很高的素养。如司空曙《送张炼师还峨眉山》、鲍溶《与峨眉山到时期尽日不至》《寄峨眉山杨炼师》、施肩吾《天柱山赠峨眉田道士》、李宣古《听蜀道士琴歌》等，侧面体现了峨眉道教的繁盛。

除道士外，峨眉山还吸引了许多信徒前来修行参拜，李德裕（公元787—850年）著《李卫公别集》中引述《黄冶赋并序》："蜀道有青城、峨眉山，皆隐沦所托，辛亥岁（公元831年）有以铸金术千余者。"峨眉山与青城山中修道、服食金丹的人有千余，可见峨眉道教的兴旺与信徒人数之众。

关于唐代峨眉山宫观建设的文献，由于历史久远，已难寻觅。存者语焉不详，年代难辨。现能参考少量诗、文、碑刻的记载。

从李宣古《听蜀道士琴歌》"忽逢羽客抱绿绮，西别峨眉峰顶云"，施肩吾《天柱山赠峨眉田道士》"古称天柱连九天，峨眉道士栖其巅"，推断峨眉山顶有道士居住，可能建有宫观。

道教相关的传说中，着力记述了道士隐居的洞室。例如牛心寺后的药王洞，符汶河旁的龙门洞，仙峰寺旁的九老洞、三霄洞，以及女娲洞，伏羲洞、千人洞等。唐末《神仙感遇传》记载："入峨嵋山，闻有七十二洞。"可见峨眉山道教与洞室的联系是十分紧密的，其可作为宫观的一种形式。

此外据新版《峨眉山图志》记载，玉皇观、关帝庙也是唐代建设的道观。玉皇观在万年寺旁，关帝庙位于伏虎寺响水桥旁。

综上所述，唐代峨眉山宫观林立，洞室众多。宫观位置多位于小山峰峰顶；洞室则全山均有分布。

至宋代，由于统治者崇尚佛教，道教整体的发展受到制约。峨眉山虽仍具有道家仙山的地位，但道教的发展也大受阻碍。道教中心逐渐向二峨山转移，修建了葛仙祠、黄花庙、玉皇观等寺观，大峨山却是宫观凋零。依据宋代范成大游记，宋代峨眉山道教宫观仅有：龙神堂、两龙堂、峨眉新观、雷洞祠四处。道教地名有龙门洞、天仙桥、雷洞坪、药王洞四处。

二、佛教的传入与发展

《梁高僧传》记叙："（慧）持后闻成都地沃民丰，志往传化，兼欲观瞩峨嵋，振锡岷岫。乃以晋隆安三年辞远入蜀……行达荆州，刺史殷仲堪礼遇欣重。时桓玄亦在彼……大欲结欢。……殷桓二人苦欲留之，持益无停意。临去与玄书曰：本欲栖病峨嵋之岫，观化流沙之表，不能负其发足之怀。便束装首路。……遂乃到蜀，止龙渊精舍，大弘佛法，井络四方，慕德成侣，刺史毛璩雅相崇挹。"

慧持是东晋著名的高僧，东晋隆安三年（公元399年）入蜀传教。一些学者考据认为慧持在"观瞩峨嵋"期间修建了峨眉山第一座正规的佛教寺庙普贤寺（今万年寺），佛教传入峨眉山。此后，山中佛教持续发展，北魏（公元386—534年），益州僧人明果住锡中峰下，改西晋建造的道观乾明观为寺庙，名为"中峰寺"。南朝梁武帝（公元502—549年在位）大力扶持佛教。许多名僧都曾到过峨眉。《峨眉山志》中记载的就有印度僧人宝掌和尚和西域僧阿婆多罗尊者。

至唐时，唐武宗"会昌法难"在全国范围内掀起了废佛浪潮。中原佛教受到了极大的压制和打击，大量寺院废圮。但与中原佛教不同。由于唐玄宗和唐僖宗两次于蜀中避难，四川佛教受到了蜀地统治者和统治阶层的支持和信奉，得以持续发展。特别是唐僖宗避难时曾游览过峨眉，因此峨眉佛教的发展得到了皇家更多的支持。

传说唐僖宗入蜀避难时（公元874—896年），由慧通和尚陪同游览过峨眉山。慧通和尚见峨眉山寺庙常有火光之灾，便将山中五座寺庵的名字做了更改——"三云二水压抑火星"，即华严寺改为归云阁、中峰寺改为集云寺、牛心寺改为卧云寺、普贤寺改为白水寺、华藏寺改为黑水寺。该五寺成为峨眉山的核心寺庙。

此外，低山还建有伏虎寺，唐求（公元880—约907年）有诗《赠伏虎僧》描述了伏虎寺僧人清修的状态："不知名利苦，念佛老岷峨。衲补云千片，香烧印一窠。恋山人事少，怜客道心多。日日斋钟后，高悬滤水罗。"

峨眉山以山高险峻著称，对于山顶寺庙，诗人贾岛（公元799—843年）有《送卧云庵僧》描写了山顶有卧云庵，庵以树皮作顶的场景："下观白云时，山房盖树皮。垂枝松落子，侧顶鹤听棋。清净从沙劫，中终日未歇。金光明本行，同侍出峨嵋。"

《峨眉山志》中记载："（唐）黄龙继达禅师昔参晦机，回峨眉住华藏寺。"明确提到了华藏寺之名——它是建于全山第二高峰光明岩上的早期寺庙。

由历史记载与诗文推测，在如今的"峨眉山风景名胜区"范围内，唐代至少建造了七座寺庙，由下至上分别为：伏虎寺、中峰寺、华严寺、牛心寺、普贤寺、卧云庵和华藏寺[①]。除卧云庵和华藏寺外，其他均位于中山和山麓区域。由于山顶岩壁陡峭交通不便，建造材料难以运输，卧云庵和华藏寺仅为板屋数间，以树皮为顶，僧人棚居其中。唐代峨眉山佛教以低山的四座大寺为中心，寺庵建设初具规模，佛教影响力增大。

唐代人士还对峨眉山佛光、圣灯、云海等气象景观进行了观察，《峨眉山志》记载："唐南泉老人礼峨眉，观白云光紫"。白云光紫，指云海和佛光。这段话说明游人为了观看这两种景象登山朝拜。唐代僧人依据峨眉"佛光"现象，将峨眉山比附于《华严经》中位于西南的"光明山"，将峨眉山三座顶峰中面积最大的峰顶称为"大光明顶"，使峨眉山成为普贤道场[②]。《宋高僧传》记载了唐代僧人澄观于唐代宗大历十一年（公元776年）朝拜峨眉的情景："释澄观，姓夏侯氏，越州山阴人也。……遂遍寻名山，旁求秘藏，梯航既具，壶奥必臻。……大历十一年，誓游五台，一一巡礼，祥瑞愈繁。仍往峨嵋，求见普贤，登险陟高，备观圣像。"

通过上文的记述可以推测，唐时峨眉山普贤道场的地位已经确立，佛教影响力逐步发展。峨眉"名山"从"道教名山"逐渐转变为"佛教名山"。

至宋代，宋太宗崇尚佛教，山中佛教大兴。同时，由于宋朝时受西夏、金朝等政权的影响，边界处常常纷争不断。宋朝领域内，临安府位于现在的杭州，是宋代南部临海门户。五台山作为全国佛教中心，位于宋代北部边境，毗邻西夏，其地理位置有十分重要的军事价值。峨眉山所在的嘉州与吐蕃、大理接壤，是西南方的重要屏障，具有极大的军事价值。五台山、临安府、峨眉山三地形成的三角，拱卫着都城开封府和应天府[③]，形成宋代边境的重要防线。因而统治者有意扶持峨眉山成为领土内的宗教中心，以巩固统治。

北宋太平兴国五年（公元980年）宋太宗赐白水寺（旧普贤寺）黄金三千两买青铜铸造了一尊通高7.2米，净重62吨的普贤骑象和象征普贤三千徒众的三千尊小铁佛。宋太祖和宋太宗多次赐敕，重修寺庙，塑普贤像。皇室政府推动下的"造神运动"使峨眉山的地位迅速提高，成为与北方山西五台山并列的南方佛教中心，皇室认定的普贤道场。宋代众多的峨眉艺文记录了峨眉山重要的地位，如北宋仁勇《杨岐方会和尚语录》："清凉金色光先照，峨嵋银界一时铺。"范成大的"明朝银界混一白"等，将峨眉山以"银色世界"指代。普贤居住的"银色世界"是比照五台山文殊菩萨"金色世界"的说法。表明了峨眉山与五台山相抗衡的官方地位。此时，峨眉山、五台山及宋代重要城镇开封、应天、临安，分布于宋朝疆域北部、西南、东南，对内辐射大部分疆域范围，对外牵制辽、西夏、吐蕃诸部与大理，形成有利于巩固政治统治的"大地理"空间格局。

以此为背景，在皇室的大力扶持下，峨眉山声名鹊起，得到普通民众的广泛认可。在全国范围内形成了北有五台、南有峨眉的佛教名山格局。峨眉山普贤道场、银色世界的地位得到了真正的确立，全方位地超越山中道教的影响力。

宋代山中寺庙加建完善，道路状况改善，游山登顶者大大增加。依据

[①] 黑水寺位于黑水村，在目前划定的"峨眉山风景名胜区"范围外，未列入7寺范畴内。
[②] 依据《华严经·菩萨住品处》云："西南方有处，名光明山，从昔以来，诸菩萨众，于中止住。现有菩萨，名曰贤胜，与其眷属三千人，俱常在其中而演说法。"光明山为普贤的驻地，峨眉山据此确立为普贤道场。
[③] 均位于现河南省。

宋代文学家范成大《峨眉山行记》和现代《峨眉伽蓝新记》考证，山上建有寺庙9座：伏虎寺、华严院（唐华严寺）、中峰院（唐中峰寺）、牛心院（唐牛心寺）、白水寺（唐普贤寺）、千佛庵、新店、卧云庵、华藏寺。其中白水普贤寺、双飞桥牛心寺、山顶华藏寺是重要的朝圣中心。白水普贤寺以上道路漫长陡峭，山上寺庙派僧人在中途平坦处建板屋，提供茶饮饭食，形成了最早的服务设施。

三、佛道共存

唐宋时期，峨眉宫观寺庵的建设大大增加。佛道建筑并置，共有数十处。佛教寺庵分别有：伏虎寺、华严院（唐华严寺）、中峰院（唐中峰寺）、牛心院（唐牛心寺）、白水寺（唐普贤寺）、千佛庵、新店、卧云庵、华藏寺（图3-2）。道教宫观分别有：雷洞祠、玉皇观、关帝庙等。寺庵宫观具有明显的线性分布特征。关帝庙至华藏寺形成一条清晰的登山游线。白水普贤寺以下的道路已经成型，但白水普贤寺至华藏寺"无复蹊蹬，斫木作长梯，钉岩壁缘之而上"。下山时由峨眉新观附近"极峻陡下"至龙门洞，后连有小路出山。佛教寺庵与道教宫观沿游线交错分布，没有明显的区域界线。

低山和高山平坦区域宗教建筑较多，白水普贤寺至雷洞坪间的陡峭区域仅有千佛庵一处建筑。

寺庵周围的地质景观和云海佛光等气象景观被赋予了佛教或道教典故与寓意，成为宗教胜迹，并显示出交融的状态。同一地点常常既是佛教胜迹又是道教胜迹。如仙峰寺旁的巨石，在道教传说中被称为"仙圭石"，在佛教传说中被称为"普贤石"，石上刻有"仙圭"和"南无普贤菩萨"两行字迹，显示出了佛道两者的特征。

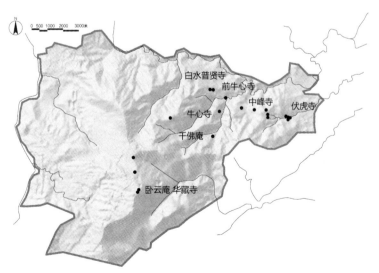

图3-2 唐宋时期峨眉山寺庵分布图

总而言之，在唐代至宋代的时间段内，峨眉山宗教景观兴旺发展；既确立了道教"第七洞天"的"道教名山"地位，也确立了佛教"银色世界""普贤道场"的"佛教名山"地位。佛道虽然存在相互斗争、争夺地盘的现象，但在整体布局上却有相互并置、相互融合的现象。

第四节　佛教鼎盛时期

一、道教衰落与道观绝迹

由于明代帝王大力推行佛教，峨眉山道教发展至明代，已经势力薄弱，道士陆续下山或皈依佛门，几近绝迹。

峨眉山道教曾做出最后的挣扎。明万历乙酉年（公元1585年）四川巡抚赫卫瀛上峨眉山，因"久厌凡尘，窃窥至道"，不忍黄冠绝迹，命人在原峨眉新观处修建了供奉吕洞宾的吕仙祠，推崇道教神仙吕纯阳。同时为周边自然景观编写了吕纯阳的传说故事，以确立吕纯阳显灵的实证。如祠后有一处十字形的小洞，被传为吕纯阳练剑时以剑劈开山石形成的，洞口似剑劈开的十字，故称十字洞。

明崇祯六年（公元1633年），四川监察御史刘宗祥对吕仙祠进行修缮，改"吕仙祠"为"纯阳殿"。纯阳殿是当时大峨山上仅存的道观。它的修复延长了峨眉山道教的寿命，但并没有改变道教消亡的结局。不久后，纯阳殿道士离去，宫观废圮。清初入住僧人，重修时改观为寺，供奉普贤。至此，峨眉全山道教消亡，佛教独尊。

二、佛教的鼎盛发展

明清时期是峨眉山佛教的鼎盛期。

明代开始，皇室大力扶持并控制佛教，将佛教作为推行统治的思想辅助。这一时期推行大量有益于佛教发展的政策，包括土地政策和教务政策。明代幻轮和尚编撰的《释氏稽古略续集》中有明确立法减少寺田赋税和钦赐土地的记载："钦赐田地，税粮全免；常住田地，虽有粮税，仍免杂派人差役。"明成祖"僧道限田竟罢"有规定不再限制寺田的大小。同时在教务上，专门设立寺院衙门，设"僧官"，使僧人的社会政治地位得到提高。

清代全面延续了明代的佛教政策，对佛寺的支持与控制进一步加强。佛教从平民宗教逐渐转化为社会上层推行的主要宗教。

峨眉佛教在这样的背景下持续发展，佛寺建设达到鼎盛。历代君王多次敕令建寺，庄严经阁、佛像，敕赐经书法典。明太祖曾赐诗二首，表彰峨眉山僧的德行。万历皇帝也信奉佛教，曾向峨眉山颁布过三道敕书，支持峨眉山寺庵建设，诏令建设万年寺无梁砖殿，并赐名"圣寿万年寺"为其母贺寿。清代康熙、同治帝均支持佛教，曾多次为峨眉山寺庵撰写楹联，敕赐经书，以示支持。明清时期峨眉山佛教寺庵的大力发展，使得峨眉山作为佛教名山声名显赫，在全国具有超然的地位。

该时期，峨眉山与皇室政府间的关系十分密切，地方政府对山中佛教建设也提供了大力支持。这些史实记录在官方文献中，保存得十分完善。另一方面，应政府要求，当时的学者为峨眉山编纂了大量的志书，以文字和图像的形式记录了山中景观。这些资料全面而详尽地展现了峨眉山当时的景观面貌。明嘉靖年间，章潢编修《图书编》，收录了峨眉山全山地图《大峨山图》。《大峨山图》成于公元1545—1577年间，反映了当时峨眉山的寺庵和道路布局。图中共有山名、地名、寺名标注44个（图3-3）。其中，位于目前峨眉山风景名胜区范围内的地名33处。从图中可以看出，由峨眉县南门出城，途经龙神堂、华严寺、中峰寺、白龙洞、四会亭、白水寺、息心所、初殿、莲花石、初欢喜、白云殿、雷公坪、欢喜亭，至顶峰锡瓦殿、铜瓦殿、铁瓦殿，共有约16座寺庵。另有凉风桥、解脱桥、木梁伞、大峨石、双飞桥、观音岩、天门石、七天桥、天仙桥等形胜。寺庵景点按线性排布，由一条登山道串接。道路由峨眉县南门起始，盘解脱坡，经过马鞍山、象鼻坡、观心坡、四十八盘上山，与宋代基本一致。

明万历乙巳年（公元1605年），湖南袁子让编纂《嘉州二山志》。书

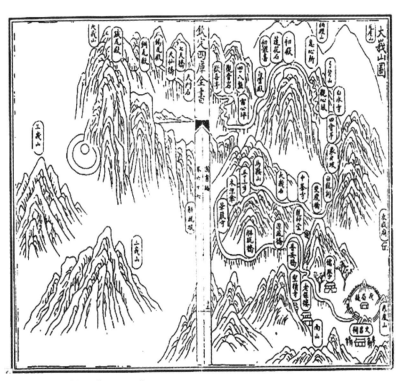

图3-3 明代嘉靖年间《大峨山图》

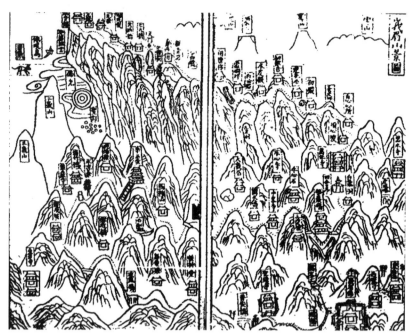

图3-4　明代万历年间《峨眉山景图》

中收录《峨眉山景图》(图3-4)。依图所示,峨眉山范围内共建寺庵35处,寺庵数量是嘉靖年间的一倍,新建寺庵如解脱坡、五十三步、大峨石、天门石等处。各寺庵线性布置,由道路串接,道路大体走向与嘉靖时相似。局部增加支线,与外围寺庵连接,如双飞桥—牛心寺,解脱桥—灵岩寺等。图中还显示有道路从万年寺过虎渡桥,至黑水寺。傅光宅《峨山修改盘路记》记录了这条道路的情况:"至白水寺(万年寺),绕弓背山后上顶。重修虎渡桥,次至黑水寺,至麻子坝,蕨坪,建公馆。上至雷洞坪,合旧路。至四十八盘,至大欢喜。"弓背山是峨眉山范围内东西坡的分界线,东坡陡峭,西坡平缓。傅光宅组织的这次大规模道路修建,建造了一条从万年寺开始,通过黑水寺、麻子坝,从弓背山西坡绕行上山,到达雷洞坪的道路,这条道路有效地解决了东坡道路陡峭险峻,难以攀登的问题,为登顶峨眉打开了方便之门。西坡道路的开通也有利于高山区物资的运输,便于寺庵修建。

明崇祯年间(公元1628—1644年),胡世安修《峨山道里纪》又说:"新路顺溪至积善桥,皆可达洪椿坪,此路多熊狒猿虎之类。"说明明代末期重修洪椿坪的千佛庵,沿"黑水"建路,形成双飞桥—洪椿坪—九岭岗一线的线路。至此,峨眉山环线、登顶捷径均已形成。全山寺庵众多,整个东坡基本处于人工景观的控制之中。

清光绪十七年(公元1891年)黄绶芙主持编纂的《峨山图说》显示,峨眉山范围内建有寺庵70余座,"自踵及顶,梵刹鳞次栉比"。低山新建报国寺、罗峰庵、善觉寺、慧灯寺、观音寺、神水阁、大峨寺、新开寺等,由广福寺分道下往龙门洞。牛心寺后的"猴子坡"上建会佛寺、大

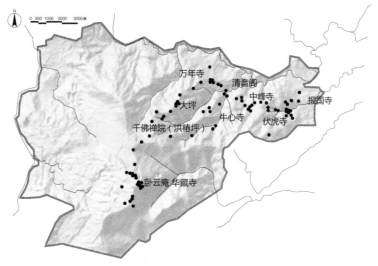

图3-5 清代寺庵布局图

坪，增建由牛心寺至大坪，从"蛇倒退"盘曲直下至洪椿坪的线路，取代了黑龙江栈道旁野兽出没的旧道。高山区从雷洞坪以上，增建数个寺庵，如沉香塔、师祖殿、永庆寺等；又在光明顶外的千佛庵、万佛庵营建寺庵，如明月庵、华藏茅庵等。清代峨眉山几乎峰峰有寺，寺庵密度极大。山脚龙门洞至峨眉县北道路开通，使龙门洞成为新的入山门户。牛心寺—大坪—洪椿坪的道路开通，前后山环线正式形成，山顶地区寺庵迅速扩张（图3-5）。

明清时期峨眉山寺庵的大量建设，进一步稳固和促进了"普贤道场"名声的传扬，使得"大小寺宇莫不崇奉普贤菩萨，四方信士礼敬普贤者，亦莫不指归峨眉。"在明代建立的佛教四大名山体系中，峨眉位列第二，名高五岳。

三、佛道融合发展

明清时期，峨眉山道教宫观改为佛教寺庵，宫观绝迹。但即便如此，道教影响依然留存，并与山中佛教逐渐融合。

如"纯阳殿""灵官楼"等，改为佛寺后，寺内道教塑像改为佛教像，保留了原有建筑外观与名称。报国寺，建设初期为会宗堂，是儒释道三教融合的一次尝试，清初迁建为佛寺，建筑中仍然保留着道教装饰，在七佛宝殿前装饰着道教图案（图3-6）。

峨眉山道教下山后，出于对道教文化的尊重，一些寺庙主动新建了道教性质的构筑物。如仙峰寺，由于寺庙旁的九老洞中历来供奉着财神赵公明的神像，清代太安和尚重建仙峰寺时引此典故，将第一殿作为了"财神殿"（参见图2-13），设赵公明像。这种现象，展现了峨眉山佛道文化相互融合的特点。

图3-6 报国寺七佛殿栏杆的道教图案

图3-7 新版峨山图志中记载的歌凤台、歌凤桥及歌凤台现状遗址

此外，峨眉山中有诸多道教传说，如陆通结庐、药王炼丹、雷神降雨等。这些典故往往和自然景物结合在一起，如歌凤台、歌凤桥、药王洞、雷洞坪等（图3-7）。道士下山后，佛教保留了这些典故与景点，并将其与寺庵环境融合。如牛心寺与药王洞、神水禅院与歌凤台等。一些寺庙受到道教文化的影响，从寺名上显示出了道教特征，如"洪椿坪"取道教洪椿神树的典故；"遇仙寺"取寺后道教洞室"遇仙洞"之名。

此外，峨眉山地名除"观音桥""观心坡""罗汉坡"等富有佛教意味的名称外，仍保留着如"天柱峰""玉皇坪""真人峰""三霄洞"等道教名称，这些地名的由来典故至今依然流传。

第五节　动荡与衰退时期

清末至民国时期，社会动荡，佛教发展受到了极大的阻碍，峨眉山僧人流失，山中佛教逐渐衰弱，建设活动基本停止。

民国年间，峨眉山科学研究和文艺创作有一定的发展。中外植物学家、地质学家赴峨眉山进行考察，对峨眉山地质、地貌、植物、动物、气象气候等进行了深入的研究，奠定了峨眉山自然科学的研究基础。画家张大千、徐悲鸿，书画家刘咸荥等人曾多次上山采风，以峨眉景观为主题创作艺术作品，这些作品是近代有关峨眉山的主要文艺作品。

1949年新中国成立后，国家曾组织过峨眉山寺庵的修复活动。据新《峨眉山志·千年史程》记载，1953—1954年整修寺庙9座，重建1座，修缮山道，并新建了一线天栈道，开通了清音阁至洪椿坪的线路。但由于土地改革，不少僧人还俗离寺，寺庵的修缮并没有改变寺庵空置、荒废的状况。沉香塔、七天桥、天门寺、普贤塔、慧灯寺、华严顶、永庆寺、锡瓦殿等倾圮倒塌。一些寺庵被人工拆除，如千佛庵、万佛庵、明月庵、莲花寺、大坪等。另一些寺庵被各单位或居民占据，寺庵数量由清中期的80余座，减少到20座左右。

20世纪50年代后，峨眉山全山没有规划与节制地开荒、伐木使山脚至清音阁一带林木遭到严重破坏，包括具有历史价值的峨眉古林"古德林"等也遭受损害。万年寺以上也出现山民烧毁山林的现象[①]。山林尽毁，被改作了黄连种植田。一些生产企业相继上山，开山建厂，如山顶雪魔芋加工厂等。全山人文景观衰退十分严重。

第六节　恢复与重建期

一、寺庵的修整与恢复

企业和居民的占用虽然破坏了寺庵的原有格局，但在一定程度上使它们免于倾圮。这样保存下来的寺庵有报国寺、伏虎寺、雷音寺[②]、善觉寺、纯阳殿、神水阁、中峰寺、广福寺、清音阁、白龙洞、牛心寺、洪椿坪、仙峰寺、洗象池、太子坪、卧云庵、华藏寺、初殿、息心所、万年寺和慈圣庵，共21座寺庵。1978年国务院副总理方毅来峨眉山视察，要求落实"退耕还林"政策，恢复峨眉山生态。峨眉山开始迁走农田，植树造林。山脚至清音阁一带是曾经林木破坏最为严重的区域，植树造林后形成了以人工次生林为主的次生林带。

[①] 初殿附近的山林被毁坏得十分严重。
[②] 又名解脱庵。

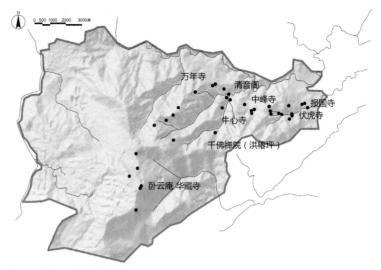

图3-8 现代寺庵及重要遗址布局图

1979年起,峨眉山科研活动显著增加,峨眉山地质、生物、气候研究恢复。除我国本土研究外,加拿大生物学博士泰勒、日本广岛县野生药物考察团、丹麦皇家农业大学、美国康奈尔大学教授约翰·汉斯相继来到峨眉山考察动植物。

1986年,万年寺、清音阁、神水阁、伏虎寺、纯阳殿、仙峰寺、千佛庵(洪椿坪)、洗象池、雷音寺、白龙洞、遇仙寺、报国寺、慈圣庵13处寺庵被评为文物保护单位。峨眉山人文景观再次受到重视。

1987年,大部分企业迁出峨眉,曾被占据的寺庵得以修复和重建,山中的道路也在这一时期得到修复和更新。

至2015年,峨眉山修复及重建的寺庵共26处①(见图3-8),其中完全为现代重建的5处,分别为华严寺(现金顶)、万佛庵、接引殿、雷洞坪、华严顶、圣水禅院中原属于大峨寺的部分。其他21处寺庵或多或少保留了各历史时期的建筑。

二、国家级山岳类风景名胜区的建立

风景名胜区,是指"风景资源集中、环境优美、具有一定规模和游览条件,可供人们游览欣赏、休憩娱乐或进行科学文化活动的地域。"风景名胜区是我国历史文化和自然景观的重要载体。为了对其进行充分的保护,1982年国务院建立了中国风景名胜区制度,至2017年共批准设立国家级风景名胜区244处。

在新中国成立后,峨眉山人文景观和自然风景逐渐恢复,科研价值被渐渐挖掘。峨眉山获得了如"佛国仙山""植物王国""动物乐园""地质博物馆"等称号,综合价值得以体现。1982年,国务院宣布将峨眉山列入第一批国家级风景名胜区名单。

① 26处寺庵为:报国寺、萝峰庵、伏虎寺、雷音寺、善觉寺、纯阳殿、神水阁、中峰寺、广福寺、清音阁、白龙洞、牛心寺、洪椿坪、仙峰寺、遇仙寺、洗象池、太子坪、卧云庵、华藏寺、初殿、息心所、万年寺、慈圣庵、雷洞坪、接引殿、华严顶。

1996年，联合国教科文组织将峨眉山风景名胜区列入《世界遗产名录》。峨眉山风景名胜区成为我国第3个文化与自然双遗产地。申遗的成功，标志着峨眉山人文景观和自然景观，美学审美与科学研究的均衡发展。

2008年建设部正式出台《风景名胜区分类标准》CJJ/T 121—2008，将风景名胜区分为：历史圣地、山岳、岩洞、江河、湖泊、海滨海岛、特殊地貌、城市风景、生物景观、壁画石窟、纪念地、陵寝、民俗风情及其他14个大类。峨眉山属于山岳类风景名胜区。标准类型的划分标志着峨眉山山岳类风景名胜区地位的正式确立。峨眉山逐渐从单一的宗教圣地转化为具有人文、自然、科学、游憩功能的现代山岳类风景名胜区。

第七节　人文景观演变的驱动因素

一、自然因素

自然因素是峨眉山人文景观形成和演变的基础。

峨眉山人文景观的形成首先得益于峨眉山的大地理区位。峨眉山位于我国西南部，在历史上是中原汉族与少数民族的分界点，也是早期汉族领域内西南方的最高峰。依据这样的区位特征，古人依据《山海经》记载，将峨眉山引申为位于西南的"皇人山"或"西皇人山"，并在此基础上附会出皇人修道的传说，形成了峨眉山人文景观的基础。

其次，自唐代以来，峨眉山所在的嘉州与吐蕃、大理接壤，是西南方的重要屏障，具有极大的军事价值。在西南部扶持宗教名山，有利于稳固西南边陲的政治稳定，巩固统治，因而历朝统治者均对峨眉山的宗教建设进行扶持，促使峨眉山成为西南部乃至全国范围内的名山。

峨眉山独特的地质、气候条件也是促使峨眉山确立名山地位的重要驱动力。峨眉山山形耸立，垂直高差大。人迹罕至，自然资源丰富，符合道教名山的传统观念。此外山中气候潮湿，云雾缭绕，又增添了几分仙气。

佛光、圣灯、云海是峨眉山金顶区域能够观察到的重要自然景观，被称为"金顶三相"。宋高宗时进士范成大在《峨眉山行纪》中首次对"峨眉三相"进行了详尽的描述："……峰顶光明岩上，所谓'兜罗绵云'，亦多出于此洞。……人云佛现悉以午……云头现大圆光，杂色之晕数重，倚立相对，中有水墨影，若仙圣跨象者。一碗茶顷，光没，而其旁复现一光如前，有顷亦没。云中复有金光两道，横射岩腹，人亦谓之'小现'。日暮，云雾皆散，四山寂然。及夜灯出，岩下遍满，弥望以千百计。……俄氛雾四起，浑然一白，僧云'银色世界'也。有顷，大雨倾注，氛雾辟易，僧云'洗岩雨也，佛将大现'。兜罗绵云复布岩下，纷郁而上，……俯视岩腹，有大圆光偃卧平云之上，外晕三重，每重有青、黄、红、绿之色。光之正中，虚明凝湛，观者各自见其形现于虚明之处，毫厘无隐，一如对镜，举手动足，影皆随形，而不见傍人，僧云'摄身光'也。……云雾既散，而此光独明，人谓之'清现'。凡佛光欲现必先布云，所谓'兜罗锦世界'。……凡自午至未，云物净尽，谓之'收岩'。"

在范成大的记述中，峨眉山顶峰名为"光明岩"，云海被称为具有佛教含义的"兜罗绵云"。佛光称为"佛现"并有多种形式。在观看"佛现"后范大成紧接着还看到了"夜灯"[①]。

"峨眉三相"是峨眉山美丽神奇的自然景观，同时也与"普贤道场"说的形成紧密相关。《华严经·菩萨住处品》载："西南方有处，名光明山，从昔以来，诸菩萨众，于中止住。现有菩萨，名曰贤胜（普贤），与其眷属三千人，俱常在其中而演说法。"

峨眉山地处西南方，与《华严经》中的"大光明山"位置相符合，山中又有佛光、圣灯等自然景观，符合佛经中所说的"光明相"。因而佛教徒将峨眉山附会为普贤菩萨居住的"大光明山"，全山"大小寺宇莫不崇奉普贤菩萨，四方信士礼敬普贤者，亦莫不指归峨眉。"峨眉山续道教名山后又有了佛教"大光明山""普贤道场""银色世界"的称谓。

二、人文因素

纵观峨眉山人文景观的发展，佛道文化的竞争是促使峨眉山不断发展的核心动因之一。在佛道文化相争的过程中，为了宣扬自身的教义，稳固自身地位，寺观和宫观不约而同采取了建设建筑、扩张领地的手法。这种竞争式的修建方式，使得峨眉山人文景观快速扩张和成熟。在已经建成的寺庵宫观中，还时常发生佛道相互侵占的情况。明清时期，道教式微以后，佛教徒大量占据道教宫观，改观为寺。这种占据加快了峨眉山地区佛道两教的交融，使得峨眉山人文景观兼具佛道文化的特征。

除建设寺庵外，寺观和宫观争相占据山中自然景点，并挖掘山中自然景观价值，对具有特点的自然景物进行命名、题刻，并编造传说加以解释。这些自然景物和所蕴含的传说典故成为佛道两教灵异现象的"物证"，通过大量的流传，具有宣传教义、稳固宗教地位的作用。

进入清代以后，山中道教逐渐淡出历史舞台，佛教独盛。这一时期山中寺庵依然处于旺盛的发展之中，但纵观全局，该时期景观以新建、修复、改建寺庵建筑为主，而新景点和新传说的诞生则相对停滞。景观发展进入较为稳定的阶段。

总而言之，在文化因素驱动下，峨眉山最终形成了峰峰有寺、处处有景，佛道交融、文化深厚的人文景观面貌。

三、政治因素

政治因素是峨眉山人文景观形成与发展的重要外部驱动力。主要表现为历代君王和政府对山中宗教建设的扶持。

---

① 即圣灯。

自唐代开始,封建君王对峨眉山佛教发展持续关注。唐僖宗,宋真宗、仁宗,明英宗、神宗,清圣祖康熙等历代君王均多次敕赐峨眉寺庵,促进了山中佛教的兴盛,也加速了道教的消亡。

在明确的政治扶持下,峨眉山还得到了大量的文化交流机会。一些峨眉名僧前往都城学习,另一些名僧和文学大家前往峨眉驻锡、修行。这种交流为峨眉山文化不断注入新的思想,构成了峨眉山人文景观充满智慧、诗意盎然的核心。

四、社会因素

这里的社会因素指除政治外其他的社会综合因素,包括社会经济、社会价值观、社会审美观等。

通过对峨眉山人文景观的整体研究,社会因素不但作用于景观面貌的形成,同时作用于景观内在意境的生成。

从景观面貌的角度看,寺庵建造过程中所使用的技术、工艺、结构、空间组织等等方面都是时代社会状况的直观反映,是社会经济、审美和价值观的物象体现。当社会稳定繁荣时,寺庵建设快,体量大,形式美观,材料讲究,追求形式美感与哲学性和诗意。而当社会动荡时,寺庵建设则倾向于满足基本生活要求的方式和风格。

从景观意境内涵角度看,人文景观代表了当时社会的普遍追求与诉求。景观意境在不同时期有着不同的思想内涵,如两晋和唐代的玄学风尚、宋代的文人审美、明清时期的民俗性转变、新中国成立初期的生产性要求和现代的综合文化融合的特点。

纵观峨眉山人文景观的形成与发展,自然因素、文化因素、政治因素和其他社会因素共同作用,引导推动了景观面貌和景观文化意识形态的演化。促使峨眉山形成了以文化为核心,融合现代服务功能的多元化景观结构(图3-9)。

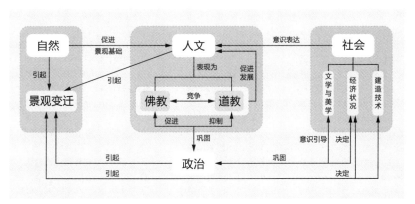

图3-9 峨眉山人文景观演变的驱动力

参考文献

[1] （晋）常璩. 华阳国志校注[M]. 成都：巴蜀书社，1984，7: 182.
[2] 何星亮. 中国自然神与自然崇拜[M]. 上海：上海三联书店. 1992，5: 11.
[3] 四川省文物考古研究所. 三星堆祭祀坑[M]. 北京：文物出版社. 1999，4: 445.
[4] 彭书红. 三星堆青铜纵目面像、青铜神树、玉璋祭山图案的文献学解读[D]. 四川师范大学，2008.
[5] 叶·阿·托尔奇诺夫，郑天星. 道教的起源及其历史分期问题[J]. 宗教学研究，1987，27-33.
[6] 陈国符. 道藏源流考（新修订版）[M]. 北京：中华书局，2014，9: 202-237.
[7] （东晋）葛洪. 抱朴子内篇·卷四·金丹[DB/OL]. 百度正版电子书公共版权授权. http://yuedu.baidu.com/ebook/acf58d683b3567ec102d8af6?fr=aladdin&key=%E6%8A%B1%E6%9C%B4%E5%AD%90%E5%86%85%E7%AF%87.
[8] （东晋）葛洪. 抱朴子内篇·卷十八·地真[DB/OL]. 百度正版电子书公共版权授权. http://yuedu.baidu.com/ebook/acf58d683b3567ec102d8af6?fr=aladdin&key=%E6%8A%B1%E6%9C%B4%E5%AD%90%E5%86%85%E7%AF%87.
[9] 四川省地方志编纂委员会编纂. 四川省志·峨眉山志[M]. 成都：四川科学技术出版社. 1996.
[10] （晋）皇甫谧. 高士传[M]. 北京：中华书局，1985.
[11] 杜洁祥主编. 中国佛寺史志汇刊第一辑，第45册，峨眉山志[M]. 中国台湾：明文书局印行. 1980: 36.
[12] （南朝）陶弘景. 真浩[Z].
[13] 洪玲芳.《神仙传》与洞天福地的建构[D]. 上海大学，2014.
[14] （唐）司马承祯. 上清天宫地府图[Z].
[15] （宋）张君房撰，蒋力生等校注. 云笈七籖·卷二十七[Z]. 北京：华夏出版社. 1996: 154.
[16] （唐）李德裕. 李卫公别集[Z]. 四库全书第1079册[M]. 上海：上海古籍出版社，1987: 107.
[17] （梁）释慧皎. 汤用彤校注. 高僧传[M]. 北京：中华书局，1992.10.
[18] （宋）赞宁，范祥雍点校. 宋高僧传卷五[Z]. 北京：中华书局，1987: 105-106.
[19] （明）释幻轮. 释氏稽古略续集[M]. 扬州：江苏广陵古籍刻印社，1992.12.
[20] 任宜敏. 清代汉传佛教政策考正[J]. 浙江学刊，2013，1: 7-22.
[21] 熊锋. 古游山图：见证峨眉山佛寺兴衰[J]. 四川文物，2009，6: 79-81.
[22] 颜冲. 明代峨眉山佛教述论[D]. 四川省社会科学院，2007.
[23] 中华人民共和国国务院. 风景名胜区条例. 2006.09.
[24] （宋）范成大.《范石湖集》卷18[M]. 上海：上海古籍出版社，1981: 256.
[25] 华严经[M]. 高雄：佛光书局，1996.
[26] 杜洁祥主编. 中国佛寺史志汇刊第一辑，第46册，新版峨山图志[M]. 中国台湾：明文书局印行. 1980.

第四章

峨眉山人文景观整体布局风景析要

第一节　人文景观布局的整体结构特征

一、寺庵分布特征

（一）基于山水走向的脊线布局

在峨眉山文献中详细记载的清代寺庵共计45座。研究提取寺庵名称及分布，绘制寺庵布局图。途中显示寺庵沿三条山脊带状分布：从峨眉县开始，至清音阁分为三带，南侧带包括清音阁、洪椿坪、遇仙寺、莲花石至雷洞坪一线寺庵。中部带为清音阁、万年寺、初殿，至九岭岗诸寺，并在九岭岗与南线汇合，连接至雷洞坪。两带寺庵沿脊线从东北至西南攀升。山脊两侧均有河流环绕，由西南至东北流入山下符文河。北部线路由万年寺至净水寺，绕弓背山后上顶，是清代建设的快捷登顶线路。三带在雷洞坪汇合后连接金顶诸寺。

中南两带的脊线布局，体现了对自然环境的适应及传统自然审美的表达。一方面在湿度大、雨水多的西南山地，干燥的山脊坡度平缓，地质结构相对稳定，适宜建设和居住。山脊上的寺庵与山谷河流保持适当的高差，能方便地取水，而不受山洪的危害。

同时，峨眉山西南侧为山川起伏的青藏高原，东北侧为平缓的四川盆地，古人观山脉走向，认为"地脉向中国来者三支。南络发昆仑迤东南而行至大峨山"，"峨眉……雄镇梁州定一尊"源于"昆仑"，面向梁州。金顶"高耸层霄出九寰"，是梁州地区最重要的山峰，也是"昆仑"脉络的延续。寺庵沿脊线排布，与区域环境内山水走势相呼应，背靠"昆仑"祖山，面对平原，两侧群山环绕，符合对传统山水的祥瑞认知。

（二）结合形胜分布的多点定位

峨眉山寺庵沿脊线散点布局，具体择址与自然形胜紧密相关。

谭钟岳《峨山记》罗列了山中奇异的自然形胜如高峰、陡坡、山洞、山间平地等特异的地形地貌，另有瀑布、泉水、溪流等水系以及各类奇石、奇花异草和独特的气象景观。又绘制《峨山图志》详细表现了寺庵与形胜的关系。如千佛庵与洪椿树；神水阁与玉液池；大峨寺与宝掌峰、归子石、中和石；光相寺与"峨眉三相"等。除个别小寺外，寺庵与形胜均成组出现。研究将寺庵及周边形胜划分为建筑、建筑小品、地文景观、水域景观、植物景观、气候现象6类进行统计。可见建筑数量与周边形胜数量紧密相关。当建筑数量增多时，地文景观、水域景观、植物景观和气候现象单体类型也增多。当建筑消亡后，周边的自然景物蕴含的宗教寓意也很快失传，景物回归"自然"状态。两者相辅相成（表4-1）。

与形胜结合的寺庵布局，是人工适应自然的结果，寺庵利用山间平地、山洞空间来降低建造难度；靠近水源满足用水需求。另一方面，山中奇异的自然景观容易成为景观标志。僧尼通过赋予寺庵周边自然形胜以特殊人文含义，将自然景观与特定的宗教意象相关联，塑造、加强、烘托寺庵的神奇氛围。

表4-1　各时期峨眉山人文景观单体类型统计表

景观单体类型		时间节点			
		两晋	唐宋	明清	现代
寺庵建筑		中峰寺	神龙堂、伏虎寺、华严院、中峰神寺（乾明观）、牛心寺、白水普贤寺、千佛庵、新殿（接引殿）、华藏寺、卧云庵、茂真尊者庵	子龙庙、报国寺、善觉寺、关帝庙、无量殿、伏虎寺、萝峰庵、观音堂、雷音寺（解脱庵）、华严寺、纯阳殿、慧灯寺、神水阁、大峨庵、中峰寺（乾明观）、观音寺、龙升岗、广福寺（前牛心别院）、清音阁、白龙洞、金龙寺、灵官楼、万年寺（白水普贤寺）、慈圣庵、海会堂、净水庙、山王庙、观音阁、佛牙殿、观心庵、息心所、长老坪、初殿、华严顶（玉皇亭）、遇仙寺、莲花石、洗象池、木皮殿（大乘寺）、白云寺、雷洞坪、接引殿、太子坪、永庆寺、祖师殿、沉香塔、天门石、七天桥、和尚塔、卧云庵、光明寺、祖殿、金顶、楞严阁、金殿、千佛庵、结草庵、万佛庵、明月庵、华藏庵、净土庵、仙峰寺、洪椿坪、山王庙、大坪、会佛寺、牛心寺、新开寺、神龙堂	报国寺、善觉寺、伏虎寺、萝峰庵、雷音寺、纯阳殿、圣水神院、中峰寺、广福寺、清音阁、白龙洞、万年寺、慈圣庵、息心所、初殿、华严顶、洗象池、雷洞坪、接引殿、太子坪、卧云庵、金顶、万佛庵、仙峰寺、洪椿坪、牛心寺
建筑小品	牌坊			文昌庙后牌坊、琉璃牌坊、初殿木坊、洞天首步牌坊	洞天首步牌坊
	亭		思过亭	玉宝楼、双飞桥瓦亭、接王亭	接王亭、凤凰亭
	桥		青竹桥、双溪桥、虎溪桥	普贤桥、虎溪桥、兴隆桥、凉风桥、解脱桥、青竹桥、万佛桥、正心桥、歌凤桥、结缘桥、三望桥、双飞桥、天仙桥、积善桥、寿星桥、长寿桥	普贤桥、虎溪桥、虎啸桥、兴隆桥、凉风桥、解脱桥、青竹桥、正心桥、歌凤桥、结缘桥、三望桥、双飞桥、积善桥、寿星桥、长寿桥
	碑			马如蛟碑记、第一山碑、初殿古石碑	
	幢			尊胜幢	
地文景观	洞穴		孙思邈炼丹灶、十字洞	罗汉洞、桂花洞、左慈洞、九老洞、药王洞（孙思邈炼丹灶）、十字洞	九老洞、药王洞
	奇特山石		玩丹石	太湖石、大峨石、中和石、归子石、凤嘴石、棋盘石、普贤船（石船子）、牛心石、太子石、鬼门关、仙女桥（天然石桥）、观音岩、观音桥（天然石桥）、升象石、磐陀石、圣钟、仙人石、象王石、第一山石、天门石、金顶磐陀石、金刚嘴、仙峰石、玩丹石、歌凤石	大峨石、晋贤船（石船子）、牛心石、天门石、金刚嘴、歌凤石
水域景观	跌水		清音阁跌水	清音阁跌水	清音阁跌水
	井			九龙井、龙泉井	
	泉			井络泉	
	池			玉女池、神水池、明月池、洗象池、白龙池	神水池、洗象池、清音湖
植物景观	独树			木凉伞、老僧树	
	树林			布金林、古德林、旃檀林、藏舟林	布金林、古德林
气候现象	光学现象观赏点		光明顶佛光	金顶（光明顶）佛光	金顶（光明顶）佛光
	云雾现象观赏点		光明顶云海	金顶（光明顶）云海、红椿晓雨（雾）、萝峰晴云	金顶（光明顶）云海、红椿晓雨（雾）、萝峰晴云
	日月星辰观赏点		光明顶圣灯	金顶（光明顶）圣灯、象池夜月	金顶（光明顶）圣灯、象池夜月
	物候景观			白水秋风、大坪霁雪	白水秋风

二、道路网络特征

道路是峨眉山人文景观中的线性景观，是游客登山的重要交通纽带，承担着为寺庵运送物资的功能。

峨眉山道路景观最早记载见于宋代范成大《峨眉山行纪》。明清资料有胡世安《登峨山道里纪》、王士性《游峨眉山记》、陈文烛《游峨眉山记》、袁子让《游大峨山记》、傅光宅《峨山修改盘路记》、江皋《游峨眉山记》《峨山图说》等。现代资料有1983年《峨眉山风景区总体规划》、1993年《峨眉山风景名胜区总体规划》、2003年《峨眉山风景名胜区总体规划》，1967年中华人民共和国国家测绘总局出版的1∶50000航测地形图和1990年四川省地矿局实测、2013年补测的1∶50000峨眉山市地图。本书对宋代至清代图文资料进行总结，依据图文记载地名整理出道路走向，结合实地勘测、访问调查和1990年1∶50000地图进行校正，利用GIS地理信息系统将各时期道路路线绘于同一底图上（图4-1）。对于宋代以前道路，由于没有任何记录，故并未绘出。道路上的景点仅绘出起点、重要中转处和终点。

通过研究发现，峨眉山道路主要有三种类型：登山道：石材铺砌的步行登山道路，道路状况较好；登山栈道：由木梯、木栈道组成的登山道路，尺度狭小，材料简陋；车行道：近代新建的车行道路，道路旁设有停车点。

道路呈现由线至网的演变过程，路面材质也在不断优化。晋代峨眉山没有成规模修建的登山道，上山十分困难。宋代峨眉县—万年寺—金顶的线路建设成型，是峨眉山历史最为悠久的登山线路。该线路万年寺以下均为石质登山道，便捷的道路促进了万年寺的快速发展。万年寺至金顶为木质栈道。在主线外从峨眉新观至龙门洞有分支小径。清代峨眉县城至金顶间均修建了石质登山道，又开通了万年寺直通金顶的道路，为朝拜金顶打开了方便之门。路径包括由万年寺下山，至麻子坝，由弓背山后上山，直通雷洞坪的道路；由龙门洞到麻子坝的道路；由清音阁、牛心寺到大坪，从蛇倒退下洪椿坪，至九岭岗的道路。自此峨眉山寺庵道路网络得以成型。新中国成立以来，在清代道路网络的基础上对道路进行了加建、改建和维护，包括：清音阁沿黑龙江至洪椿坪的栈道、报国寺至原龙门洞位置的公路；将峨眉市至报国寺、峨眉市沿符汶河，从弓背山后上雷洞坪的道路改建为公路；建设车行支路从符文河边到五显岗和万年寺车场；维护修复了其他登山道。现代车行道的修建，从根本上改变了峨眉山的朝拜游山方式，金顶、五显岗、万年寺、报国寺、伏虎寺几大车行站点的设置进一步促进了周边寺庵的发展，但也削减了步行寺庵的人流量。

总的来说，由宋代开始，峨眉山道路的发达程度不断上升。明清是道路发生根本改变的时期，道路网络明显较唐宋时期复杂。路网的完善增加了运输效率，使游山活动的便利性增加。现代道路与清代道路在总体布局上非常近似，车行路的改造和几条道路的增建，极大地改善了峨眉山的交通便捷程度。

各时期道路空间布局图

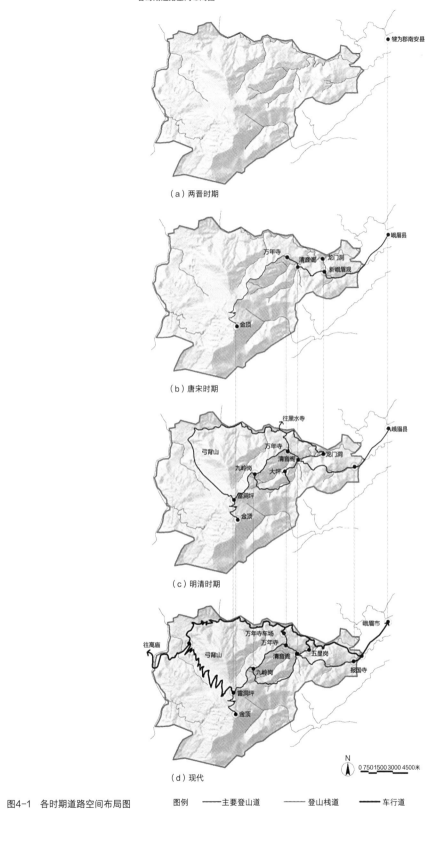

图4-1　各时期道路空间布局图　　图例　——主要登山道　——登山栈道　——车行道

第四章　峨眉山人文景观整体布局风景析要　｜　061

第二节　寺庵布局的山水风景特征

一、山体

（一）山位与山形

山位是反映山体不同位置地形特征的基本要素，代表了构成山体的单一地形特征，具有很强的识别性。依据峨眉山形态特征和寺庵建设布局特点，本书中将山位分为山顶、山脊、山坡、山麓、山谷五种类型进行研究（表4-2）。

山顶——点状或团状隆起的地形，按照山顶的形态，又有尖顶、圆顶、平顶三类。

山脊——呈条带状隆起的地形。

山坡——山顶部与山底部之间的倾斜区域，也被称为山腰。山坡又分为凸坡、凹坡，两坡间平缓处为台地。

山麓——山体与平地相交接的区域，是山起始的区域，也叫山脚。

山谷——两个及以上的山坡相夹的带状区域，呈条带状凹陷，水流容易在山谷中汇集，山谷也称为山沟。

表4-2　山位示意图

名称	山顶	山脊	山坡	山麓	山谷
山位示意图					
等高线示意图					

在山位基础上，峨眉山有平顶、圆顶、平脊、坡脊、凸坡、凹坡、台地、山谷、山麓8种山形，不同类型的地形具有不同的空间特征，表现出不同的空间氛围和景观视觉特征（表4-3）。

表4-3　山地空间类型

山形		空间氛围	景观视觉特征
平顶		中心性、标志性强、地位突出	具有全方位的景观，视野极为阔远，地形平缓
圆顶			具有全方位的景观，视野极为阔远
平脊		导向性明显，山脊两侧空间相互隔离	具有两个方向的景观，视野阔远。山脊可作为天际线，山脊上事物的轮廓非常明显
坡脊		具有一定的导向性，山脊两侧空间相互隔离	具有三个方向的景观视野，轮廓明显
凹坡		以一侧山体作为背景，能够起温和的衬托作用	具有单向的景观，较为封闭，山坡上不同高度的布局能体现出良好的层次感
凸坡		与坡脊类似，但线形感较弱	具有三个方向的景观，空间开敞
台地		两个坡地间平缓的区域	较大的台地，视域近圆形，没有明显的俯仰景观
山麓		山地地形平缓，空间舒适，以山坡作为背景，起到烘托作用	视域有限，但视线方向的限定较弱，可同等观赏周边空间内的景观，视域近圆形
山谷		内向、较封闭	视域有限，两侧景观幽闭，但在沿山谷的方向视野进深感极强，具有很强的空间限定性

　　寺庵分布具有突出的坡地多于凹陷的坡地，平缓的坡地多于陡峭的坡地的特征。

　　山中山石陡峭，较少出现平脊，多坡脊，因而凸坡和山脊具有很强的相似性。在所有寺庵中，建设在凸坡和山脊上的寺庵共有18处，占全部寺庵的53%（表4-4）。该地形通风、干燥，视线开阔，景观阔远，风景优美且适宜居住。

　　台地、山麓和平顶均是平缓地形的代表。峨眉山寺庵中9处均处于该种特征的山位中，占全部寺庵的26%（表4-4）。这些平缓地形建设难度小，具有充分的建设空间，交通布局也相对容易，展现了寺庵布局对实用性、功能性的考虑。

表4-4　峨眉山寺庵分布与山地空间关系

山位与山体空间		寺庵名称
山顶	圆顶	千佛庵、万佛庵、华严顶
	平顶	卧云庵、华藏寺
山脊	平脊	长老坪
	坡脊	雷洞坪、初殿、息心所、万年寺
山坡	凹坡	善觉寺、萝峰庵
	凸坡	雷音寺、纯阳殿、广福寺、牛心寺、洪椿坪、大坪、仙峰寺、遇仙寺、莲花石、洗象池、白云寺、接引殿、白龙洞
台地		神水阁、中峰寺、观音寺、太子坪、明月庵、慈圣庵、净水寺
山麓		报国寺
山谷		清音阁

（二）高程

依据峨眉山自然状况和景观风貌，将山体分为4个高程段落：

1．500～1000米

地形平坦，植被以次生林和园林植物为主，村庄集中，近年来发展了许多宾馆、度假村、农家乐等旅游服务设施，商业繁荣，人工建设集中。

2．1000～1800米

地形陡峭，谷壑交错，地貌破碎，原始植被保存较好，村庄稀少。

3．1800～2600米

地形坡度变化极大，地貌多脊少谷，原始植被保存完好，气候潮湿阴冷，多云雾雨雪，日照极少。

4．2600～3099米

属于山顶区域，顶峰地形平坦，是圣灯、佛光、云海等天候的最佳观赏点。由于弓背山后道路的修建，该区域新中国成立后发展了较多的旅游服务设施，包括酒店、度假村、汽车站等。原始植被呈点状破坏严重，恢复后形成斑块状冷杉林与灌木、草甸交织的植被景观。

峨眉山寺庵布局低海拔多于高海拔。位于1000米以下低海拔区域的寺庵占全部寺庵总量的44%。规模最大、历史最为悠久的8座寺庵中，报国寺、伏虎寺、中峰寺、清音阁、牛心寺、万年寺6座寺庵分布在低山区域。低山区寺庵密度为全山最大。结合山区自然状况与交通状况分析，低山区水源充沛、气候温和舒适，有利于僧人居住，而便利的交通和平缓的地形降低了寺庵的建设难度，靠近县城与村庄的位置也有利于吸收佛教信徒进行传教（表4-5）。

表4-5　峨眉山寺庵分布与高程关系

高程（米）	寺庵名称
500~1000	报国寺、善觉寺、伏虎寺、萝峰庵、雷音寺、纯阳殿、神水阁、中峰寺、观音寺、慈圣庵、净水寺、广福寺、清音阁、牛心寺、白龙洞、万年寺
1000~1800	息心所、长老坪、初殿、大坪、洪椿坪、遇仙寺、仙峰寺
1800~2600	华严顶、莲花石、洗象池、白云寺、雷洞坪、接引殿
2600~3099	太子坪、明月庵、华藏寺、卧云庵、千佛庵、万佛庵

少量寺庵分布于各峰极顶，或景观险绝之处。这些区域或寒冷多风，或潮湿多雨，山路险峻难以攀登。从生存条件、实用性和功能性上考虑都并不适宜建设寺庵。但往往风景极美，具有宗教圣地的地位，从而使寺庵超越山体限制布局。

二、水体

在传统水体空间研究中，将水体空间分为点状、线状和面状空间。点状空间指泉、池、井等点状水源，线状空间指溪、瀑、河、江等流动的水文空间，面状空间指面积较大、景观开阔的水面。

峨眉山山势起伏大，水流易随地形流动，缺少平缓的谷地汇集水流，并没有形成面状水域，仅有点状水体和线状水体。

山中点状水体有井、池两种类型，共13处。明确记载的井有卜应泉、通精泉、九龙井，均没有外露的水体，仅用于饮用。池有神女池、玉女池、明月池、洗象池、温凉二泉、八音池、圣水池、井络泉、白龙池、锡杖泉，兼具饮用和观赏功能。寺庵与点状水体的关系十分密切，在目前能够定位的34座寺庵中，有20处都靠近井、池，占全部寺庵的58%。但由于水源稀缺，仅有4座寺庵拥有独立的井、池，并作为人文景观的一部分。其他寺庵多共享一处水源。

山中线状水系可分为溪、河、沟三类。其中溪、河常年有水，但河水较溪水流量更大，水体宽度更宽。沟为山体冲沟，在雨季形成径流，雨季和化雪时也形成季节性瀑布，景色清秀。山中主要的河流有瑜伽河、符文河。主要溪流有虎溪、梁渡溪、黑龙江、白龙江、虎跳溪、宝现溪、洗脚溪、种玉溪。沟有马家沟、干溪沟、母家沟、石笋沟，共15条水系。峨眉山水系清秀灵动，但由于近水处过于潮湿、水系季节性涨落明显，容易引发水患，且水系岸线陡峭难以接近，实际布局中建于线性水系旁的寺庵并不多见。仅见于黑白两水汇流处的清音阁。其他寺庵多采取"闻水声而不见水流"的布局方式，建于临近峡谷一侧的山坡上，如洪椿坪、伏虎寺、牛心寺等。

由分析可见，水体空间与寺庵布局是紧密相关的，但这种关联更多地从实用角度而非美学角度作用于寺庵，水体空间并不是峨眉山视觉景观的主体。

三、山水组合模式

秩序化的山水组合是人工构筑物定位的主要参照。"城、郭、渠、落以向山,经水而审其面势。"《五礼通考·冬官考工记第六》中记述了城市、村落和各种基础设施以山水为指向的布局理法。在峨眉山中,寺庵园林、建筑群与山水构图的组合关系、对位关系也是十分明显的。本书将峨眉山34座寺庵基址的山水关系进行抽象简化,并进行分类总结,得出三类主要的山水组合模式,分别为:天然环抱模式、人工环抱模式和极顶模式。

(一)天然环抱模式

天然环抱模式是峨眉山寺庵布局特征中最为突出、数量最多的一类。该模式具有明显的选址原则——枕山、环山、面屏(图4-2)。"枕山"指寺庵背向有明确的靠山。"环山"指寺庵两侧有明显的山脉,左右围合。"面屏"指寺庵布局于山脉间凸起的山坡上,视野开阔,前有明堂。但明堂不可过分张开,还需要有山体收束或遮挡。

自下而上,纯阳殿、中峰寺、广福院、仙峰寺、遇仙寺、洗象池、初殿、息心所、长老坪、大坪、净水寺、观音寺、白云寺等寺庵均处于山体环抱的环境中。寺庵中轴线向靠山延续,指向靠山山顶。寺庵前方视野开阔,并有屏山护卫。

低海拔区域水源丰富,在山体环抱的基础上,寺庵多在水系环绕处修建。水系的汇聚处为水口,是"气"的开端。在这样的格局中,靠山、寺庵、水口需布局于一条轴线上(图4-3)。洪椿坪、神水阁、伏虎寺、清音阁、雷音寺5座寺庵均具有这样的布局特点。

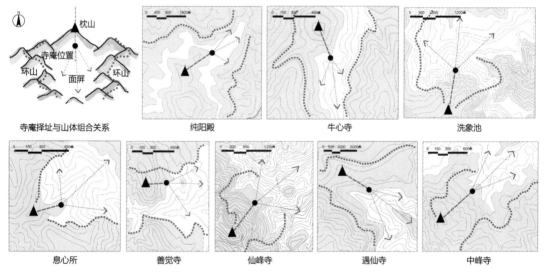

图4-2 寺庵枕山、环山、面屏的布局位置

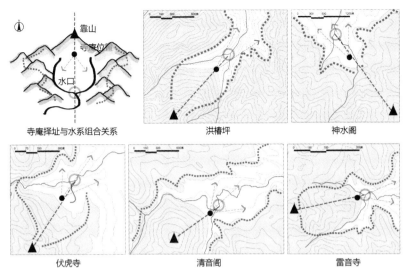

图4-3 寺庵布局与水系的组合关系

寺庵山水环抱的布局倾向符合传统山水观念。强调建筑周围环境的山水环合,形成背山、面水、两面围合、前景开阔又略有收口的形态。以四象比拟形成围合的山水空间:背靠山体为玄武,前景收口处为朱雀,左右环绕为青龙、白虎。

(二)人工环抱模式

由于空间条件的限制,峨眉山中符合"枕山、环山、面屏"特点的地点是有限的,在这样的情况下,一部分寺庵选择了天然条件略有缺憾的地点,经过人工改造或形态比拟的方式,人工改造出圆满的山水环境。以人工弥补自然缺憾的做法也是存在不少实例的。《葬经》说:"百工之巧,工力之具,趁全避缺,增高益下,微妙在智,触类而长,元通阴阳,功夺造化。"认为对于不太理想的山水环境,可以顺应好的地方,规避缺憾的地方,进行人工调节。

位于山麓的报国寺就有这样的特征。报国寺背靠凤凰坪,寺庵轴线正对山顶,左右略有缓坡,但前方则是大片平缓的山麓区域,正是三面环绕而缺少收口的山水格局。报国寺布局于此,在寺前人工堆筑了一座小山,并立亭于上,以作空间的收口,形成理想的山水组合。

除人工堆山外,在传统山水观念中,布局时也可以将天然环抱的山水空间进行替换。以树、建筑、水、道路替代四周的山体,构成完整的山水环绕的格局。如白龙洞,天然山水三面环合,明堂开阔,仅缺左侧山体围合,故取寺庵左侧屈曲环绕的清音河,比作龙形,以"青龙水"替代"青龙山",形成环合之势。又如万年寺,三面有山川环合,但左侧空缺。建寺时补以慈圣庵等建筑,替代山体,构成圆满格局(图4-4)。

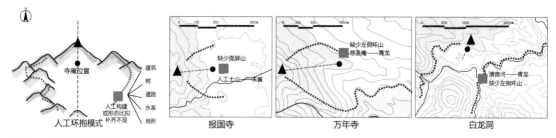

图4-4 人工环抱和形态比拟

(三)极顶模式

极顶模式是峨眉山中一种特殊的布局方式。寺庵布局时,不再讲求山水环合,而选择在顶峰,或极高的平脊之上。如华严顶、雷洞坪、接引殿、卧云庵、华藏寺、万佛庵、千佛庵几处寺庵(图4-5)。极顶布局的形成与道教山岳文化及峨眉山金顶三相的崇拜相关。

极顶是对高于其他山体的顶峰总称,依据顶峰的不同形状,又有圆顶、盘状平顶、线性平脊的区别,顶峰上也有中心、边缘的位置分别。

峨眉山以平顶、平脊为主,这两种形态的极顶上均有寺庵分布。极顶寺庵在位置上多选择靠近悬崖边缘。取山体之极高、极险、视线极远处为佳。

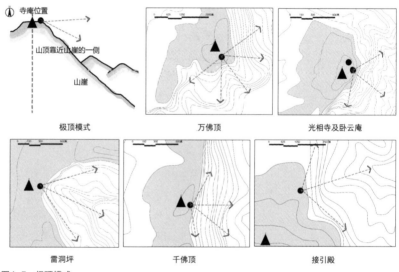

图4-5 极顶模式

第三节　寺庵布局的方位特征

在人类的建设活动中，无论是观测天地、道路营建或土木建筑中，测定方位都是十分重要的支撑技术和文化基础。《周礼》"惟王建国，辨方正位，体国经野，设官分职，以为民极。"表明了对统治者而言都城选址方位朝向的重要性。南向日照充足，不易潮湿，是传统方位朝向中的尊位。对大多数传统建筑而言，主要轴线都是坐北朝南的。对于山地寺庵来说，南向也是最佳朝向。但山地地形复杂，气候多变。寺庵布局时还需考虑建造难易、生活条件，并涉及选址礼制、选址文化等因素，形成多种朝向变化。

峨眉山寺庵的中轴线控制着寺庵组团的整体朝向。寺庵的宗教建筑都布局在中轴线上，形成有序的线性序列。服务部分与起居部分与宗教部分的朝向多有变化。作者对两者的方位朝向进行分析，得出峨眉山寺庵中轴线朝向的类型，分别是北向、东北向、东向、西南向、西向、东南向和西北向。东北向和西北向为主要朝向（表4-6）。对服务建筑与起居部分而言，方位朝向灵活多变，既有分布于主轴两侧，垂直于主朝向的；也有与宗教部分相同朝向布局；还有分散布局，方位朝向复合的，不一而足（图4-6）。

表4-6　峨眉山主要寺庵方位朝向[①]

朝向	北向	东北向	东向	西南向	西向	东南向	西北向
寺庵	萝峰庵、神水阁、接引殿、洗象池	伏虎寺、雷音寺、纯阳殿、中峰寺、广福寺、清音阁、万年寺、息心所、仙峰寺、洪椿坪、大坪、慈圣庵、观音寺、净水寺	报国寺、善觉寺	白龙洞、遇仙寺	雷洞坪、太子坪、华严顶、华藏寺	牛心寺	初殿、莲花石、卧云庵、千佛庵、明月庵、白云寺、长老坪、万佛庵

[①] 该处统计的朝向是寺庵清代及以前的朝向，不包括现代重新设计后的朝向。

伏虎寺：居住组团内向聚集

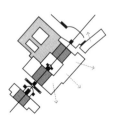
仙峰寺：居住组团朝向东南

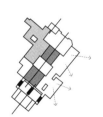
洪春坪：居住组团朝向东南

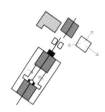
万年寺：居住组团内向聚集

伏虎寺：居住组团东南向

清音阁：居住组团东北向

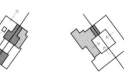
雷音寺：居住组团东北向　卧云庵：居住组团内向

洗象池：居住组团东偏向　纯阳殿：居住组团东南向

中峰寺：居住组团内向

息心所：居住组团西北东南向

图4-6　峨眉山主要寺庵方位布局

一、最佳山水朝向的主轴线

前文中提到，寺庵布局讲求山水组合方式，需符合"枕山、环山、面屏"的原则。寺庵前后左右需有山体环抱，正面需面临群山间的开阔处。建筑主入口需对"气口"。气口处需有低凹透气处，以便气韵的流动。在这样的原则控制下，峨眉山寺庵依据周边山体的形态调整朝向，出现各种方位变化。

（一）契合山体大势

东北向是峨眉山寺庵的主要朝向，寺庵面朝东北，西南侧背靠山体。这是契合全山山体形态走向的。从整体形态上看，峨眉山西南高，东北低。山脊线多呈西南—东北走向。于山脊眺望，西南方为高耸的山坡，以金顶为祖山（靠山中的最高峰），山峰层层跌落，形成大小起伏的山体脉络。朝东北向远望，低矮的山峦起伏交错，连接山脚平原，景色阔远。西北、东南两侧山脊和山谷层层环抱，具备良好的山水形势。以伏虎寺、雷音寺、纯阳殿、中峰寺、广福寺、清音阁、万年寺、息心所、仙峰寺、洪椿坪、大坪、慈圣庵、观音寺、净水寺为代表的大部分寺院就采取了这种顺应山体走向的布局方式。

金顶以上，万佛庵与千佛庵形成一道东北—西南向的脊线，将山体分隔为西北与东南坡两个空间，东南坡近乎直立，西北坡地势平缓，适宜建设。建于西北坡上的寺庵，如明月庵、千佛庵、万佛庵顺应山势，取西北方作为主要朝向。

此外，峨眉山顶部山体变为南北走向，到山麓又转折为东西走向。位于这些地点的寺庵顺应山势，出现了北向、东向的方位布局。如临近山顶的接引殿、洗象池，和山麓的善觉寺、报国寺四座寺庵。

（二）局部形势调整

除东北朝向外，峨眉山寺庵还有北向、东向、东南向、西南向、西向和西北向。这些朝向的产生，是寺庵以山水形态标准适应局部山势的结果。如神水阁、萝峰庵、白龙洞、遇仙寺、初殿、莲花石、牛心寺、长老坪等。

（三）特殊含义的朝向

在佛教中，西向寓意朝向佛国圣地，极乐世界。极顶处难以以山川环绕的形势判断建筑朝向，故朝向西方。峨眉山中太子坪、雷洞坪[①]、华严顶[②]、华藏寺是这种选址的典型案例。

二、多因子影响下的生活朝向布局

峨眉山寺庵主要以东北、西北朝向为主，是基于山体走势与最佳山水朝向的考虑。但基于气候、光照等因素，东北、西北向光照较少、冬季山

[①] 现在的雷洞坪为新中国成立后重建，朝向改为向东。
[②] 清代以前华严顶朝西。目前的华严顶为气象站宿舍改建，朝向东南。

风迎面，并非最佳的朝向。因而寺庵中的生活起居部分采取了较为灵活的方位布局，以取得最好的居住条件。

（一）适宜的气候条件

我国位于北半球，夏季太阳东北升起，西北落下。冬季则东南升，西南落。冬季盛行西北风，夏季盛行东南风。峨眉山冬季寒冷，需要大量的阳光获取热量，并避开寒风。夏季潮湿，需借通风保持干燥凉爽。东南及南向建筑冬季背风向阳，夏季迎风纳凉，非常适于峨眉山的整体气候。多数寺庵将生活起居部分安排在东南，并设置游廊靠坐等，面向东南或南向敞开。

初殿、息心所、仙峰寺、洪椿坪、洗象池、纯阳殿、牛心寺等寺庵均采取了这样的布局方式。将客寮等居住组团设于东南侧。将餐厅、厨房等功能建筑设于西北侧。在西南—东北的主轴线外，形成东南—西北向的生活轴线。这样的朝向布局，能有效地将山水理念与生活要求结合起来。

（二）美观的起居风景

除东南朝向外，客寮等居住组团也有朝向其他方位的，如清音阁客寮朝东北、雷音寺客寮朝北面。这主要是由于东南面的景观不佳，而其他方向风景更为优美，故将客寮窗户朝向优美的风景，利于观赏眺望。

以清音阁为例，清音阁在毁坏后仅残留一重大殿，中部为佛堂，两侧为客堂。清音阁大殿处于狭窄的山谷之中，左右两侧均为岩壁，空间局促，而正面为黑白二水汇流处，视线开阔，景观优美。黑白二水上分别架设了拱桥，是峨眉山传统十景的"双桥清音"。虽然东北向不是最佳的居住朝向，但在此环境中，东北向视野更好，景观优美，客寮与僧房的便朝向东北，并设立游廊，方便停留眺望（图4-7）。

图4-7 清音阁东北向的游廊

第四节 寺庵布局的尺度形态特征

传统建筑学运用"形势"的概念来描述构筑物与环境的尺度形态关系。"远为势,近为形,势言其大者,形言其小者。……千尺为势,百尺为形。""势"指远观的、大的、群体性的、总体性的、轮廓性的空间构成及视觉感受效果。"形"指近观的、小的、单体的、局部的、细节性的空间构成和视觉感受效果。"形势"关注了外部空间的远近行止和富于变化的视觉感受效果。通过建筑形体、园林要素与周边环境体量、尺度、形态上的组合,调节大小尊卑、远近离合、主从虚实、阴阳动静的变化,达到一种视觉效果和心理感受的和谐。

从实用性、美学和文化因素分析,峨眉山寺庵布局的尺幅形态特征主要表现出以下特征:

一、平面形态

对峨眉山寺庵形态和基地山水环境进行抽象提取,得到三种类型的平面形态:纵向长方形、方形和散点式(表4-7)。对三种形态的形成方式进行分析,发现山体形态、方向趋势和山体尺度影响了寺庵的尺度与形态。

表4-7 寺庵平面形态与山体形态的协调

类型	寺庵	进深/面阔	基地地形与寺庵形态	
方形	净水寺	1.2	平缓的山麓、山坡或山顶 寺庵近似于方形,进深与面阔基本相当。尺度远小于平地的面积。除报国寺、伏虎寺等大型寺庵外,其他寺庵建筑面积不等。寺庵外环境面积不等	
	神水阁	1.1		
	报国寺	1.1		
	卧云庵	1.0		
	纯阳殿	0.9		
	中峰寺	0.9		
	广福寺	0.9		
	慈圣庵	0.9		
	接引殿	0.9		
	伏虎寺	0.8		
	息心所	0.8		
	太子坪	0.8		
纵向长方形	善觉寺	2.5	坡度明显的凸起山坡或坡脊 寺庵形态为有明显轴线的长方形,进深大于面阔。寺庵尺度(包括建筑和建筑外人工环境)大小与山坡上平地面积基本一致	
	洗象池	1.7		
	万年寺	1.6		
	仙峰寺	1.5		
	洪椿坪	1.5		
	雷音寺	1.4		

续表

类型	寺庵	进深/面阔	基地地形与寺庵形态
散点式	清音阁		分散的多块平地 寺庵采取散点式布局，多组分散的建筑共同构成寺庵整体。寺庵尺度（包括建筑和建筑外人工环境）大小与分散的平地面积基本一致
—	萝峰庵	现代重建	
	雷洞坪		
	华严顶		
	万佛庵		
	大坪	毁坏	寺庵改变较大或残存不全，虽然能够定位和判断寺庵朝向，但寺庵整体形态难以复原
	观音寺		
	莲花石		
	千佛庵		
	白云寺		
	长老坪		
	明月庵		

在实际调研中发现，峨眉山寺庵多选择相对平缓的山体。在山麓、山顶等平缓的区域，寺庵尺度受资源和功能的影响较大。山麓大型寺庵建筑占地面积可达18000平方米，若包括环境空间和前导空间尺度则在20000～30000平方米，以满足上百僧人的修行食宿的需要。山顶寺庵受资源制约，最大仅达2000平方米。在山坡等陡峭地点，寺庵尺度受地形影响较大。形态与尺度与山坡空地相一致，寺庵尺度在300～5000平方米间均有分布。

当山体具有明显形态趋势和方向趋势时，寺庵整体形态通常与山体的形态相一致。例如山脊为长条形，具有垂直于等高线的方向趋势时，寺庵也会垂直于等高线呈长方形布局。而在没有明确形态的缓坡上，寺庵多近似方形，没有特定的形态或方向趋向（图4-8）。

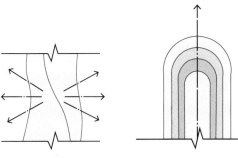

图4-8 山体形态与方向趋势

二、透视尺度

（一）透视构图的类型

现代设计习惯采用平面图纸、立面图纸的形式来推敲形态间的比例组合以及构筑物与外部环境的空间关系。传统建造多依赖于现场控制。基于视觉关系，调整出基于三维空间的构图关系。这种构图关系受透视原则控制。目的是调整不同层次的园林、建筑、山体，构成尺度和谐的透视画面（图4-9）。

峨眉山寺庵具体有以下几种透视构图类型：

1. 以靠山作为寺庵背景

峨眉山寺庵多位于山坡上。为了衬托出寺庵的形态轮廓，减少过多树木造成的视觉干扰，建筑多以靠山作为背景。深绿色的山体背景烘托着古朴的寺庵，将杂乱的林木屏蔽在山体之后，视觉画面干净纯粹。为寻求寺庵与山体尺度的和谐，以山体透视大于寺庵为宜。

2. 以天空作为寺庵背景

当靠山形态有缺陷需要遮挡，或寺庵位于山顶，并没有靠山时。寺庵多以天空作为背景。寺庵前的道路向上延伸，坡度陡峭，行人只能仰望寺庵入口。寺庵建筑本身成为最好的障景，仅露出天空。建筑轮廓突出，又以园林小品或植物勾勒向上的线条，强调出高耸入云的透视感官。这种强烈的仰视效果，在设计上突出了寺庵建筑的崇高地位。

3. 以山体作为水平控制线

当背后靠山距离较远或高度较缓时，寺庵常以山体作为水平控制线，与天空二分作为背景。天空衬托寺庵屋顶的部分，明暗呼应，使屋顶优美的曲线的起翘更加清晰。山体略宽于寺庵，绿色的植物衬托红色或浅色的围墙，以色彩对比强化寺庵的下部轮廓。

（二）透视构图的比例关系

由透视原理可以得知，在山体和寺庵位置不变的情况下，通过改变观测点与建筑、背景山体间的距离和高差关系，调整控制透视构图。

现代研究对于人的视觉尺度给出了量化标准。在水平范围上，双眼的最大视角范围为120°，60°范围内观看物体比较清晰，30°范围内最佳。垂直方向上，双眼可视范围为150°，60°范围视物较为清晰，36°内视物

（a）以山体为背景

（b）以天空为背景

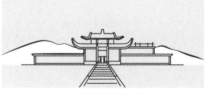
（c）以山体为水平控制线

图4-9 寺庵透视构图类型

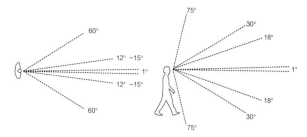

图4-10 人眼的最佳视角范围

最佳（图4-10）。

观测点到被观测物体的距离与被观测物体的高度比例对观测者的感官也存在影响。一般将观测视距以D代表，物体高度以H代表，D/H称为视距视高比。当视距视高比大于2小于3时，视觉上能够最好地观察到全貌，也能看到一定的细节。当视距视高比大于1小于2时对细节的观察超过全貌。当视距视高比小于1时主要感官集中在细节上。视距视高比大于3时对全貌的掌控良好，但不易观察到细节（表4-8）。

表4-8　不同视距与视高比例产生的视觉感受

视距视高比	仰角（°）	视觉感受
大于3	小于18	观看全貌，对细节的观察开始削弱
3	18	能够掌握全貌
2	27	均衡与疏离的界线，能够良好地观察细节
1	45	均衡的空间
小于1	小于45	具有紧迫感的空间，引导视线向上延伸，对整体的掌控削弱

透视构图的比例关系，大量运用于峨眉山寺庵建筑的入口空间理法。入口空间是观察寺庵外部形象的主要界面。在视线上展示出建筑全貌，追求山体与建筑的和谐。视距视高比在2~3间，仰角范围以30°为主。以报国寺为例，报国寺海拔550米，山门建筑高约10米，作为背景的山体海拔950米，与山门相距约1220米[①]，山门前广场进深25米，宽约40米。从山门广场尽头观察，山体与山门均在仰角30°以内，水平视角90°以内，山门视距与高度比例约为2.5，为观察全景的最佳视觉范围（图4-11）。此外，清音阁也具有相似的透视构图比例关系。在清音阁，牛心亭、接王亭、大雄宝殿依山而建，逐级上升。建筑间的观察视角在15°~35°之间，视距视高比例多在2~3之间，确保了三处建筑自下而上眺望时能观察到完整而富于细节的立面。为了凸显大雄宝殿的气势，前方的平台和台阶经过了精心的设计。从接王亭向上，经过一段平缓的道路，在紧邻大雄宝殿的台层处设置了平台，并连接进入建筑的台阶。游人自然而然地在这里驻足仰望。通过将平台紧压至台阶前，建筑与平台间的高宽比达到了3∶2，仰角约

---

① 这里指水平距离。

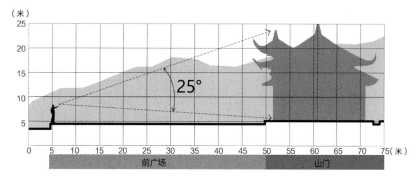

图4-11 报国寺山门视角及视距视高比例分析

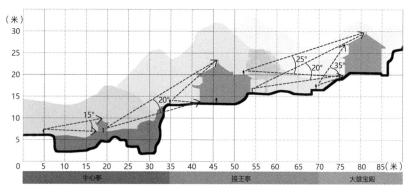

图4-12 清音阁视角及视距视高比例分析

35°。邻近的视角比例凸显了建筑的高耸，强调了最后一重大殿的神圣气质。适宜的视角范围又确保了游人观赏到建筑完整的整体形象（图4-12）。

透视构图关系也控制着寺庵庭院的比例构图。与山门视角以山体作为背景不同，庭院内部空间讲求屋顶的过白①。过白空间是通过视线角度调整透视关系的典型案例。较高的建筑与较窄的庭院能够遮蔽背景山体，通过屋顶与屋顶间透出的天空，实现深浅色彩的对比与映衬，勾勒出建筑屋顶的清晰轮廓。为了达到这种透视构图，寺庵建筑和庭院比例有着严谨的对应关系。通过统计发现，主要寺庵建筑高度在10～14米间，而庭院尺度大多在10～20米范围内浮动。个别在5～10米区间内（表4-9）。相似的比例尺度和构成关系使全山寺庵建筑内部与外部空间，建筑与庭院空间具有统一感。而局部的变化为寺庵单体增加了独特性。

---

① 围合庭院的各屋顶间的"空白"空间。

表4-9 峨眉山主要寺庵建筑尺度统计表

寺庵名称	单体建筑	面阔（米）	进深（米）	高度（米）	台基高度（米）
伏虎寺	天王殿	48.8	14.0	11.4	0.35
	弥勒殿	42.8	15.1	14.8	0.35
	大雄宝殿	43.1	18.5	14.4	3.1
仙峰寺	财神殿	42.6	19.4	10.6	3.1
	大雄宝殿	37.4	15.8	13.4	2.9
	舍利殿	35.8	12.8	10.5	9.1
洗象池	弥勒殿	31.6	10.8	12.7	0.7
	大雄宝殿	13.5	13.0	12.7	0.8
	观音殿	27.3	16.9	8.6	1.0
洪椿坪	观音殿	24.1	17.8	11.0	0.4
	大雄宝殿	43.1	18.5	14.4	3.2
	普贤殿	23.4	10.5	10.1	4.2
报国寺	山门	19.4	8.4	9.3	0.5
	弥勒殿	49.3	16.2	12.0	0.2
	大雄宝殿	43.8	14.1	12.6	1.3
	七佛殿	61.0	16.9	12.3	3.8
	普贤殿	31.5	15.7	14.0	5.8

建筑围合的庭院空间需要展示重要建筑的全貌，又要展现精致的细节。因此庭院建筑间的视距与视高比在1~2范围内。通过仰角调控塑造不同的空间观感。洪椿坪与纯阳观运用了这样的手法，塑造出层次多样、体验丰富的寺庵空间。两者入口处均设计了大面积的平地，将建筑向山坡挤压，使建筑前空间达到视距视高比约等于2的尺度，形成与郁闭的山路对比强烈的疏朗空间。预留出观看完整山门的景观距离。中庭视距与视高比接近1。庭院形态严整，空间均衡，显得庄重严肃。后院藏经楼前有极大的高差，在狭窄的视距空间中，两层高度的藏经楼显得异常高大。通过放大的仰视视角，营造出向上延伸的空间和神秘、庄严的氛围。多层次的比例变化，构成了寺庵上下左右、室内外的多层次空间变化，提供了丰富奇妙的空间体验（图4-13、图4-14）。

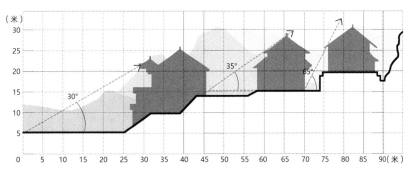

图4-13 纯阳殿空间比例分析

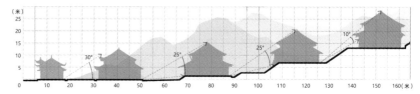

图4-14 报国寺空间比例分析

三、轮廓呼应

要达到势合山川的整体意境，寺庵建筑、园林的轮廓需要与山体环境相互呼应。

主体建筑的中轴线正对山岳轴线，是峨眉山寺庵中最为常见的轮廓呼应关系。在山体中轴线的控制下，建筑成为山体轴线的延伸，形成了对称、稳固、庄重的透视构图（图4-15）。

另一些寺庵依山就势建造，山体位置不尽理想。当山体重心偏向一侧时，多以寺庵建筑或园林补充另一侧，构成均衡的透视构图。通过建筑的塑造，将寺庵和山体置于平衡的感官体验中，使建筑与山体良好地配合起来（图4-16）。

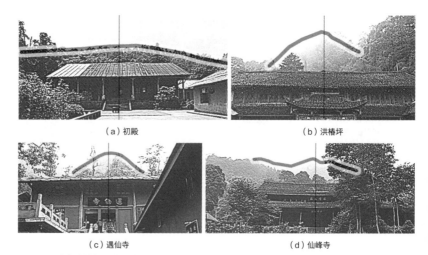

(a) 初殿　　　　　　　　　　(b) 洪椿坪

(c) 遇仙寺　　　　　　　　　(d) 仙峰寺

图4-15 寺庵建筑与山体中轴的对应关系

(a) 洪椿坪　　　　　　　　　(b) 仙峰寺

图4-16 轮廓均衡与互补

（a）洗象池　　　　　　　　　（b）洪椿坪　　　　　　　　　（c）仙峰寺

图4-17　构筑物与山体轮廓的同构

此外，建筑与山体在外轮廓上也存在呼应关系。建筑轮廓如屋檐、翘脚，园林小品如挡墙等与山体轮廓走向一致，作为山体轮廓线的延续，共同形成透视上的完整图形（图4-17）。

这些轮廓的呼应，在视觉上将寺庵和自然山体塑造成一个整体。通过形态上的相似和互补，使得原本并不相关的物体产生视觉逻辑上的关联，以此达到使寺庵融入山水的设计目的。

第五节　寺庵择址要素与人文特征

山岳类风景名胜区内的寺庵建筑是一种宗教建筑，也是一种风景建筑。寺庵建筑的择址，是指针对峨眉山山地自然环境进行评估，在满足修行者和游客生存需求、美学需求和宗教需求的基础上进行的场所选择。

一、生存需求

生存需求是人类的最基本需求。峨眉山寺庵是僧人及游客的生活核心。满足生存需求是寺庵建筑择址的基本原则。

生存需求包括生理需求和安全需求两方面。生理需求包括对水、食物、睡眠的基本需要。安全需求包括人身安全、健康保障、生活资源的齐备等。在建筑择址中表现为接近水源、适宜建设、友好安全的居住环境和便利的交通条件。

峨眉山风景名胜区山体陡峭，气候湿润，山顶区域寒冷多云雾，湿度很大。为满足生存需求，峨眉山寺庵选址具有以下特征：

（一）便利的水源条件

水是生命之源。饮用、起居、农事、建造等人类活动均需要水的参与。"水文化"渗透到了建筑文化的诸多领域，对建筑择址、规划、设计、营造产生深远影响。

峨眉山地形陡峭，缺少湖泊，取水不便。"水"是制约寺庵择址的主要因素。山中寺庵多"随山谷而居，食涧水"，依据天然地形的汇水特性寻找适宜的建设地点。山中水流容易在谷地汇集，寺庵就随山谷择址修建。僧人以山涧为生。神水阁、伏虎寺、报国寺、清音阁、牛心寺等寺庵都具有这样的特征——寺前低洼，山水汇聚成溪流。山溪为僧尼提供了水源，又塑造了独具特色的景观特征。

在地势高耸、远离溪涧的区域，寺庵在临近天然泉池的地方修建。例如洪椿坪与锡杖泉、洗象池与象池、华严顶与九龙井、金顶古卧云庵、华藏寺与井络泉等。这些寺庵将泉池纳入庭院之中，或围绕泉池建设寺庵建筑群。

水源的多寡制约着寺庵的规模。水源充沛，供僧人生活、游人饮用绰绰有余，寺庵规模更广阔，形成大型景点或景群。中山区域有一口天然泉水"玉液泉"，泉水清澈，水量充沛。以这口泉为中心，周边建有神水阁、大峨寺、中峰寺三座寺庵。鼎盛时期的中峰寺是全山重要的佛学院，占地极广。中峰寺还有"神水通楚"的传说：佛教天台宗的创立者智者从中峰寺修持后归楚国，思念"玉液泉"水成疾，遂托龙女从峨眉山取水送往楚国。智者饮水后疾病痊愈，似乎泉水带有神奇的力量。目前"神水通楚"四字就雕刻在玉液泉旁的岩石上。

（二）适宜的小气候环境

峨眉山气候具有明显的垂直分异现象，加之山体地形复杂、下垫面也不相同，形成了丰富的小气候。

小气候指区域内温度、湿度、光照、风态、气压等气候因子反映的小范围气候环境。良好的小气候能够给人体带来舒适感。当气候指数超过一定限度时则会带来不适。如大于70%的相对湿度；能见度低于1千米的大雾等。长期处于不良的小气候环境中可能造成人体损害。

气候环境对传统建筑材料的影响十分明显。传统建筑材料按来源可以分作两类："土"①和"木"②。当湿度过高，风雪侵蚀严重时，"木"材容易腐朽，"土"材容易碎裂，直接增加了建筑的建造难度和维护成本。

峨眉山整体气候夏季湿热，冬季阴冷。尤其在海拔1800米以上区域，终年多雾，光照少，湿度很大。在这样的山地环境中修建寺庵，最大的挑战是湿度和光照：夏季时需保持较大的通风量，排除湿气，降低温度；冬季需遮蔽山风，获取充足的光照以保持室内温度。

峨眉山寺庵的择址遵循了小气候环境原则（表4-10）。寺庵选择修建在通风良好的山腰或山脊上，与容易积水的谷底保持一定的距离，避免湿气过重。又多选择树木遮蔽较少的地段，以获取更多的光照。为了冬季避风的需求，利用不同的边界形式调整风向和风速（图4-18）。山中冬季盛行西北风，夏季风沿河谷吹拂。寺庵东北侧多封闭，或砌筑高大堡坎，起到冬季保暖的作用。面向河谷开门或设置开敞的走廊，以利用夏季的凉风。

---

① 石、泥、砖、瓦、石灰、玻璃、金属等。
② 草、苇、竹、木等。

表4-10　山地地形及小气候条件

地形	升高的			中间的	下降的			
	丘、丘顶	垭口	山脊	坡（台）地	谷地	盆地	冲地	河漫地
风态	改变风向	大风区	改向、加速	顺坡风、涡风、背风	谷地风	—	顺沟风	水陆风
温度	偏高、易降温	中等、易降温	中等、背风坡高热	谷地逆温	中等	低	低	低
湿度	湿度小	小	小、干旱	中等	大	中等	大	最大
日照	时间长	阴影早，时间长	时间长	向阳坡多，背阳坡少	阴影早，差异大	差异大	时间短，阴影早	—
积雪	少	少	少	迎风少，背风多	多	较多	最多	多

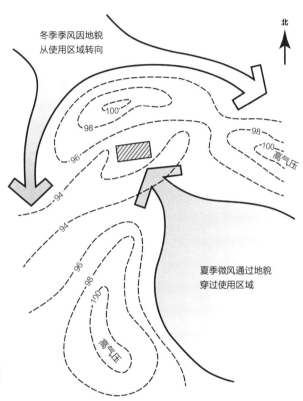

图4-18　调整建筑的朝向以化解冬季烈风，并利用夏季凉风

（三）安全稳定的水文地质环境

安全需求是生存的基本需求之一。

峨眉山由侵蚀—堆积地貌和侵蚀—构造地貌构成。灾害总量少，但局部频发。灾害类型以洪涝、崩塌、滑坡、泥石流、不稳定斜坡为主。

低山区域水系分布多，夏季暴雨量大而集中，容易造成溪水上涨，形成洪涝。在历史记录中，万年寺、牛心寺前的黑白二水就发生过洪涝，淹没了低处道路。宋代范大成登峨眉山，秋七月戊戌朔下山复过白水寺，行至双溪桥（双飞桥），想入牛心寺，但"雨后断路、白云峡水方涨"，只能乘篮舆入寺。

高山区域，山势陡峭，由于岩石自身重力以及地表径流的冲刷，易发生崩塌、滑坡、泥石流、不稳定斜坡等灾害。这些灾害多发生在相对高度大于20米以上，坡度大于25°的陡峭长坡上，尤其是流水侵蚀的陡峭沟谷中。

峨眉山寺庵选址，以安全为导向，择址于平缓的山脊或山坡，与山谷保持较远的距离，确保建筑的安全。

（四）通达的交通环境

峨眉山地理空间复杂。山中土地狭窄无法大面积种植粮食，也不能进行复杂的加工生产。僧人赖以生存的物资，如米、油、盐等和建造需要的材料均依赖外界运输。寺庵对交通的依赖性很大。

长期以来，山中道路建设难度很大，交通不便，只能依赖人力运输。背夫和轿夫往来于山道，运送山中僧人需要的各类物资（图4-19）。为了降低人力和物力成本，寺庵在初期选址时，往往尽可能地靠近道路。一些建筑甚至跨越在登山道路上，成为道路景观的一部分。

图4-19 峨眉山的轿夫和背夫

二、山水美学

峨眉山寺庵是功能建筑，也是风景建筑。

自魏晋时起，中国古人自然审美意识全面觉醒，山水自然审美就成为文人士大夫的文化风尚，渗透到诗画、建筑、园林各个领域，产生了深远的影响。

（一）风景意境

风景建筑是山水审美的一部分。风景意境对建筑择址的影响体现在两个方面，一是建筑周边是否有能够成为文化意境载体的自然景点；二是建筑所处的空间是否符合传统山水意境的审美观念。

1. 形胜意境与择址

自然景点被赋予传说故事、名人典故后，就成为具有"意境"的"形胜"，成为一种文化景观。

峨眉山中大小寺庵多有依傍形胜的特征。如峨眉传统十景所记：红椿晓雨、萝峰晴云、象池夜月、金顶祥光、圣积晚钟、灵岩叠翠、九老仙府、白水秋风、大坪霁雪、双桥清音，均显示出寺庵和周边自然形胜结合的择址特征。

例如九十九道拐上的"仙峰寺"就建于著名景点"九老仙人洞"旁。九老仙人洞是峨眉山最大的天然洞窟，深1500米，上下多层错洞交织，洞口与洞底落差达84米，洞内有阴河数条，神秘莫测，自古慕名而来的游人众多。九老洞最早是道家洞府，因洞内有"九老"修行得名，《登峨山道里纪》对此有记载："昔黄帝访广成子天皇真人游此，遇一叟洞外，询'有侣乎？'答以'九人'。今名以此。"也有传说神仙赵公明曾在洞内修行。九老洞中有石如床、有泉终年不断、有石室如同厅堂，都是因为九老、赵公明等神仙在其中长期居住，法力所化。仙峰寺区域依凭九老洞，结合"神仙洞窟"的宗教认知和流传广泛的"九老仙人""财神修炼"传说，形成了一种充满仙气虚无缥缈的神仙意境，让前来此处参拜的游人不免思绪万千，心生敬畏。

2. 意境空间与择址

空间带来的心理感受也能形成意境。这种意境没有形胜景点的具体故事，更多是一种氛围感知，如壮阔、磅礴、深幽。这种氛围意境在传统文化意识中与特定的精神追求、人生际遇相联系，形成了一种复杂的感悟体验。

北宋郭熙将传统认知中的意境空间概括成"三远"：一为高远，自山下而仰山巅，凸显空间的高大雄伟、气势磅礴。二为深远，自山前而窥山后，丘壑幽深、深邃包容。三为平远，自近山而望远山，钟灵毓秀、雅逸平和。后人韩拙另有三远，与前者共称六远：一为阔远，近岸广水，旷阔遥山。二为迷远，烟雾溟漠，野水隔而仿佛不见。三为幽远，景物至绝，而微茫缥缈。这六远，代表了传统认知中普遍欣赏的空间特征和精神意境。

图4-20　洗象池山门前，山岳层叠起伏，呈阔远之象

峨眉山建筑择址吸收了这种空间品味和价值追求，将自然中的峰峦、谷壑、丘冈作为空间语言，寻求远近、高下、阔狭、幽显、开阔、巨细适宜的空间氛围，营造道法和禅法的精神意境。以视线开阔、景色秀丽空间为主（图4-20），也有屈曲盘折、幽深缥缈的路径。

（二）风景构图

风景是一种观看方式，展现了经过人为加工的观赏结构。

在建筑择址过程中，既涉及了建筑主动观赏的层面，也有建筑作为被观赏对象的层面。

1. 景物形象的甄别选取

随着山水审美的成熟，传统观念中对于自然山水形态的形象美丑形成了一些相对固定的法式。《芥子园画传》中将这些法式归纳总结为树法、山石法、人物屋宇点景法。

树法指草木植物的审美取向。首先，承认了植物的自然之美，"木有四时，春英、夏荫、秋毛、冬骨"，"春英者，谓叶细而花繁也。夏荫者，谓叶密而茂盛也。秋毛者，谓叶疏而飘雾也。冬骨者，谓枯枝而叶槁也"。植物具有四季变化，其生死兴衰所表现的"朴素美"是一种不可言喻的大美。其次，对具有独特形体美感或象征意义的草木加以欣赏，如松、柏、竹、梅等。在峨眉山山地环境中，树木葱茏秀丽，种类丰富。择址时多选取林木生长旺盛、景观纯净清幽处，去除杂木，立庵建寺。对本地乡土树种竹林尤为喜爱，广福寺、神水阁等均被"离离翠竹"所环抱，正是清幽好地。

山石法，包含山体、岩石的美学观点。山石审美以"活"为要旨，形态需具有生气，"无气之石则为顽石，扰无气之骨则为朽骨"。山石单体需有大小、深浅诸多变化，而非僵硬死板的石块。在山石组合中，讲求"宾主朝揖"，须有主山作为视觉中心，引领次级山体，形成主次、远近、虚实之分，主宾之间以均衡的动式相互关联，主山堂堂，客山"须是奔趋"，避免多山而乱。峨眉高耸兀立，于登山道上，上可仰视，下可俯瞰。寺庵择址俯仰皆有。仰视如白龙洞、华严顶。以金顶脉络为主山，其他诸峰环绕烘托，主山比客山高耸，展现高低错落。俯瞰以阔远为主，山体起伏，主山近而客山远，选取虚实、远近相宜的视角进行寺庵择址。

不单是寺庵由内向外观察时的景象非常重要，寺庵本身也作为重要的景观节点。屋宇点缀之法如下记述："凡山水中有堂户，扰人之有眉目也，人无眉目则为盲。攘然眉目虽佳，亦在安放得宜，眉目不可少正不可多者，假若有人通身是眼，则成一怪物矣。画屋不知审其地势与穿插向背，徒事层层相叠，何以异是，吾故谓凡房屋画法，必须端详山水之面目所在天然自有结穴。"建筑点缀不可求多，在一个景域之中有少量建筑点缀即可，否则生乱。建筑选址之处应当与山形水貌的比例特征、形状气势相呼应。应当选择顺应山势、背山面水的吉位，置于"天然结穴"。对寺庵古刹，又强调："塔铃语月，寺钟吼霜，于万籁俱寂中，有此清泠声响，空林古径，点缀其间，使人生世外想。"

峨眉山寺庵作为观赏客体，多寻清幽处，林木掩映，不过分直白，利于塑造宗教的世外氛围。择址注重寺庵间的互望关系，主要表现为控制寺庵的远近距离。即使在清代寺庵最为繁盛的时期，两座寺庵也往往相距数公里，避免出现相邻的情况，两寺间可望而不可达。在前往下一寺庵的路途中，又利用山势曲折、道路回环之势，将建筑隐蔽于山林之间，前进一步豁然开朗，后退一步则消退于无形，富有画意（图4-21）。

图4-21 点缀在峨眉顶峰、相互眺望的寺庵

2. 收佳屏俗的择址朝向

中国传统景观是视觉的艺术品，所谓"佳则收之，俗则屏之"。对视觉取向的控制，可以将空间中的"美"作为焦点，无限放大；将空间中的"恶"减弱、消除。

峨眉山地貌复杂，自然景观多样。寺庵择址时有意对景观进行甄别。

中山千佛禅院体现了寺庵择址中收佳屏俗的特征。千佛禅院位于海拔2400米左右的玄武岩层上。该处地势较平坦，有东北—西南进深的"坪"。坪上长有洪椿树，故称"洪椿坪"。千佛禅院顺应地势，呈东北—西南布局，禅院东南紧邻悬崖，视野极佳，北侧临道路，而东北入口又有一玄武岩阻挡。禅院侧面开门，以白墙影壁遮挡玄武岩石，东南侧布局客堂，边界设廊，视线开阔。临近道路的北侧设置厨房、餐厅等功能性设施，北侧高墙仅开小窗。寺院面向山谷展开，位于东南侧的长廊上山光明媚，可俯瞰重峦叠嶂。北侧的高墙阻隔了冬季的寒风，也屏蔽了寺外的嘈杂。在择址过程中，通过朝向调整和边界处理等手法。将周边视野辽阔、风景秀丽的景观收入寺庵之中，屏退了恶山俗景，将符合审美情趣和精神追求的景观通过人工控制，展现在观者面前（图4-22）。

3. 节奏明确的序列组织

除景观单体外，景观序列也是重要的审美因子。

在传统审美中，景观序列讲求虚实、松紧的对比。现代研究将景观序列的空间体验概括为不变、渐变和突变三种。不变和渐变与空间的协调性相关，突变能够引发强烈的感官体验。

峨眉山人文景观序列的统一性表现在寺庵空间的内部。相似的择址规律和处理手法使得寺庵与寺庵具有文化内涵和景观面貌上的关联。景观的多样性表现在寺庵入口的处理和寺庵内外空间的突变。峨眉山寺庵间距较大，通过狭窄陡峭的道路连接，道路空间呈线性，植被葱郁，地势陡峭。在高大乔木的掩映下，道路显得十分狭窄。寺庵入口平缓，空间开阔。建

图4-22 洪椿坪不同的边界处理形式，北侧临近道路的墙体和东南侧开阔的边廊

图4-23 仙峰寺内外的视觉对比

筑内庭院空间平整舒适。一些建筑附近设有瞭望平台，可俯瞰远处起伏的山峦，极尽开阔。狭窄的道路串接着一个个寺庵，游人在其间体验着剧烈的空间突变。狭窄处更显狭窄，开阔处更加开阔，山川险峻、峰峦叠嶂的感受得以强化（图4-23）。

三、文化认知

（一）佛道理想世界模型

峨眉山人文景观形成过程中受到道教和佛教文化的影响，建筑择址既有道家仙山的氛围，也有佛国世界的禅意。

道教文化的影响主要是"天路历程"说。"天路历程"与道家神仙体系紧密相连，是古人"天"崇拜的文化遗迹。道家认为"天"是神仙居所，越高的地方与天越近。高大的名山是成仙登天的必经之路，山中"极顶"是最有可能飞升成仙的地方。因而，道家宫观常占据顶峰。在道教主导的时期，峨眉金顶、华严顶等处都建有宫观。道家宫观变更为佛寺后，这样的择址特征被佛教继承保留下来。

峨眉佛教为禅宗。禅宗文化认为"见性成佛"，佛性在于内心。物质的本质是"空"，外物的表现都是"象"。"象"的变化并不能改变物的本质。因而禅宗不立佛像，不拘修行。峨眉山早期寺庵择址具有明显的禅宗特征，表现出极强的包容性，没有道教仪式化的规定。住宅、宫观均可改制为寺庵，原有建筑形制也保持原状。对于新建寺庵，选址并无特定规制，更多地符合生活俗理或当时的文化习俗。寺庵对道教遗迹也不排斥，有时将"神仙遗迹"纳为寺庵的一部分，展现出良好的融合性。

明代后期，禅宗在衰落中与多种教派相互融合，增设佛堂，出现明显的胜迹崇拜特征。峨眉山在明清时已经确立佛教名山、普贤道场、银色世界的地位。在峨眉山普贤信仰和银色世界体系中，佛光是普贤显灵的佐证；金顶是峨眉开山建寺的发源地；云海是银色世界的兜罗云；三者都是峨眉佛教信仰中重要的圣迹。基于对圣迹的崇拜，明清时期峨眉寺庵以靠近云海、佛光为贵，集中择址于金顶。在靠近金顶的天门石、七天桥一带密集地增建寺庵。金顶旁的千佛顶、万佛顶及周边区域也建设了大量的寺庵，由此形成金顶峰区寺庵鳞次栉比的景象。

（二）聚风藏气的山水格局

寺庵建筑作为宗教建筑，受堪舆学说的影响颇深。现代景观学者对堪舆已经有了较为深入的研究和探讨，认为堪舆学既包含了朴素的实用主义思想，如通风、避灾等，也包含一定的神秘色彩，是中国人[①]理想景观模式的抽象表达。在宗教观念中，仙佛的居所定然存在于完美的景观环境中。堪舆学提供了一种有据可循的山水范本。

堪舆学对于建筑择址的要求主要体现在两方面。一是资源要求，如"山清水秀、土地肥沃、植物茂盛"，这种要求与人的生活需求息息相关，是一种朴素的生存要求与审美要求。

另一类是空间要求。在堪舆中，对于建筑的理想空间有稳定的"模式"，符合这种模式的地点被认为是吉地。不同的空间模式会对建筑使用者的运势造成影响。

空间模式具体体现在两个不同的尺度中。在宏观尺度上，通过观察大范围山势的朝向、形态、方位、山岳关系来寻找山脉环绕的布局位置。

中微观尺度要求背山面水、前方开阔的布局。

在明嘉靖《峨眉县志》中，曾记述了寺庵依据山水格局择址的实例。据说西晋时西域僧阿婆多罗尊者来礼峨眉。攀登到半山，观察山脉形式，发现"山水环合"，同西域化城寺地形非常相似，便在此修建了峨眉化城寺[②]。峨眉寺观多建于明清，从大势上看，寺观多分布于报国寺—万年寺—洗象池—金顶一条山脉之上。该脉发源于金顶，形态屈曲游动，北侧有弓背山山脉，南侧有宝华山—牛心寺山脉形成护卫之势，又有白石沟、白龙江环绕，山脉尽头被符汶河截断，为脉络的终止点，背山面水，左右山川环绕。支脉之中，宝华山发源于九岭岗下的仙峰寺，南北皆有环绕的互山。山下谷中，北侧为白龙江，南侧有黑龙江。清音阁处两江汇流，横截于前，作为水口。可见，山中寺观择址时多背靠山峰、面向开阔处，四周群山环绕，林木苍翠，具有相同的山水格局。

（三）有利修行的山水环境

修行是宗教活动的基础。宗教建筑的择址会受到修行观念的影响，选择利于修行之处。

峨眉山寺庵建筑的成因可以分为两类，一类是作为道教宫观修建，而后转变为佛寺。这一类寺庵的择址主要受道教修行观影响。另一类是直接以佛教建筑为目的修建的，受佛教修行观影响较大。

峨眉山原有道教主要是正一道。在正一道修行观念中，修行是为了成为地仙。地仙出于名山，修炼过程讲求隐居、服食。汉代的《太清金液神丹经》对早期道教修行炼丹的建筑这样论述："……宜索大岩室足容部分

[①] 汉族为主。
[②] 又名大乘寺，现已废圮。

处。若无岩室，乃可于四山之内丛林之中无人迹处作屋……"道教认为，修行的最优择址当是天然洞穴，其次是在山林中避世处修建屋宇。

自魏晋以来，峨眉山中便流传着许多修道者在山洞中居住、修行，最终得道成仙的故事。《神仙传》说："紫阳真人，姓周，讳义山，字季通，汝阴人也。汉丞相（周）勃之七世孙。登峨眉山，入空洞金府，遇宁先生，授大丹隐书……"另还有孙思邈在药王洞炼丹；鬼谷子在鬼谷洞书写《鬼谷子》；轩辕于七宝台洞窟藏经；赵公明在九老洞中修炼等传说。其中，孙思邈的药王洞和赵公明的九老洞至今仍然在牛心寺与仙峰寺旁，成为峨眉山著名景点之一。

推崇洞穴，是早期道教修行观对道教宫观择址影响的代表现象。此外，道教对道士修行还设有法度："制伏性情，闭固神关""守持十戒，令俗想不起""坚植志意，不可移拔"……要求修行者最好远离世俗、潜心静气。又说"奉道之家，靖室是致诚之所。"指出修行需在"靖室（静室）"中进行。静室"其外别绝，不连他屋，其中清虚，不杂余物。"居野处，栖山林。峨眉山中曾建有大量静室。清《峨眉山志》说，曾有道士在授道台附近，修筑静室305间，招徒百人。这些静室体量小，形态单一，与道路距离较远，躲避于山林之中，游人不能相望。这些静室大部分消亡在宗教发展的历史之中，也有部分改建为佛教寺庵，其中最为著名的便是峨眉传统十景之一的"萝峰晴云"中的萝峰庵。

佛教认为人为"相"困，诸多人世追逐皆是因相而成的枷锁，只有"纵心调畅"，破除对一切的执着，才能得到平静与解脱。佛教修行便是求得解脱的悟道方法。早期佛教以离世修行为主流观念。但佛教传入中国后，随着教义的丰富和发展，逐步认识到执着地追求避世如"逃峰而赴壑"，不过是从世俗的枷锁中转移到了宗教的枷锁中。唐代慧能和尚创立禅宗时便立"不二法门"，认为在世间和出世间并没有分别，修行上"在家在寺，砍柴读经，都是无可无不可的"。故在禅宗寺庵修行选址上也没有如同道家一样的认知与尊崇，任何"择址"都是"心相"的问题，好坏仅在于心。慧能和尚在意识上将佛教从"执着"中解放出来，但为了引导僧人，在修行形式上仍有戒律。其中影响最大的是慧能三世徒所作《百丈清规》。《百丈清规》首先规定了寺庵建筑的布局，以法堂佛堂等仪式建筑为中心；其次，设"普请"农禅制度，把农禅作为寺庵的主要收入来源，鼓励寺中僧侣参与劳动与耕作，寺庵普遍配有寺田。

峨眉山寺庵择址受禅宗思想与百丈清规的影响，主要表现为以下两点：

1. 按寺庵功能择址

寺庵按照功能，可分为修、讲、教三类。修为修行，讲是讲授解读典籍，教主要指进行佛事活动等。峨眉山寺庵伏虎寺、中峰寺为讲寺，开设比丘班，承担佛学院的作用。万年寺、洪椿坪、神水禅院为重要的修行禅院。白龙洞有超度法事，是承担"教"功能的寺庵。其他寺庵以修行和参拜为主，功能较为混合。依照现存状况分析，峨眉山以讲、教为功能的寺庵多分布于中山至低山区域，交通便利，周边村庄较多。以修行为主的寺庵则多在高山清净处，具有避世修行的倾向。

　　2. 重要寺庵择址以容纳寺田为低限

　　受《百丈清规》的影响，峨眉山中寺庵以"禅田"收入和"布施"为主要收入。山中交通不便，僧众饮食对"禅田"的依赖很大。中峰寺中存有一座古碑，名为"永镇碑"，记述了该寺住持真诚赎回禅田山场地的经过，碑文表明了寺庵禅田收入的重要性。结合古代叙述和现存寺庵状况，峨眉山较大的寺庵前后均开有禅田。建造时倾向选择坡度平缓、大小适度、土质适宜的场所。

第六节　多因子影响下的综合整体布局实例解析

　　"洪椿坪"是峨眉山皇帽峰下，海拔1000米处的一处地名。因生长有洪椿树，又有小块平地得名。宋代时，无名僧人在这里建了一座小寺，名为"千佛庵"。明代初年楚山禅师将该庵扩建为大寺，改名"千佛禅院"。由于山区草木繁多，火患猖獗，"千佛禅院"多次受到火灾的损坏。乾隆四十七年至五十五年，峨云禅师对"千佛禅院"进行了重建与修复，并将"千佛禅院"改名为"洪椿坪"。目前洪椿坪的主要建筑及构筑物都是清代乾隆时期建造的。

　　洪椿坪的整体布局与山水格局的关系十分紧密。首先从山水组合的角度对洪椿坪的选址进行分析。

　　峨眉山以金顶为起点，有一条西南—东北向的山脉将金顶、天池峰和其他几个山峰串联起来，形成了以金顶为最高点，连绵起伏的脉络。这条山脉的西北和东南两侧环绕着两条水系，并在山脉的东北侧汇流，成为黑龙江。两条水系外侧，又有山脉呈环绕之势。洪椿坪选址于这条山脉上，背靠金顶、天池峰，面向两水交汇的黑龙峡，左右两侧对应两大坪岭宝华山和宝掌峰。以天池峰与水口连线为纵轴，以宝华山与宝掌峰连线为横轴，洪椿坪恰好位于横纵轴的交叉点上。纵横轴的方位还确定了洪椿坪寺庵的整体朝向，即以天池峰为后，水口为前，宝华山为左，宝掌峰为右，顺应着山脉的自然走向，背向四川盆地的边缘，面向成都平原（图4-24）。洪椿坪的选址特点，充分体现了山地环境的择址方式，表现为依据一定的山水组合形态选取寺庵的大致位置并确定方位朝向的理法规则。这样顺应整体山脉布局的择址方式有利于确保寺庵与环境走向的协调。同时，不同寺庵也因为遵循了相同的山水布局方式，显示出朝向方位和周边山水布局的统一，保证了彼此之间的协调。

　　在山水格局的指引基础上，进一步依据该区域的实际地形地貌择址。

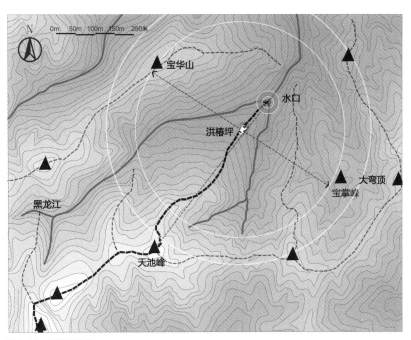

图4-24 洪椿坪选址

从峨眉山数字高程模型中可以看出，洪椿坪位于海拔1000米的一块东北向凸坡上，该处地势陡峭，仅有一块坡度为10%、长宽约为100米的平地。这块用地呈葫芦形，入口十分狭窄，向北侧悬崖展开，连接着东北侧和西北侧的登山道路，两条道路接近90°相交。道路靠外的北侧紧邻悬崖，内侧紧贴升起的崖壁，十分狭窄。洪椿坪就位于葫芦形用地的内部。寺庵主轴线上有三重院落，兼具左右跨院，是山中大庙。但在布局处理时却巧妙地以"藏"为主，将庞大的寺庵掩藏在山林之中，仅将小巧精致的入口露在外侧，与山林狭窄幽深的环境相匹配。从平面实测图可以看到，洪椿坪所在的葫芦形平地主体部分偏东，而开口偏西。因此寺庵设计时有意识地将入口轴线偏向西侧，利用原本存在的山岩遮挡住第一进院落东侧的外墙，消减了建筑的体量。山门偏西保留了原有的一棵大树，正好遮挡住西侧跨院。山岩和古树，一左一右，恰好烘托出一道自然的视觉轴线，使山门布局显得十分生动灵活。

寺庵山门建筑、进入寺庵的两条道路交会形成了寺庵的入口空间。而山门正好布局在两条道路相交的路口，并较突出，巧妙地利用了山地原本的形态，确保了上下两个方向上山门的最优展示界面。同时，寺庵顺应道路转折，设置石狮、石碑、休息平台和坐凳进行视线的强调和提示。由山下向上攀登，在第一个转角处设有一对石狮，石狮后有一小巧的扇形休息平台，背靠山岩，面朝悬崖设置坐凳，游人通过石狮的提示，感觉进入了寺庵领域，但仅能见到幽深的山谷林木，不见寺庵。沿平台向前，道路90°转折，洪椿坪入口豁然展现在游人眼前，形成了戏剧化的亮相。从山上下行的道路也采用了相似的手法。山门前道路交会处放大设置一处三角形休息平台，平台靠悬崖一侧面朝山门设置坐凳。休息平台南北长约15米，东西较短约5～10米，山门建筑高约7米。在此平台上，通过平面视距与山门高度的比例控制，确保了山门的最佳观赏视距和角度（图4-25，图4-26）。

a点视角：仰望引导空间起点，山门隐藏在山石之后　　　　　b点视角：俯瞰山谷

c点视角：视线朝向山门，并与山门存在轴线对位关系。建筑在树木的掩映中出现　　　　　d点视角：从山上下行，全然不见寺庵。有石碑一处作为提示

e点视角：转弯后寺庵跃入眼前，通过台阶的强调和建筑的引导，加强了透视感

图4-25　洪椿坪入口空间布局

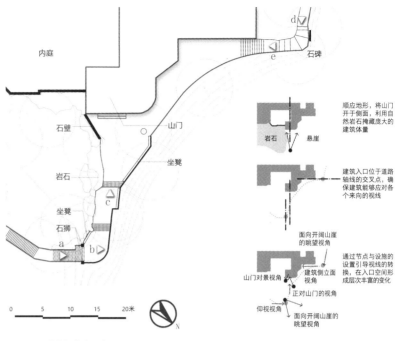

图4-26 洪椿坪的山门布局

　　山水格局、地形地貌共同决定了洪椿坪的择址、朝向。同时还进一步地影响着洪椿坪寺庵的内部格局。在光照和气候条件的影响下，洪椿坪客寮、僧寮朝向阳光充足、山风温和的东南侧。库房、食堂等则布局在相对阴暗寒冷的东北侧。建筑外东南侧地形陡峭，寺庵紧邻峡谷，视野开阔，设有明廊，便于人们向外眺望。而东北、西北侧紧靠道路，林木郁闭，受气候和山水格局的共同作用，建筑布局为内向庭院，并不向外展开（图4-27）。

　　除此之外，洪椿坪千佛禅院在建筑布局时还十分注重建筑尺度、形态与山水环境的关系。寺庵经过多方面的权衡，调整用地比例，保证了山门、庭院适度的建筑比例和观赏距离，前部松后部紧凑，充分利用平地的同时凸显了建筑逐渐抬升的视觉特点（图4-28）。同时，通过对建筑定位的微调，使得在庭院中观看时，佛殿建筑的中轴总是与天池峰中轴重合，形成严谨对称的景观画面（图4-15），建筑屋檐的起伏角度在透视构图中如同天池峰轮廓的延续一般（图4-17）。建筑与山体在视觉透视的层面紧密地联系在一起。

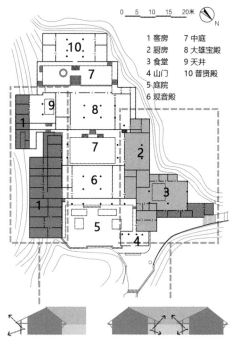

图4-27 洪椿坪建筑内部的朝向布局 （a）东南侧外向的客寮 （b）东北及西北侧内向的服务组团

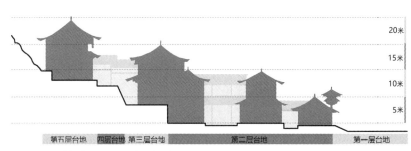

图4-28 洪椿坪建筑比例和观赏距离分析

参考文献

[1] 峨山图说序[Z]. 杜洁祥主编. 中国佛寺史志汇刊第一辑[M]，第46册. 中国台湾：明文書局印行. 1980：11～17.
[2] 万晶. 武当山天路历程景象空间艺术研究[D]. 西安建筑科技大学，2012.
[3] 周维权. 中国名山风景区[M]. 北京：清华大学出版社，1996.12：210～212.
[4] 缪希雍，周文净，王振驹等注译. 葬经翼[Z]. 地理正宗[M]. 南宁：广西民族出版社. 1993：230.
[5] 王其亨编. 风水理论研究[M]. 天津：天津大学出版社，1998.120.
[6] （美）马斯洛著，许金声等译. 人类动机的理论[M]. 北京：中国人民大学出版社，2007.4.
[7] 周晓农. 气候变化与人体健康[J]. 气候变化研究进展，2010，4：235～240.
[8] 周后福. 气候变化对人体健康影响的综合指标探讨[J]. 气候与环境研究，1999，1：121～126.
[9] 冯义. 峨眉山景区地质灾害调查与评估[J]. 科技创新导报，2008，11：201.
[10] 韩拙. 中国书画全书山水纯全集[M]. 上海：上海书画出版社，1992：326.

[11] 陈传席. 中国绘画美学史（上）[M]. 北京：人民美术出版社，2002：33.
[12] 巢勋. 芥子园画传巢勋临本第一集山水[M]. 北京：人民美术出版社，1960.
[13] 王维. 山水诀[Z]. 山水诀山水论[M]. 北京：人民美术出版社，1962.
[14] 刘滨谊，张亭. 基于视觉感受的景观空间序列组织[J]. 中国园林，2010，11：31～35.
[15] 俞孔坚. 理想景观探源：风水的文化意义[M]. 北京：商务印书馆，1998，4：33.
[16] 席泽宗主编. 中国道教科学技术史[M]. 北京：科学出版社，2002：750.
[17] 陆修静. 洞玄灵宝斋说光烛戒罚灯祝愿仪，道藏：第9册[M]. 上海：上海书店，1988.
[18] 僧肇. 肇论·般若无知论[Z]. 石峻，楼宇烈，乐寿明等编. 中国佛教思想资料选编第一卷[M]. 北京：中华书局2016.12.
[19] 余永胜. 论禅宗修行解脱观的逻辑形成与发展[J]. 宗教研究，2004，1：72～76.

第 五 章

峨眉山寺庵单体营构与风景理法析要

寺庵单体，是组成峨眉山景观的基本单元，也是独立的园林单体。既具有寺观园林的基本特点，又融合了西蜀园林的地方风格。独特的造园背景、地方思想的融入以及文化融合的历史发展脉络，使峨眉山寺庵单体具有自身独特的景观风格与艺术理法。

第一节　寺庵单体

明确寺庵单体的空间构成是研究景观风格和艺术理法的基础。峨眉山寺庵的来源有两种：一类是直接以佛教修行为目的建造的寺庵；另一类是由道教宫观改建的寺庵。改建后保留了道教建筑，仅改变其功能作为佛教修行者的居所。

对于佛教寺庵，梁思成先生依据现存寺庵考察，认为寺庵由建筑部分和园林部分构成，而建筑又包含了宗教和居住两个部分，并以宗教部分为寺庵核心。北京林业大学李玲博士在论文中依据实际功能对寺庵的空间构成进行了更深一步的划分，将寺庵分为前导部分、宗教部分、生活部分和游览部分。

道教宫观改建成的寺庵，有道教建筑的空间特征。一般观点认为，宫观是"道士修道、祀神和举行宗教仪节的处所"。隋唐《三洞奉道科戒营始》中记录了早期道观的布局模式。典型的宫观建筑以神殿建筑玄坛、天尊殿、法堂为主体，周围分布供道人居住的别院。除建筑以外，宫观还具有庭院、园林、神路几个部分。峨眉山原有宫观改建为寺庵后，保留了原有的空间结构，将玄坛、天尊殿、法堂改供佛教塑像，将别院改供僧众居住。

本书基于峨眉山寺庵的具体状况，将传统寺庵与宫观改建寺庵的功能和空间进行总结，将峨眉山寺庵分为引导空间、建筑空间和环境空间三个部分进行研究（图5-1）。

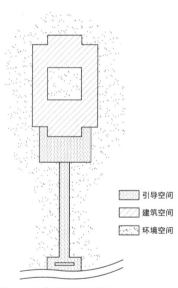

图5-1　寺庵单体的空间构成

第二节　引导空间

峨眉山寺庵用地紧凑，相比于平原地区寺庵庞大的建筑组群和精致的庭院园林环境，峨眉山寺庵更加注重引导空间的塑造。这也是西蜀山林寺庵的重要特性之一。

中国空间的塑造，如同中国文学一样，讲求开篇。寺庵单体的开篇则从香道开始。香道，是连接普通道路与寺观间的特殊通道，它承载着引领心灵进入佛界的重要作用。香道既具有宗教功能，又具有游览观赏的美学作用。随着寺庵的不断发展，在香道及周边景观的布局中适当地运用园林造景手法来诱发人们的鉴赏情趣，逐渐演化成人文景观序列组织的前序引导空间。

从整体上讲，常见的名山引导空间的布局有两种类型。

一类是从入山开始，一直到山顶，所有的登山步道都是香道，全山的香道与香道串联的节点景观共同形成一个完整的引导序列，构成山顶寺观的引导空间，讲述从"人界"进入"净土"的过程。这样的引导空间多见于道教名山中，如武当山、泰山等。这样的道教名山依据天路历程的逻辑布置宫观，山脚至山顶的景观节点都是为了烘托顶峰宫观的神仙境界。

另一类名山的整体叙事性较弱，呈散点布局，通过节点意境的叠加形成整体意境的塑造。寺庵与寺庵间相互独立，每一座寺庵都有自己独立的引导空间。

峨眉山受佛道文化影响，引导空间具有道教名山的特征，但以散点式布局为主，各寺庵都具有独立的引导空间。

一、功能与作用

（一）寺庵领域的限定与暗示

引导空间是游人进入寺庵接触到的首要空间，起到标明寺庵领域范围的作用。在山地环境中，这种暗示有利于提醒游人注意言行，遵守秩序，提升神圣感；同时可划分人类活动的区域和自然山林区域，给人以安全感。

（二）松紧得宜的交通组织

引导空间是寺庵交通的重要组成。通过调节景点间的距离、虚实、对望观赏方式，变化景观画面，可以保持游人良好的体验感受和高昂的游览兴致。

（三）最佳景物的观赏组织

位于名山中的寺庵，是宗教圣地，也是供大众游赏山水的公共空间。山清水秀、鸟语花香的自然环境是文人墨客追求的美学环境，而点缀在自然中的建筑更是观赏的客体和景观的焦点。但纯自然状态中的空间和景观相对松散凌乱，作为寺庵开端的引导空间，通过对自然景观、人工景物的组织、剪辑和加工，破除了自然环境的松散与凌乱，提供了最佳的观景角度和层次丰富的空间体验，强化了风景意蕴，形成完整的空间和景观序列。

（四）佛国净土的心理引导

第一印象在人的心理上会留下难以磨灭的印象，同时影响人们以后的认知与行为。引导空间连接着普通游山道与寺庵山门，在心理上是"俗世"与"净土"的过渡空间。引导空间具有景观甄别和加工组织，酝酿宗教情绪，铺垫、渲染意境的作用。

二、空间类型

峨眉山寺庵在新中国成立前后的特殊时期受到了较大的破坏，大量寺庵前的引导空间已经不复存在，目前引导空间保留比较完整的有伏虎寺、雷音寺、中峰寺、广福寺、清音阁、洪椿坪、洗象池、华严顶、万年寺9座寺庵。本书统计了峨眉山寺庵现存引导空间的具体长度，发现现存引导空间在两个长度范围内聚集，分别是15～40米，和100～300米。结合传统尺度观念和实际理法差异，将15～40米间的引导空间定义为短引导空间；将100～300米间的引导空间定义为长引导空间。

（一）短引导空间

短引导空间，指寺庵距离登山道路很近，由较短的香道为核心形成的引导空间。峨眉山雷音寺、中峰寺、广福寺、洪椿坪、华严顶的引导空间都属于短引导空间（表5-1）。

表5-1 短引导空间长度统计表

寺庵	雷音寺	中峰寺	广福寺	洪椿坪	华严顶
引导空间长度（米）	36	31	18	22	16

短引导空间占地小，节奏紧凑，是峨眉山陡峭山地中常见的引导空间形式。

空间的短小，限制了空间曲折变化的潜能和周边自然景物的数量。峨眉山短引导空间通过密集的人工处理、视线的引导，在简短的空间组织中实现空间的丰富性。

蹬道与平台和景观节点的精炼组合是短空间中常见的空间组织形式。

1. 蹬道

蹬道，指有台阶的道路，是峨眉山中最为常见的引导空间组织形式。

蹬道具有明确的方向性和引导性

通过控制蹬道的轴线能够与建筑或其他景物形成不同的对位关系，营造丰富的空间视角

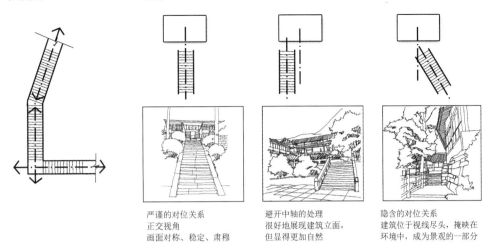

严谨的对位关系
正交视角
画面对称、稳定、肃穆

避开中轴的处理
很好地展现建筑立面，但显得更加自然

隐含的对位关系
建筑位于视线尽头，掩映在环境中，成为景观的一部分

图5-2　通过控制蹬道的朝向和中轴布局，引导视线方向

蹬道狭窄、线性，具有明显的方向性和指向性。通过对蹬道朝向和轴线的控制，能够引导游人的视线变化（图5-2）。

2. 平台

平台与线性蹬道不同，具有点状空间的特征。峨眉山短引导空间中的平台受到地貌限制，以小体量平台为主。平台与不同环境空间的组合产生不同的感官体验。

当平台尺度小，环境视野范围也小时，空间与视觉范围基本重合。这样的平台有很高的围合性，具有内向的特征。而平台边缘的形态突变和开口将引发强烈的视线聚集和运动趋向。

当平台尺度小，环境视野范围大时，视觉范围大于空间范围，这样的平台利于视觉的扩散。当平台的一侧有良好的围合时，扩散性的平台转换为背有靠山、前有明堂的庇护—眺望模式，成为人们乐于停留的地方（图5-3）。

不同形态的平台具有不同的方向暗示。控制平台形态，调整视线方向，是峨眉山寺庵短引导空间常用的组织手法。当平台接近方形和长方形时，能够明确地感受到空间的轴线，平台具有确定的方位与朝向，能与建筑产生良好的对位关系；当平台近似于圆形时，平台没有明确的方向，属于发散性空间，有利于视觉的扩散（图5-4）。

图5-3　平台与不同环境空间的组合产生不同的感官体验

空间范围≈视野范围
空间内聚，领域感强

空间范围<<视野范围
空间外延，扩散性强

第五章　峨眉山寺庵单体营构与风景理法析要　｜　099

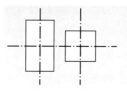

方形平台具有较强的秩序感有明显的轴线与朝向　　圆形平台方向性不明确利于视线的扩散　　组合形态的平台由于边界的限定，具有一定的指向性

图5-4　不同形态的平台具有不同的方向暗示

3. 提示小品

通过对道路和平台的组织控制，能够引导空间中的视线转移和变化，但这种变化是含蓄而隐晦的。人的行为过程是一个不断寻找目标的过程。引导空间的小品能够树立特征明确的"路标"作为前进目标，起到引导视线和运动方向的作用，是引导空间的重要提示语言。峨眉山常见的小品有石碑、天然石刻等。

值得一提的是，并不是所有寺庵引导空间中都设置有小品，很多寺庵引导空间极短，无法安置小品。有些寺庵地处地形复杂交通不便处，难以运输建设小品的材料。如观音寺、慈圣庵、长老坪、息心所、遇仙寺、大坪、千佛庵、万佛庵、明月庵等寺庵，都未设小品。

4. 短空间解析——以雷音寺为例

以雷音寺短引导空间为例。雷音寺位于低山区解脱坡上，引导空间总长36米，是典型的短引导空间。从平面上看，雷音寺引导空间形态简单，呈一条直线，但实际空间体验却十分丰富，充满了变化和层次感。

雷音寺位于伏虎寺后，从伏虎寺绕过伏虎山，一路都是平缓的山麓。忽而，一座不高的山峦出现在眼前，山体名为解脱坡，山脚下流水潺潺，有一座小桥横跨其上，依山取名为解脱桥，桥旁碑刻"震旦第一坊"。桥后一条笔直向上的石蹬道，在周围平坦的地形衬托下显得十分突出。沿蹬道向上攀登，两侧是天然的竹林，并不能看到寺庵建筑。当登上蹬道顶端，右侧依山体形态设有一处平台，平台背向山崖，面向雷音寺入口设置，放置着一组石凳。当游人登完蹬道，坐下休息时，通过平台和蹬道的转折，视线自然导向了雷音寺的入口。首先被观察到的是一处雷音寺右侧的吊脚楼，吊脚梁、挑枋、吊柱、修整成台层的山崖、出挑的外廊和起翘的屋顶形成了丰富的建筑层次，造型活泼轻盈。吊脚楼前另有一条蹬道，连接着休息平台和雷音寺山门前的平台。在这条台阶指引的方向上，一株高耸的楠木点缀着建筑入口平台。入口平台一侧紧邻山崖，设有低矮的石条栏杆，一侧连接山门。在平台上，向寺庵内观察，是一处山门和佛殿合并的大殿，直通中庭。佛像后露出庭院林木，显得十分开敞。而从寺庵向外，则可见万木低伏的开阔景象（图5-5，图5-6）。

雷音寺地处狭窄，地形高程变化大，建筑偏居一侧，无法像其他寺庵一般展示中轴线和正立面。设计通过引导空间的巧妙控制，以石桥为起点，标识寺庵领域。借助地形的天然转折，将蹬道、寺庵建筑、楠木、

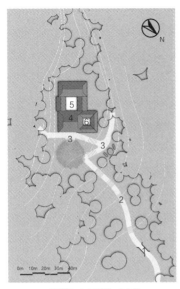

1 解脱桥　2 石磴道　3 平台
4 雷音寺　5 中庭　6 天井

图5-5　雷音寺平面图

(a) 解脱桥和解脱坡　　(b) 解脱坡蹬道

(c) 从休息平台看楠木与雷音寺入口　　(d) 从山门向外眺望

图5-6　雷音寺引导空间实景分析

山崖景观组织成相互对景空间标识物，引导视线，最终突出和烘托寺庵入口。沿途空间充满变化，却又朴素、含蓄，不失为引导空间的佳作。

（二）长引导空间

寺庵距离登山道路的距离较远时，采用长引导空间的处理方式。伏虎寺、清音阁（图5-7）、万年寺是具有长引导空间的寺庵。

长引导空间注重对自然景物和宗教小品的组织和剪辑，把散乱的自然环境归纳为具有凝聚力的景观序列。

长引导空间在空间组织上与短引导空间有相似之处，都运用了蹬道和平台来引导和转变视线。与短引导空间相比，长引导空间的占地大，空间舒缓，蹬道布局更加自由。长引导空间还能够依据需要曲折变化，融合自然景观和建筑节点，营造大气流畅的景观变化。

水流、丛林、岩石、桥体、牌坊、门楼是长引导空间常见的空间组织要素。长引导空间的空间组织特征主要表现在视觉焦点、对景关系、背景环境、统一意境几个方面的构建。

以伏虎寺典型长引导空间为例：伏虎寺相传源自晋代神龙堂。明确记载始于南宋绍兴年间（1131—1162年），在该处寺庙修行的士性和尚为解除当地的虎患，建"尊胜幢"镇虎，因而寺庙得名伏虎寺。明末清初，寺庵因兵革扰动废圮，直到清顺治八年（1651年），贯之和尚和徒弟可闻禅师在原址重建寺庵，名为"虎溪精舍"。重建后的虎溪精舍是峨眉山重要的佛学讲堂，经过多年的建造与发展，终于发展成为清代峨眉山第一大寺。目前的伏虎寺基本保持着清代"虎溪精舍"的格局。

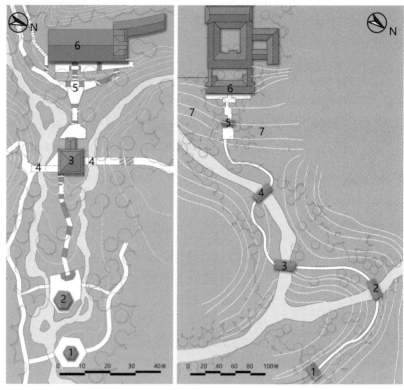

| 1 洗心台　2 牛心亭　3 接王亭 | 1 伏虎寺牌坊　2 虎浴桥　3 虎溪桥　4 虎啸桥 |
| 4 双飞桥　5 平台　6 清音阁 | 5 布金林牌坊　6 山门　7 布金林 |

(a) 清音阁引导空间　　　　　　　　(b) 伏虎寺引导空间

图5-7　峨眉山寺庵长引导空间

伏虎寺前的引导空间是典型的长引导空间，由伏虎寺牌楼展开，至山门布金林牌坊结束，中途串联着虎浴桥、虎溪桥、虎啸桥三座形态各异的廊桥，虎溪桥和布金林牌坊前均有土地庙，空间总长约200米。引导空间中，连接牌坊、廊桥的道路曲折婉转，溯溪而上，横穿虎溪、瑜伽河。牌坊和廊桥互呈对景，不断引发游人前进的欲望。在经过虎啸桥后，一片郁郁葱葱的桢楠林遮蔽天日，道路陡然上升。层层台阶和密林烘托掩映着引导空间的终点布金林牌坊（图5-8，图5-9）。其中引导空间主要特点有：

1. 视觉焦点

伏虎寺前原为原始林木，树种繁多，层次密集，纯自然的林木景观显得杂乱无序，并不符合人类审美观念。伏虎寺牌坊、石碑、虎浴桥、虎溪桥、虎啸桥、布金林牌坊六处节点的构建使原本分散的视线集中到节点之上，在一定程度上削弱了杂木林的无序感。

2. 对景关系

伏虎寺牌坊、石碑、虎浴桥、虎溪桥、虎啸桥、布金林牌坊间通过规律排布形成了对景关系，通过景观提示起到方向引导的作用。从牌坊进入引导空间，首先看到的是对景的石碑，红色的墙体在绿色林木的衬托下成为景观焦点。而在石碑处，可见虎浴桥横跨在溪涧上，游人自然顺路前

(a) 伏虎寺牌坊和轴线相对的石碑

(b) 从石碑处看虎浴桥

(c) 虎溪桥

(d) 从虎溪桥上方的道路看虎啸桥

(e) 虎啸桥与虎溪桥的对望关系

(f) 虎啸桥上方的道路可仰望布金林牌坊

图5-8 伏虎寺引导空间实景

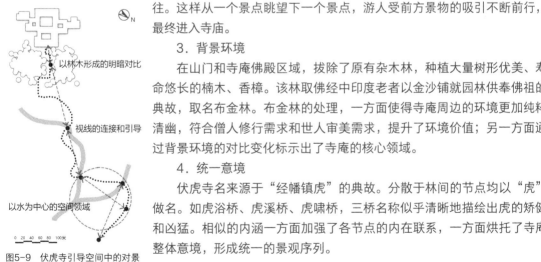

图5-9 伏虎寺引导空间中的对景

往。这样从一个景点眺望下一个景点，游人受前方景物的吸引不断前行，最终进入寺庙。

3. 背景环境

在山门和寺庵佛殿区域，拔除了原有杂木林，种植大量树形优美、寿命悠长的楠木、香樟。该林取佛经中印度老者以金沙铺就园林供奉佛祖的典故，取名布金林。布金林的处理，一方面使得寺庵周边的环境更加纯粹清幽，符合僧人修行需求和世人审美需求，提升了环境价值；另一方面通过背景环境的对比变化标示出了寺庵的核心领域。

4. 统一意境

伏虎寺名来源于"经幡镇虎"的典故。分散于林间的节点均以"虎"做名。如虎浴桥、虎溪桥、虎啸桥，三桥名称似乎清晰地描绘出虎的矫健和凶猛。相似的内涵一方面加强了各节点的内在联系，一方面烘托了寺庵整体意境，形成统一的景观序列。

(三) 包含式引导空间

包含式引导空间是一类特殊的引导空间处理方式。与普通引导空间起于石狮、牌坊等提示物，止于山门不同。包含式引导空间是从山门开始，至第一座佛殿结束。香道包含在寺庵建筑群的内部。洗象池、慈圣庵具有典型包含式引导空间。

在空间特征上，包含式引导空间与短引导空间类似，都是在短小直接的空间中通过控制道路和节点的方式，尽可能地丰富景观层次，营造空间变化。

（四）引导空间的提示性语言

峨眉山引导空间的提示性语言是多样性的。依据提示语言的空间特征将其分为小品构筑物、道路、植被和水系四类（表5-2）。

表5-2　峨眉山寺庵引导空间提示语言

寺庵	起点	中途	终点（山门前）	现状
报国寺	道路变化	对植树	对植树	现存
善觉寺	牌坊	—	—	已毁
伏虎寺	牌坊	虎浴桥、虎溪桥、虎啸桥、溪流	布金林、牌坊	现存
雷音寺	解脱桥	竹林	—	现存
纯阳殿	牌坊	—	对植树	已毁
神水阁	正心桥、石碑	万福桥	—	现存
大峨寺	牌坊	牌坊、旃檀林	—	已毁
中峰寺	结缘桥、石碑	牌坊	石狮	已毁
观音寺	道路变化	—	—	已毁
广福寺	土地庙/山王庙	—	对植树	已毁
清音阁（前牛心寺）、牛心寺	道路变化（平台）跌水	双飞桥、石碑、接王亭、跌水	跌水	现存
白龙洞	古德林	—	—	现存
万年寺	灵官楼	—	—	遗迹
慈圣庵	道路变化	—	—	现存
息心所	道路变化	—	—	现存
初殿	土地庙/山王庙	—	—	已毁
观心庵	山王庙	银杏林	—	已毁
华严顶	道路变化	—	对植树	已毁
洗象池	山门	洗象池	—	现存
白云寺	土地庙/山王庙	—	—	已毁
雷洞坪	土地庙/山王庙	—	—	已毁
接引殿	土地庙/山王庙	—	—	已毁
太子坪	土地庙/山王庙	—	—	已毁
遇仙寺	道路变化	—	—	现存
仙峰寺	仙峰石（仙圭石）	—	—	现存
洪椿坪	石狮	—	—	现存
大坪	道路变化	—	对植树	已毁

通过统计发现，小品构筑物是运用最为普遍的提示语言，包括牌坊、桥和土地庙/山王庙。小品体现的空间变化是立体的，大型小品如牌坊、廊桥等作为限定空间的垂直要素，能够形成明确的空间范围标示，并能产生强烈的空间分隔，是最为直观的提示性语言。

道路变化是峨眉山寺庵常用的提示方式。道路的提示语言以水平要素和较弱的垂直要素为主。水平要素是最基本的空间暗示语言，包括了铺装变化和道路形态的变化。道路栏杆是空间垂直要素的一种，但低矮的尺度限制了其空间功能，其变化更多地体现在装饰和材质变化上。道路变化虽含蓄隐晦，但便于实现，山中许多区域均采取了这种提示方式。

植被提示也能造成三维空间感官体验的变化，但植物生长慢，受自然环境影响大，只有少量寺庵是通过人工造林作为提示语言的。部分寺庵结合天然条件，以具有独特景观特征的自然树林或独树作为引导空间的提示语言。

1. 牌坊

在中国传统寺庙道观建筑前竖立牌坊的现象是十分普遍的。宗教建筑前的牌坊属于标示性牌坊一类，具有标识指引的作用。通过装饰、雕刻、题词，牌坊能够成为良好的宗教文化载体，起到渲染氛围、传达宗教思想、吸引信徒的目的。

峨眉山中，牌坊是常用的小品构筑物（表5-3）。牌坊一般竖立在引导空间起始处，也有用于终点山门前的情况。伏虎寺还将牌坊当作山门使用，作为引导空间的终结点。

峨眉山牌坊以三开间一字形屋宇式牌坊为主，仅伏虎寺为八柱">-<"字形牌楼。这种做法是由于伏虎寺地势低洼，地面松软，为了增加牌坊的稳定性而进行的改造。

从牌坊单体形态上看，峨眉山寺庵牌坊相比于官式牌坊更加高耸、轻盈。北方官式牌坊正楼、次楼间高度错落但平稳大气。而峨眉山牌楼正楼远高于次楼，又通过正楼下的斗栱进一步抬升，使得正楼非常高耸。正楼下的匾额相对拉长，有时可达牌坊柱高的一半。牌坊多为木质，少见雕花绘画，形态简洁质朴。

由现存牌坊看，牌坊单体色彩应用了川西民居的传统配色，瓦保持灰黑原色，柱和枋施以黑漆，其他木质部分施枣红漆。金色是佛教"正色"，一般用于佛像等重要佛教物品。峨眉山牌坊匾额文字以金色涂刷，体现了它的佛教性质。一些重要牌坊中，在斗栱等处亦施加少量金色用以装饰。

从牌坊组合方式上看，以单体牌坊为主，少有牌坊群。仅在大峨寺前有两座纵向串联排布的牌坊，形成纵向延伸的空间。

表5-3 峨眉山寺庵引导空间中的牌坊

寺庵名称	牌坊数量	位置	形制	立面图示	平面图示
善觉寺	1	引导空间起点	四柱三开间"一"字形屋宇式牌坊，悬山顶无斗栱，无台明		 · · · ·
伏虎寺	2	引导空间起点	历史文件中两处牌坊为四柱三开间"一"字形屋宇式牌坊。修复后改为八柱三开间">-<"字形屋宇式牌坊。悬山顶，正楼及侧楼均有斗栱，翘角大，无台明		 · · · · · ·
伏虎寺	2	引导空间终点	历史文件中两处牌坊为四柱三开间"一"字形屋宇式牌坊。修复后改为八柱三开间">-<"字形屋宇式牌坊。悬山顶，正楼下有斗栱，翘角大，无台明		 · · · · · ·
纯阳殿	1	引导空间起点	四柱三开间"一"字形屋宇式牌坊，悬山顶无斗栱，无台明		· · · ·
大峨寺	2	引导空间起点连续两座	四柱三开间"一"字形屋宇式牌坊，悬山顶无斗栱，有台明		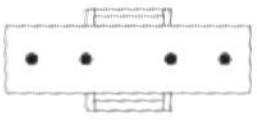 · · · ·
中峰寺	1	引导空间终点	四柱三开间"一"字形屋宇式牌坊，悬山顶有斗栱，无台明		 · · · ·

2. 桥

桥是峨眉山引导空间中常见的小品（表5-4）。峨眉寺庵前多建桥，从功能上探究其原因，是由于寺庵多择址于背山面水处，主体建筑前多有水环绕，需要建桥来满足交通功能的需求。"种植园果故，林树荫清凉。桥船以济度，造作福德舍。穿井供渴乏，客舍给行旅。如此之功德，日夜常增长。"在多水山区，修路造桥是公认的善举，是功德的体现。此外，桥梁还具有重要的抽象意义，依据"若见桥道，当愿众生，广度一切，犹如桥梁"的说法，桥梁具有引渡众生，进化心灵的象征意义。

表5-4　峨眉山寺庵引导空间中的桥

类型	寺庵名称	位置	形制	清代图样	现状照片
板桥	神水阁	起点	正心桥，石质平板桥，桥长3米，桥宽2米		
		中途	万福桥，石质平板桥，桥长3米，桥宽2米		
拱桥	雷音寺（原名解脱庵）	起点	解脱桥，原为单孔石拱桥，跨度约为5米，宽2.5米，桥两侧有低矮的石质护栏，已毁		—
	清音阁	中途	双飞桥，牛心石旁对称的两座石拱桥。左桥跨度6米，宽2.5米，桥体两侧有低矮护栏，桥面平缓		
			右桥跨度9米，宽3米，桥体两侧有低矮护栏		

续表

类型	寺庵名称	位置	形制	清代图样	现状照片
廊桥	伏虎寺	中途	虎浴桥，清代时名为兴隆桥，为平石板桥，后改为虎浴桥，木质廊桥。跨度9米，宽3米		
			虎溪桥，原桥头建有玉皇楼，后损毁。桥体为木质廊桥，跨度5米，宽2米		
			虎啸桥，桥体为木质廊桥，跨度5米，宽2米		

　　峨眉山引导空间中的桥以石质平板桥为主。石板桥建造简单，能就地取材加工，可以适应峨眉山区运输不便、地形复杂的状况。石板桥总长2~10米，宽2~5米不等，桥面平直，以石板铺就，桥支撑部位略有装饰。

　　拱桥体量与平板石桥类似，在低山寺庵引导空间中运用较多，如雷音寺解脱桥、清音阁双飞桥等。从图志记载和现状调研来看，双飞桥与解脱桥均为单孔卷顶拱桥，两侧有石砌护栏，护栏高度较矮，约为60厘米，护栏板上有简单几何图案雕刻，望柱为方形，有简单几何图案。石桥较为平缓，利于人车通行（图5-10）。

　　廊桥是引导空间中体量最大的桥，集中出现于伏虎寺引导空间中。伏虎寺是山中重要的寺庵，规模极大，全盛时僧众达百人。伏虎寺引导空间的桥，除承担交通功能，还是僧人和香客活动聚集的主要场所。廊桥，类似于屋宇的顶部，能够保护桥体不受风雨侵蚀，又能够遮阳避雨，供人休憩、交流。峨眉山廊桥是平梁石廊桥，建造在气候潮湿的溪流河边，石质桥身更耐风雨侵蚀，桥的基础部分以石桥墩做承托，架设石梁并铺设石板。桥屋为木构穿斗式屋架，以五檩两柱为主，两侧巨大的出檐直接由一条挑出的枋承担。一些桥体为了增加稳固性，在檐角下加设四柱。两端入

图5-10 双飞桥现状

口处屋顶类似牌坊处理，中间高两侧低，正楼下安置匾额，书写桥名。桥屋中为一条四周通透的走廊，两侧设栏杆，也有设靠坐的。桥屋的色彩体系与牌坊相似，以瓦青色、黑色和枣红色为主，匾额文字以白色为主（表5-4）。

桥在较短的引导空间中常单体设于引导空间的起点处，如雷音寺①前的解脱桥；仙峰寺前的遇仙桥。桥与寺同名，起到明确的地域标识作用。较长的引导空间中以几座形制相似的桥形成序列，层层引导。如神水阁前的正心桥、万福桥，以充满禅意的桥名暗示佛家地界与渡化过程；伏虎寺前的虎浴桥、虎溪桥、虎啸桥，通过强调"伏虎"典故，起到标示寺庵领域的作用。

3．土地庙与山王庙

土地庙源自原始时期对于土地的崇拜，后演变为道教"土地神"的住所和祭祀土地、祈求风调雨顺的小型神庙。佛教传入汉地后吸纳了土地神信仰，在建立寺庵时常常建造土地庙祈求水土安宁。

"山神"是"土地神"的一个分支，是专门镇山护山的"土地神"。

峨眉山中既设有祭祀土地的"土地庙"，也有供奉"山神"的"山神庙"，又称"山王庙"。依据现场调研和峨眉山图记载，峨眉山寺庵附近常紧邻道路建设土地庙或山王庙，标示寺庵的领域范围（图5-11）。

土地庙作为引导标识的历史已久。首先，传统土地神是依据祭祀圈分布的。一个祭祀圈一般等同于一个村，村内设置一座土地庙。土地庙的传统职能具有土地划分的功能，是祭祀区域的标志。当佛教吸收土地信仰后，一些地区的土地庙又名为"报信祠"，坐落在寺庵香道的起点。民间信仰认为，土地神在接受了供奉后，能够先行至寺庵内通报佛祖菩萨有拜访者前来，以示虔诚恭敬。寺庵前的土地庙标识了寺庵的领域范围，具有引导作用。又由于土地庙常常设置下路口，因此也有路标的作用。

峨眉山引导空间中的"土地庙"和"山王庙"在"文化大革命"时期受到了极大的破坏，此后也少有修复，目前已荡然无存。依据《峨山图说》中的图像资料看，神庙体量小，不及人高，为龛庙，顶部有硬山和歇山两种样式，侧面开有类似窗的孔洞。

---

① 原名解脱寺。

(a) 雷洞坪　　　　　　　　　　(b) 初殿

(c) 万年寺　　　　　　　　　　(d) 伏虎寺

图5-11　峨眉山寺庵引导空间中的土地庙与山王庙

依据土地龛庙的普遍特征，龛内一般塑有土地神像。对于"山王庙"，光绪《峨山图说》中描绘有龛内状况，龛内供"狮虎"样动物。结合对峨眉山当地人的访问，村民曾在大坪下见过供奉黑色老虎的龛庙，由此推测山王庙中供奉有黑色老虎山王塑像。

4．道路

通过道路的变化提示进入寺庵领域范围是峨眉山中常见的提示手法。

1）形态提示

道路的形态是由道路长、宽、高的比例构成的。峨眉山道路形态的变化主要有道路宽度、道路形态和道路高程三个方面。普通登山道以交通功能为主，以满足最低限度的通行和观景要求，宽度在2~3米之间。引导空间中的道路是参拜寺庵的必经之路，人流量大，景观要求高，道路宽度大于普通登山道，在3~5米之间，部分节点宽度达10~15米，融合公共活动、景观展示的功能要求。

普通登山道路以自然曲折的形态为主，布局顺应山势，依据地形陡缓

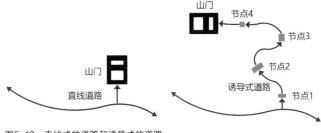

图5-12 直线式的道路和诱导式的道路

与距离远近判断走向。寺庵引导空间的道路具有对景观进行串接和梳理的作用，显示出更强的人工感。在较短的空间中，道路以直线为主，通过曲直对比区分空间；道路尽头安置山门，利用直线引导使得视线汇聚于道路尽头，形成强烈的透视引导。在较长的空间中，道路形态与景观视角的选取十分紧密，通过转折与对景、透景关系形成多个主次有序的景观中心，引导游人逐渐深入（图5-12）。

道路高程上的变化是能够明显感知的对比。峨眉山引导空间道路通过高程和坡度变化暗示着寺庵空间与自然环境空间的界线（图5-13）。在较为平坦的区域，一般在引导空间起始处进行人为的抬升，进行空间分隔的暗示，如伏虎寺引导空间入口牌坊的抬升。在多种地形交接的地形中，引导空间的起始点一般安置在地形交接面上，顺应天然地势的不同，形成相异的竖向变化——包括平地与上坡交接、上下坡交接等。如报国寺，寺庵下山道平缓，引导空间设于山坡之上，与平缓的登山道不同的连续的台阶明显地暗示着空间区域的转换。在连续上坡的山地中，一般在引导空间起始处设置平台，通过人工对比暗示空间的转换（图5-14）。如华严顶、息心所引导空间，起始处经过人工整平，形成一块略宽于登山道路的平台用于连接宽于登山道的香道，当行人连续上坡疲惫不堪时，在小平台上稍作停留，正好抬头仰望寺庵并正对山门中轴。

2）铺装提示

峨眉山的寺庵与城市环境的寺庵相比，风格更加粗犷质朴。在铺装材质上以当地红砂岩与青石板为主，铺装花纹以石板形成的各种网格为主，材质单一，花纹类型较少。寺庵引导空间中的道路与普通登山道相比，两者材质统一，铺装区别不大，主要表现在面层处理、维护程度和用料尺寸的区别上。

与普通登山道相比，引导空间中的香道由于距离寺庵主体建筑较近，功能重要，常有僧人维护，显得更加细致。石料面层经防滑处理，带有斧剁横纹；石材时常更换，缺损较少；与登山道路喜用大块条石不同，引导香道用料接近方形，石材横竖交织，形成简单质朴的花纹。

3）设施提示

由于地形复杂多变，峨眉山道路两侧多设有栏杆，起到安全防护的作用。在一般登山道上设木栏杆、铁索或不设栏杆。引导空间中设置更为耐久的石质栏杆，并加以雕花装饰。

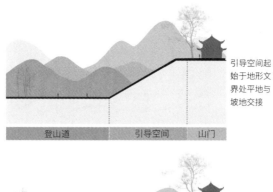

引导空间起始于地形交界处平地与坡地交接

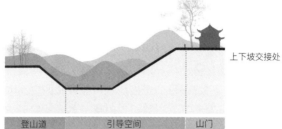

上下坡交接处

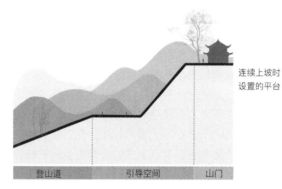

连续上坡时设置的平台

图5-13 通过高程和坡度变化暗示寺庵空间与自然环境空间的界线

图5-14 引导空间起始处的平台

5．植被

植被，包括乔木、灌木和草本地被，也是空间限定的重要因素之一。乔木和大型灌木起到垂直空间的分隔作用。低矮的灌木和地被限定了水平空间。树木伞盖形展开的枝叶界定出规则或自然的顶部覆盖空间。

与其他提示语言相似，植物语言界定空间的方法同样表现在空间形态、空间大小和空间质感的对比与变化上。空间形态和空间大小受种植方式和群落层次的影响，空间的质感受植物种类的影响。

峨眉山寺庵引导空间中的植被以自然植被为主，在重要节点和转折空间处，通过清除过多过密的原生植物，适当补种观赏性植物，加强半人工环境与自然环境的对比，形成空间领域的提示引导。

（1）自然群落的优化

峨眉山温暖湿润、气候条件良好，自然分布着约3700多种高等植物，占中国植物总数的十分之一；植物分布具有明显的垂直分异现象，其中常绿落叶混交林是分布最广的林带类型。自然状态中的常绿落叶混交林包括乔木层、灌木层、草本层和层间植物。乔木的郁闭度可达到0.7，为密郁闭林，灌木覆盖度0.2~0.4，草本覆盖率0.1~0.3。由于植物种类多、生长茂密，原始植物景观以暗色调幽闭空间为主，空间缺少变化。寺庵引导空间中，首先对香道和山门周边过于密集繁杂的植物群落进行移除，再补植观赏树，形成较为开阔明亮的空间，并增强植物的观赏性。移除和补植的方式有以下几种：

移除小乔木与灌木，补植高大的上层常绿乔木，形成形态简洁的禅林。峨眉山中的几大禅林均采取这种方式形成，包括伏虎寺的布金林、白龙洞的古德林、大峨寺的旃檀林。三大禅林均采取近自然的种植方法。群落以十米以上的高大乔木和低矮的小灌木及地被植物构成。乔木以桢楠、朱楠等樟科植物为主，也有杉、松、柏等植物。地被以乡土蕨类植物为主。水平界面绿色覆盖率大。垂直界面上简洁通透，边界模糊，形态自然。顶部界面浓荫覆盖，桢楠呈伞形冠，冠体厚度薄、透光度好，为下层提供了较为良好的光照条件。禅林规模极大，依据峨眉山志记载，布金林与古德林均种植有与佛经字数相当的树木，约6万~9万株。

局部移除香道附近的地被与灌木，补种观赏灌木和地被，形成层次丰富的节点空间（图5-15）。峨眉山自然植物花型小、株型杂乱。人工补植时选用具有四季观赏性的植物与观花植物，增加了引导空间的季相观赏性。通过对植物种类和层次的控制，整理节点周边空间，塑造出更为简洁明朗的景观效果，与未经整理的原始杂木林形成对比。补种的观赏灌木的地被以当地乡土观赏植物为主，如杜鹃、高山杜鹃、栀子等。

利用天然纯林，形成引导空间中的观赏林带。峨眉山自然林带中存在一些纯林，这些林带景观优美、风景独特，与周边杂乱密集的森林有着显著的差异。部分寺庵利用这些林带作为引导空间的一部分。如雷音寺香道两侧的竹林和观心庵的银杏林皆为该种类型（图5-16）。

（2）加强空间引导性的对植

对植指按照一定的轴线关系，将2株、2丛或2列相同或相似的植物相

图5-15 华严顶引导空间旁种植的鸢尾和高山杜鹃

(a) 雷音寺　　　　　　　　　　(b) 观心庵

图5-16 雷音寺和观心庵引导空间的自然林

互对称或均衡地种植。对植是川西地区的寺庵引导空间常用的手法，栽植树木株距相等、排列整齐。峨眉山主要应用点植和列植两种对植方法。点植多用于引导空间终点的山门处。一组左右均衡的植物如同画框一般，强调着山门建筑。报国寺、大坪、华严顶、广福寺、纯阳殿山门前均采用了点植的对植手法。列植多用于短引导空间香道两侧，通过加强垂直界面的围合性增强空间的线性感，达到增加空间引导性和流动性的目的。列植多出现于低山区寺庵引导空间，如万年寺、报国寺的部分空间。对植植物多选择笔直高大的常绿树种，以松、柏、杉、樟、楠为主（图5-17）。

6. 水体

四川先民对自然充满敬畏，崇尚"天人合一""道法自然"的思想。水体是四川地区常见的自然景物之一，在建设活动中引入水、利用水，是西蜀寺庵常见的理法形式。

(a) 报国寺

(b) 纯阳殿

(c) 华严顶

(d) 广福寺

(e) 大坪

图5-17 引导空间中的对植树

峨眉山寺庵中，由于复杂地形和水源状况的限制，难以如平原地区一般通过人工的方式进行理水。主要通过择址，选择背山面水处，并通过借景等方式，将水景引入人文景观之中。山中水体以山泉为主，季节涨落较大，许多水系丰水期时水流淙淙，而枯水期时则完全干涸，因而真正以水系作为引导空间提示性语言的寺庵仅有清音阁一处。

清音阁位于牛心岭下，发源于峨眉山顶峰的白龙江与黑龙江在牛心岭下汇流，形成四季不断的跌水景观，经过经年冲刷，又形成了峡谷幽深、怪石嶙峋的水系景观。清音阁引导空间以牛心石黑白二水汇流处为起点，逆水上行，有接王亭、茶亭、牌坊点缀于岸线，穿插、融合在水系之间。过接王亭继续上行便是清音阁主殿大雄宝殿。引导空间沿水设立，人工构筑物与水体形态相互映衬，共同构成层次丰富的整体（参见图2-8）。

（五）引导空间的结构体系规律

峨眉山寺庵众多，引导空间变化丰富。但从整体层面上，引导空间具有相似的结构体系规律。

1. 基本单元

好的引导空间应当具有标示领域、引人入胜的作用。

空间对比包括不变、渐变和突变三种类型，通过合理地运用突变与

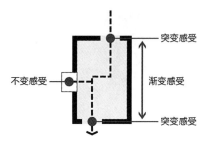

图5-18 引导空间的基本单元

渐变进行动态空间表达，能够给人以丰富的体验感受，引导游人深入（图5-18）。

当人处于不变的空间中时，看到的是静态的景观，给人以宁静、稳固的心理感受。

当周边景观处于渐变中时，能够轻松地体验环境的新奇感，但这种体验是微弱的。

当环境瞬时突变时，突变景观将给人带来震撼的效果，这种震撼能够将景观的部分特征放大，使变高的显得更为高大、开阔的显得更加开阔。

峨眉山引导空间的基本单元具有良好的动态变化结构体系。首先，在空间起始处设置突变的提示语言，利用突变效应刺激人体视觉感官，起到标示领域的作用。

其次，通过渐变的景观道路引导人进入空间的下一部分。在沿途设置停留点，提供静观环境。通过渐变与不变的空间体验，使人平静与放松。最后，在空间的尽头设置突变型的提示语言，引发强烈的空间感受，再次提示空间区域的变化。

在整个过程中，人对空间的感受是相互叠加的。整体刺激大于单个刺激的总和，具有放大效应。

2. 单元重复

较短的引导空间往往使用一个基本单元完成引导过程。较长的引导空间则将多个基本单元进行重复与组合，形成更加丰富的空间结构。但单一模式的过多重复将导致大脑的审美疲劳，进而对刺激产生麻木。为了调节这一过程，峨眉山引导空间在单元重复的过程中展现出以下规律：

第一，控制重复单元的数量。过量的引导单元显示出极强的规律性，导致游人对景观设置的准确预测，从而丧失刺激功能。对峨眉山景观单元数量进行调查，当重复单元不超过3次时能取得良好的引导效果。

第二，调节渐变过程的体验时长。过短的渐变过程将降低突变景观带来的刺激，而过长的渐变过程则使人倦怠。以峨眉山寺庵引导空间为例，不同单元的步行间隔多在3～15分钟之间，可取得较好的空间体验。

第三，控制空间变化的幅度。不同的变化等级，能够产生不同的空间体验，较小的对比产生较弱的提示与温和的瞬时感受，较强的对比产生强烈的提示与强大的瞬时感受。在单元重复应用的过程中，控制空间变化的

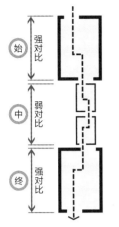

图5-19 引导空间单元重复

强弱等级,能够引导人产生变化的心理感受,在心理上增强空间丰富性(图5-19)。以清音阁引导空间为例,沿平缓的溪流上行,右转后忽见牛心石跌水,水流急促、高差较大,牛心石上有牛心亭,两侧为双飞桥,景观丰富,层次深远。在空间明暗、动静、景观复杂程度等方面产生强烈的对比。该视角明确地提示着寺庵领域范围,也是峨眉山最佳观景点之一。引导空间途中,树木掩映,空间大小、色彩、质感稳定,空间尽头大雄宝殿背坡而立,空间开阔,与地面高差约17米,形成强烈的旷奥对比,凸显佛殿的神圣与崇高。

第三节 建筑空间

峨眉山寺庵建筑空间,指由建筑单体和群体构成的空间,包括建筑实体和建筑围合的空间。

一、建筑单体特征

对于峨眉山寺庵建筑来说,建筑组团的整体外立面并不是最重要的观赏面。更多的观赏者是从庭院中来观赏四周围合的建筑立面。这些围合庭院的建筑单体的立体形象也并非如江南园林一般分明,难以分辨出"亭""台""楼""阁"的整体三维面貌,主建筑与辅助建筑粘连在一起,形成了一个"二维围合面"的内向连续立面。

本书依据峨眉山建筑的组合方式,将立面作为峨眉山寺庵建筑构成的基本单元进行分析阐述。又将立面分为下分、中分和上分。下分为台基部分,中分指屋身,上分就是屋顶(图5-20)。

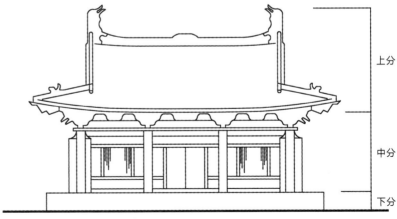

图5-20 传统建筑立面的"三分"

二、台基

传统建筑中的台基分为须弥座台基和普通台基两大类。峨眉山寺庵建筑台基属于普通素面台基。由于独特的地形与山势,建筑台基和山地台层合并,具有高度高、层次多的特征,成为建筑立面构成的重要部分。

(一)台明

台明指台基的基座,是建筑的基础部分。峨眉山寺庵建筑台明均为石质,在西蜀寺庵建筑中常见。峨眉山寺庵建筑的台明依据形式可分为两类(图5-21)。

1. 台明高于室外地面

高于地面的台明是最为常见的台明形式,普遍运用于峨眉山寺庵建筑中。台明的高度与建筑等级相关,位于中轴线的佛殿、藏书楼等建筑台明较高,以3~5级踏步为基础,依据地形变化,可至10~20级踏步以上。而僧房、客寮等居住服务性建筑台明低矮,有时仅高出地面一级,无台阶。

峨眉山台明多是素面的普通台明,使用条石砌筑,形式简单质朴,是建筑良好的基础。质朴的处理能够保证整座建筑的整体协调性,使台明部分成为"沉稳的配角"。

2. 台明与室外地面同高

峨眉山建筑台明有与地面齐平,仅通过一条水沟相隔的做法。这种台明多见于峨眉山寺庵的山门或起入口作用的大殿的后檐立面。这些建筑布局于台地上,背侧为庭院。从庭院中观察建筑台明,仅能看到顶面的阶条石和分隔庭院与台明间的水沟,并不能看到台明的立面。

运用这种台明的建筑,多承担着出入口的功能,平面化的处理有利于保持建筑空间的通透和人员人员的流动,是出于功能角度对建筑形制进行的改变。

图5-21 广福寺、初殿和千佛庵中的各类台明

(二) 月台

月台是台明的扩展与延伸，位于台明的前方。峨眉山寺庵建筑依山建造，前低后高，需对基地进行台层化的处理，使其满足建设要求。因此建有月台的建筑很多。峨眉山月台一般有两种情况。首先，月台可以用于强化建筑形体。建筑山门和大殿前增加月台，以抬升建筑体量，强化建筑形态，如万年寺山门、洗象池山门、洗象池弥勒殿、仙峰寺财神殿前都建造有月台。这些山门建筑多使用"包台基月台"的样式。月台宽于台明，在台明的基础上向前方和两侧伸展，终结于建筑两侧的墙体上。一些重要的单体建筑，也采用增加月台的方式突出建筑形体。如伏虎寺罗汉堂，采用两层月台的组合，抬高罗汉堂，使罗汉堂建筑成为伏虎寺的制高点，起到了建筑强化的作用。

月台也可用于处理庭院高差。峨眉山寺庵地处山地，高差起伏大，宜通过设置多层月台与台阶，处理寺庵建筑间的高差（图5-22）。

依据月台形态将峨眉山寺庵月台形制归纳为弧形和长方形两种，在这两种基本形态的基础上，还有多个月台重叠组合的情况（图5-23）。

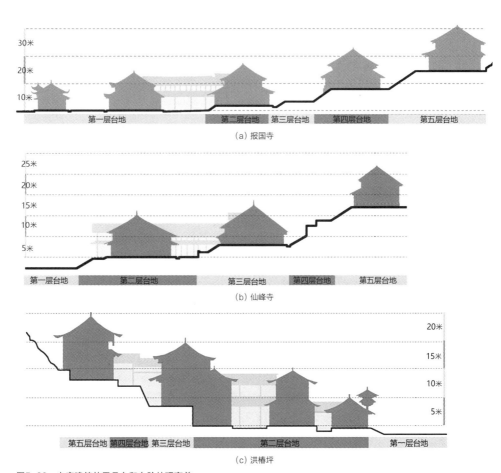

图5-22 寺庵建筑使用月台和台阶处理高差

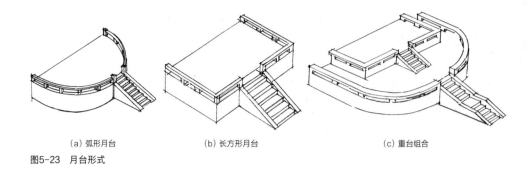

(a) 弧形月台　　　　　　(b) 长方形月台　　　　　　(c) 重台组合

图5-23　月台形式

弧形月台指圆弧形的月台。弧线的中轴与建筑有对位关系，中轴处开口设置台阶。弧形月台形态外向，多应用于寺庵入口或高地势的单体建筑的入口处，便于向四周眺望。

长方形月台，月台的进深小于面阔，中轴与建筑有对位关系，台阶设置在中轴或两端，也有三处均设置台阶的案例。长方形月台用于建筑围合的狭小空间中，秩序性强。

重台组合是将单个月台进行重叠组合的形式，一般重叠2～3次。重台组合多见于山门或入口主殿处，如息心所大雄宝殿、接引殿阿弥陀佛殿和洗象池山门前。

（三）台阶

台阶是台明、月台上下的通道。峨眉山寺庵建筑中的台阶有一阶、两阶和三阶做法。

台阶的高度与建筑等级相关。对于同一院落的建筑来说，正面佛殿的台阶最高，东西厢房次之，背侧佛殿又次之。

1. 一阶

一阶是在建筑台基中央设置台阶的做法，是峨眉山寺庵建筑中最为普遍的台阶做法。用于连通地面与较为低矮的台基，台阶从台明向外延伸，宽度1～3米均有，一踏步约30厘米宽[①]，10～20厘米高[②]，台阶两侧设有垂带。在僧寮、客寮、食堂等建筑前，当台基低于3级台阶时，采用通长台阶的处理。

当台阶用于连接月台时，一般将台阶插入月台中，并增加踏步高度，缩小踏步宽度，以减少整体进深。

当台阶用于连接建筑台明时，则有两种变化。当台阶所连接的建筑为山门或入口建筑时，往往将台阶插入建筑内部，形成屋檐下的室内台阶，通过台阶和建筑的重合，减少整体进深（图5-24）。

当台阶位于庭院内部，所连接的建筑为佛殿，无法将台阶纳入室内时，则通过转折台阶的方式改变台阶的布局方向，缩短整体进深（图5-25）。

2. 两阶

两阶制是一种符合礼制的古老的阶梯形式，曾在历史上盛行过很长时间。《礼记》中记载了历史上的两阶制："主人入门而右，客人入门而左。

---

① 清尺1尺左右。
② 清尺4~5寸。

图5-24 纯阳殿入口插入室内的台阶

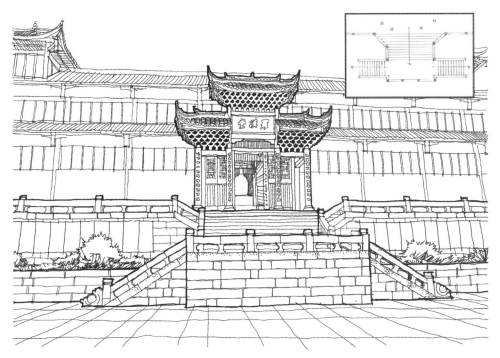

图5-25 通过台阶的转折缩小台阶进深

主人就东阶,客就西阶。"

峨眉山寺庵还保留有古制,如牛心岭上的牛心寺,建于唐代,如今仅残存山门、大雄宝殿及东西厢房,大雄宝殿左右侧分设台阶,中间部分空置 [图5-26(a)]。

分列左右的台阶虽符合礼制,但从视觉构图的角度讲,佛殿中部空白的台基立面,不利于中轴的强化。因而两阶制的布局有削弱轴线景观的缺憾,在新建修复的寺庵中较为少见。

(a) 牛心寺两阶做法　　　　　　　　　　　　　(b) 中峰寺三阶做法

图5-26　牛心寺两阶制与中峰寺三阶制台阶

3．三阶

在大开间的建筑围合成的院落中，除中央设台阶外，还在两侧厢房前设置较小的辅助台阶，连接厢房、佛殿台基，以满足通行需求 [图5-26（b）]。三阶台阶是山地建筑依据使用功能对台阶制式进行的灵活变化。

（四）栏杆

栏杆具有防护和装饰作用，也能够分隔空间。峨眉山寺庵建筑中，一般在尺度大、高差大的台基周边设有栏杆。峨眉山气候潮湿多雨，为防止腐朽寺庵的栏杆均为石质。峨眉山寺庵传统石栏杆多为以长条石替代栏板的形式，除安全防护外，还作为坐凳和盆栽几架使用，高度矮小，体形敦厚质朴，具有山林趣味。一些新近修复的栏杆则采用标准型清式寻杖栏杆，高而薄，花纹复杂。

峨眉山传统栏杆做法可归结为以下三类：

1．石条坐凳式栏杆

用长石条搁在石墩或矮石柱上的矮栏杆，可供人坐下休息眺望。高度约在50厘米。在转角和起始处增加石望柱，起到固定和装饰作用。这种栏杆的条石和矮柱有时带有雕刻装饰，非常古朴美观 [图5-27（a）]。

2．石条带望柱栏杆

先用石望柱，柱高约70～80厘米，每个2～3米立一根，望柱间施一长石条，石条下每米加设矮石柱支撑。这种栏杆也具有敦厚质朴的外观，但相比石条坐凳式栏杆略为高挑细瘦，高度约在60厘米。这两种栏杆做法具有明显的园林特征，在尺度和雕刻花纹上有诸多的变化。柱头雕刻莲花的较多，为圆柱形或鼓形。也有多边形雕刻花草纹理的。石条有斧剁纹理，少数有花草图案。望柱、石柱、石墩间隔并不固定，而依据月台尺寸进行调整。栏杆两端以望柱结束，不加抱鼓石 [图5-27（b）]。

3．望柱栏板栏杆

两根石质望柱之间夹有石质栏板的栏杆，高约80厘米。现存的望柱栏

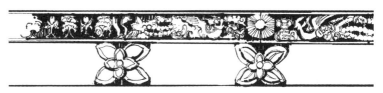

(a) 带有装饰的石条坐凳式栏杆

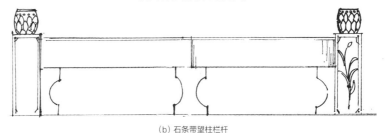

(b) 石条带望柱栏杆

图5-27 峨眉山寺庵中的栏杆

板栏杆多出现在山腰及山麓的大型寺庵如万年寺、报国寺和伏虎寺中，多为现代修复仿制，做工粗糙，样式杂糅。仅有报国寺七佛宝殿前存有一对原有的望柱栏板栏杆。栏杆两侧带有抱鼓石，分别刻有福寿祯祥四字与花草纹路，栏板上刻有佛道人物，柱头为狮、象形象。栏杆装饰以浮雕为主，施有色彩，样式复杂，美感很强，并融合有佛道两者的特征（图3-6）。

三、屋身

屋身立面分为前檐立面、后檐立面和两山立面。前檐立面是建筑的主要立面，后檐立面是背立面，两山立面指建筑左右两侧的山墙立面。

峨眉山寺庵不同位置的建筑立面的规格是不同的。当建筑位于轴线正位时，前檐立面规格高于后檐立面，当建筑位于轴线最末时，后檐立面与山体紧靠，是难以被观察到的立面，常做最次处理。当建筑位于轴线两侧时，其正檐立面与面向同一院落正位建筑的后檐立面为同一规格，高于轴线两侧建筑的后檐立面。峨眉山寺庵多为合院，建筑相互连接，因而两山立面一般不会露出。少有的两山立面多次于后檐立面的处理。

依照屋身立面的构成，可将屋身分解为结构构成因子、围护构成因子和装饰构成因子三个部分。

（一）结构构成因子

1. 灵活多变的穿斗式屋架

结构构成因子指房屋的木构架体系。峨眉山寺庵现存木构架均为清代所做，采用小式木作。大多为穿斗式，由柱列、穿枋、檩挂、欠子等结构件构成。穿斗式结构木材较抬梁式细高，柱断面小，约为20厘米，排列密集，并依据地形和空间变化灵活地变动，自由度高。

穿斗式采用细柱做支撑，细柱间以穿枋和欠子贯穿柱身，形成柱列。为了取得较为整体的室内空间，适应山地多变的地形，多采用更为自由的

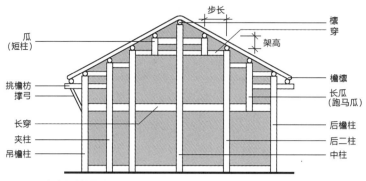

图5-28 穿斗式建筑的结构

隔柱落地方式。在穿枋上设短柱，短柱和柱上设檩，檩上承接椽子。在檐口部分，不设斗栱，由一根水平挑梁支撑檩。这条水平挑梁称为"挑檐枋"。一些檐口较大的建筑中，挑檐枋上还有一短柱，露出的下端具有雕刻图案。挑檐枋的下端有时用撑弓加固（图5-28）。

在特殊地形处，峨眉山寺庵屋架显示出杆栏式建筑的特征，使用吊脚支撑部分屋架，以适应高差（图5-29）。

2. 增加跨度的穿斗与抬梁式混合屋架

穿斗式建筑是四川地区常见的建筑形式，以增加立柱为代价，略去大部分梁，具有灵活多变的特性。但由于受力限制，难以实现较大的空间跨度。为了解决这一问题，峨眉山寺庵中采用穿斗式与抬梁式的混用的结构，在同一建筑檐口处采用穿斗式做法，中心需要较大跨度时采用抬梁式做法，将两种结构做法的优势融合在一起，既符合地方建筑传统，又适应了大跨度的功能要求（图5-30）。

（二）围护构成因子

围护因子指在屋架基础上限定建筑立面空间的构成部分，包括砖墙和木隔断。峨眉山寺庵建筑基本采用木材做屋身围护。立面上分为三段：支撑窗扇的下部墙体、窗格和横批。

由于屋身围合的位置不同，出现出廊和无廊的区分。廊是重要的建筑调节因子。峨眉山寺庵建筑中，建筑立面连续在一起，形成围合的院落空间。面向院落的立面，无论是否位于中轴线上，都是有外廊的。廊与廊相连，构成了内外空间的过渡地带。在外廊中，既可以观看室外景色，又能够在多雨的山区遮蔽风雨。建筑二层除外廊外，常常在面向庭院或风景优美的方向上设有靠坐，方便人坐观景色。背向庭院的建筑立面，一般是无廊或带有内廊的，以便构成整体性的外立面。无廊或内廊的布局取决于建筑功能、朝向和室外风光。一般在僧寮或客寮具有良好的朝向或外部景观时，住房外设内廊，其他情况则无廊。廊的应用使峨眉山寺庵建筑多了一份民居般的亲切感，展现出庙居合一的建筑特征。

峨眉山寺庵建筑的围护构成因子与气候和海拔高度存在明显的相关性

(a) 洪椿坪客寮

(b) 雷音寺山门及客寮

图5-29　峨眉山寺庵中的吊脚做法

图5-30　报国寺山门穿斗式和抬梁式混合的屋架

第五章　峨眉山寺庵单体营构与风景理法析要 ｜ 125

(a) 开敞的低山伏虎寺　　　　　　　　　　　(b) 封闭的高山洗象池

图5-31　峨眉山寺庵围护因子与海拔高度相关

变化。简单地说，高山处的寺庵围护因子的封闭性更强，开窗更小，窗的位置更高，窗与窗的间隔更大，以适应寒冷的气候并躲避凛冽的山风。山麓气候温和，夏季闷热潮湿。因而接近山麓的寺庵普遍具有更大的开窗，一些佛殿甚至舍去大部分的围护，以便通风除湿。这些开敞的建筑也具有更加外向的性格特征，强化了空间的流动性（图5-31）。

（三）装饰构成因子

装饰因子包括敷色、彩画、雕饰和匾联。峨眉山寺庵建筑以朴素自然的面貌为主，外立面所用装饰性语言很少，以敷色与匾联为主，少量采用彩画及雕饰。装饰除具有视觉美化作用外，也是塑造宗教氛围的重要表达手段。

1. 敷色

峨眉山寺庵建筑屋身色彩具有明显的川西民居特征，但与普通民居保留木构件原色和墙体白色、以枣红色作为点缀的做法不同。峨眉山寺庵建筑屋身部分不保留任何白色与原木色，一般将全部结构因子漆为黑色，围护结构漆为枣红色。少数建筑整个屋身都漆为枣红色。

2. 雕饰与彩绘

峨眉山寺庵建筑中，主要在山门、佛殿正立面的局部构件上进行木雕加工。如门、窗、瓜柱柱头等部位。门窗以平棂式为主，表现出直棂、网格、框格等多种变化，山门及佛殿正檐立面框格门窗较多，框格中也有加入斜棂的做法；其他立面以简单的直棂窗与网格窗为主。

重点寺庵如伏虎寺、报国寺、万年寺、洪椿坪山门及佛殿入口处设有罩。罩有"卍"字形抽象图案及佛教人物雕刻等多种样式。人物雕刻施有彩绘。

3. 匾联

大量运用文字陈设是峨眉山寺庵建筑的特征之一。这些文字陈设包括匾额、对联、横批等。文字装饰的运用能够将绘画、书法艺术结合到建筑之中，增强文化气息，指引人去体会寺庵建筑所营造和追求的景观意境和精神内涵。

四、屋顶

(一)屋顶的基本形态

屋顶是中国传统建筑"三分"中最引人注目的部分,被誉为"第五立面"。官式建筑中的屋顶是高度程式化的,具有严格的屋顶形制规定。而山地民居建筑的屋顶则依据地面的起伏和构架的起落,纵横交错,灵活多变,十分复杂。峨眉山寺庵建筑中体现着官式建筑和山地民居建筑融合的特征。寺庵山门、佛殿等重要建筑的屋顶形态较为规整,做法上采取官式屋顶及多种派生做法。而在僧寮、客寮及其他服务建筑中,则更多采用民间做法,屋顶形式多样,呈现交织变化。

悬山顶是所有峨眉山寺庵屋顶中最为常见的形式之一。如洪椿坪、洗象池、仙峰寺的大多数建筑均采用悬山屋顶为基本形态。歇山顶在低山区大型寺庵中也十分常见,如伏虎寺、报国寺佛殿屋顶均为歇山式。

(二)屋顶的变化与组合

为了适应丰富的外部环境和屋架变化,仅有官式屋顶是远远不够的。峨眉山寺庵屋顶在悬山、歇山的基础上,存在诸多派生变化与组合。

1. 增脊

增脊指在屋顶中增加垂脊,加固屋面并突出造型,常用在横向较长的屋顶中。在伏虎寺虎溪精舍和大雄宝殿中,建筑为11开间,建筑原有的歇山顶被拉伸得极长,在原有垂脊的内侧均增加一对垂脊,增强了檐口的装饰效果,同时加强了屋顶结构的稳定性(图5-32,图5-33)。

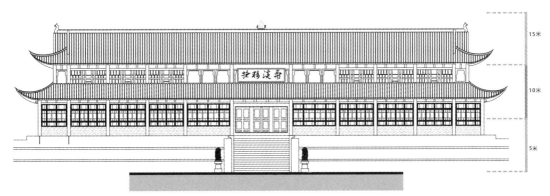

图5-32 伏虎寺虎溪精舍立面

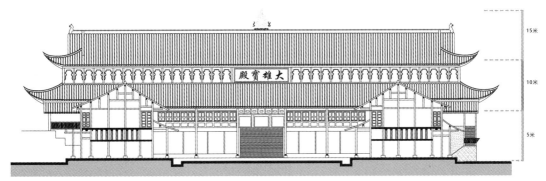

图5-33 伏虎寺大雄宝殿立面

2. 披檐

披檐，是峨眉山寺庵建筑中使用最多的屋顶变化形式。寺庵中的辅助建筑，出于功能分区的考虑，一般下层作为厕所、厨房、食堂等，上层为僧寮和客寮。对于佛殿建筑而言，一方面需要通过更高的高度来体现建筑的重要性，另一方面也需要较高的空间来安放佛像。因而峨眉山寺庵建筑一般具有2~3层的高度。又由于山地寺庵依山就势的特征，建筑间的相对高度又被拉大了。对于处于狭小庭院中的人来说，这样的高差显示出一种高耸、局促的空间特性。而穿斗式细密的柱列也显得过于细瘦，不合比例。为了降低视觉观感上的建筑高度，塑造一个符合感官审美的空间，寺庵建筑多在朝向庭院的一侧增加披檐，即在屋檐下增加一片单独的屋面，形成楼阁的效果，以调整屋顶与屋身的比例关系。而在背向庭院的一面，则保持单重屋顶的简单处理（图5-34）。

(a) 洗象池大雄宝殿

(b) 中峰寺佛学教室

(c) 仙峰寺大雄宝殿

图5-34 峨眉山寺庵中的披檐

出于采光与通风的考虑，两层屋面之间的垂直面并不封闭。除檐面披檐外，峨眉山寺庵建筑还常采用"山墙眉檐"，即在山墙面增加披檐，以适应山区潮湿多雨的气候，防止雨水对屋身的侵蚀。

3. 屋顶组合

屋顶组合主要用于强调山门和作为入口使用的第一重佛殿，增强建筑立面的观赏性。峨眉山寺庵建筑屋顶组合的手法主要有屋顶丁字交接和跌落组合（图5-35）。

屋顶丁字交接是十分常见的处理方式，通过山面和檐面的组合，营造屋顶的起伏变化。峨眉山寺庵常在正檐面的一端或两端交叉山面屋顶，形成两端高中间低的形态，强调出中轴和建筑入口。白龙洞、仙峰寺、洗象池、雷洞坪、灵觉寺、息心所、中峰寺入口建筑均采用这样的屋顶形式。

跌落组合，指屋顶如同牌楼一般，出现中间高两侧低的形态。常用在峨眉山寺庵山门建筑中，如洪椿坪、报国寺山门均采用了该种组合形式的屋顶。

4. 屋顶材质

峨眉山寺庵屋顶材质的垂直分异现象十分明显。海拔较低的寺庵，屋顶采用传统青瓦。至大坪、洗象池一带，由于湿度过大，气候严寒，青瓦容易崩裂，多采用树皮屋顶替代青瓦，故该地段有多处佛殿又名"木皮殿""树皮殿"。峰顶金顶一代，卧云庵、华藏寺、光相寺等由于地处礼观普贤胜迹的宗教圣地，屋顶瓦片多用耐久性更强、价值更高的金属制成。据峨眉山山志记载，依据屋顶材料的不同，金顶上的建筑有被称为铜瓦殿、铁瓦殿的。铜铁材质在阳光的照射下散发金色或银色的光辉，因而这些寺庵也被称为金殿和银殿。

峨眉山屋顶材质的变化充分体现了寺庵建筑对环境的适应能力，也体现出了峨眉山佛教对普贤圣地的尊崇。

(a) 仙峰寺"丁字相交"的屋顶

(b) 报国寺"跌落式"的山门屋顶

图5-35 峨眉山寺庵多样的屋顶组合形式

五、入口单体的强化

寺庵的入口,是寺庵的主要外立面,也是寺庵引导空间的终结,是进入寺庵前的重要景观节点。因而在建筑处理上,常对入口单体进行强调,以强化空间对比关系,起到领域提示和意境烘托的作用。峨眉山寺庵建筑群的入口有三种情况,一是通过山门进入,山门呈屋宇形态。大多数寺庵都是这种情况。二是省去山门,直接由佛殿进入,如雷音寺、仙峰寺、遇仙寺等。三是散点式布局的寺庵,没有明确的建筑群入口,而是采用其他建筑小品作为入口标识,如清音阁牛心亭、接王亭等。

寺庵的入口状况各不相同,但入口单体的强化手段却十分相似。强化手法主要体现在空间强化和立面强化两个方面。

通过对空间的强化来强调入口。常用手法为在入口单体建筑两侧增加围墙,延长入口单体控制的空间界面,起到突出中心、划分空间的作用。如报国寺、万年寺、洗象池均采用这种方法。

另一种方法是对单体建筑本身进行强调,常用手法如增加屋顶层次和变化,加强屋身装饰等,以达到放大单体建筑的体量,增加单体建筑的造型、质感和色彩丰富度的目的,进一步增强入口建筑与自然环境和其他建筑的对比,强化视觉对比,从而突显入口建筑(图5-36)。

(a)普通的建筑立面

(b)通过增强立面的丰富性强调建筑

(c)通过加强建筑的领域感进一步强调建筑

图5-36 入口单体的强化

六、单体院落

（一）空间特征

前文分析了峨眉山寺庵建筑的立面构成。这些建筑通过一定的规律组合起来，形成了更加复杂的组团——单体院落。

以佛殿为中心，兼具居住服务功能的"庙居合一"的院落是峨眉山寺庵单体院落的核心形式。宗教建筑是寺庵院落中最为核心的部分。宗教建筑包括佛殿、法堂、藏经楼等，是佛教信徒和游客礼拜、学经的主要空间，也是宗教描绘佛国圣地的主要空间。居住和服务建筑是给僧人、居士、游客提供住宿、休息、餐饮功能的建筑。宗教建筑居于中心，而居住服务建筑位于两侧。

这种布局的院落与中国其他地区相比，具有独特性。依据佛教建筑规制，一般寺庵中为了确保修行的纯净，保证僧人不受世俗干扰，在寺庵建造过程中，承担宗教功能的建筑与居住服务建筑往往相互分离，各自独立。但在峨眉山狭小的山地环境中，占地过广的布局方式是无法实现的。因此演变出了紧凑集约的"庙居合一"的单体院落。

与传统寺庵院落相比，"庙居合一"的单体院落取消了配殿，将全部佛殿布置在中轴线上。并利用多层建筑，在部分佛殿厅堂的两侧或楼上安排法堂、藏经、禅堂等功能用房。形成宗教功能集中的轴线。其次，在原配殿的位置布局居住及服务建筑，形成以生活服务为主要目的的两翼。在较大型寺庵中，居住服务建筑也可拓展为院落或天井围合的形式。居住和服务建筑的位置随山地环境安排，而不局限于禅宗规制。

"庙居合一"的单体院落是峨眉山寺庵的主要建筑形式和重要结构主体。但位列两侧的居住及服务建筑有时难以满足寺庵的功能需求，因而在峨眉山一些大型寺庵中，还存在仅以居住或服务为功能的单体院落，以补充使用功能的不足。

（二）空间类型

1. 庭院式四合院

由四周建筑围合成的空间，且建筑高度小于空间进深 [图5-37（a）]。

庭院式四合院有固定的形式布局：院落入口居中，中轴布局主要建筑，用作山门或佛殿，中轴建筑高度及形制高于两侧，院落为方形或两侧较长的长方形，左右对称。山中平地稀缺，地形多变。有时院落无法满足中轴布局的要求，将入口偏于一侧布局，如洪椿坪山门。这种偏转的山门与场地环境良好地融合，形成了一种灵活的布局形式。

2. 天井式四合院

由四周建筑围合成的院落空间，但建筑高度大于进深 [图5-37（b）]。与庭院式四合院不同，天井式四合院的空间更加内向封闭。天井式四合院一般用于居住组团中或作为不同功能组团间的过渡空间，四周建筑并没有显著的形制差别。

少数情况下佛殿组团中使用天井式四合院。天井式四合院的使用首先

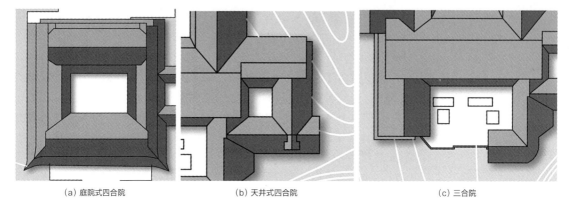

(a) 庭院式四合院　　　(b) 天井式四合院　　　(c) 三合院

图5-37　基本合院形式

是出于节约用地，塑造幽静神秘的宗教氛围的考虑。其次在峨眉山高山区域，气候寒冷，过大的庭院会导致抵御寒冷气候能力的下降。寺庵多为天井式四合院布局。

3. 三合院

三面由建筑围合，前方形成一个开敞的院坝［图5-37（c）］。有时在没有建筑的一面设照壁，入口移居一侧，形成四面围合的空间。三合院是川西民居常用的建筑组群构成方式。这种院落能够在潮湿少光照的环境中取得更多的阳光。但由于形态过于随意，在寺庵轴线院落中运用较少。

峨眉山寺庵中一些服务性组团采用了三合院的形式，安排厨房、餐厅和杂物间。另一些寺庵由于地形的限制，将佛殿安排在三合院中，如洪椿坪、慈圣庵。其他寺庵如太子坪、华严顶、初殿为毁坏后部分修复的寺庵，修复时仅恢复其主殿。在僧人和居士的居住使用过程中，为满足生活需要，依据当地民居的布局习惯，在佛殿两侧加建了客寮、僧寮、厨房、食堂等功能性建筑，逐渐构成了如今三合院的景观面貌。该种类型的三合院与民居近似，建筑粗糙，缺乏艺术性，但也展现出了寺庵建筑与峨眉山民居建筑良好的融合。

七、多重院落

（一）串并联组合

峨眉山寺庵建筑采用串并联的构成方式，在纵轴和横轴上分别叠加院落，构成多个院落构成的建筑组群（图5-38）。

串联式的院落组合是传统建筑常见的组合方式。单体院落呈前后联系的模式，构成一条强调纵深的轴线。这种规整的布局，形成了"空间组织上正偏方位和内外层次上的主从关系"，通过左右对称、延展纵深的布局，强调了中轴，形成端正、庄重和肃穆的空间特征。具有宗教功能的院落单体一般是串联组合的，院落中心布局佛殿，以山门或最前端的佛殿作为总入口，绕过前进院落的正殿，设通道连接下一进院落。

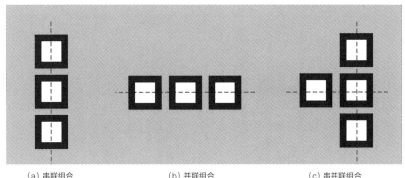

(a) 串联组合　　　　　　(b) 并联组合　　　　　　(c) 串并联组合

图5-38　院落的串并联组合

并联指单进院落横向并联的构成方式。在峨眉山寺庵中，僧寮、客寮形成的居住院落与库房、厨房、食堂形成的服务院落以及宗教院落一般呈并联的关系，居住院落和服务院落没有对外的正门，仅能从位于中央的佛殿院落出入。

（二）中轴偏折

峨眉山地势变化丰富，建筑建造地段高低起伏，为了适应地形与其他环境条件，建筑在中轴规则性的基础上适度变化，形成中轴线的偏折。

这样的变化在洪椿坪中有着明显的体现。洪椿坪天王殿、大雄宝殿和藏经楼串联排列。其中天王殿与大雄宝殿布局在一条直线上。但由于地形的限制，藏经楼相对于这条轴线向东偏移了8米，使大雄宝殿和藏经楼之间出现了明显的不对称。为了解决这个问题，设计者巧妙地在大雄宝殿的西侧增加了一座较小的建筑，调整两侧环廊的位置，使得以两侧环廊和藏经楼为边界形成的院落在视觉上仍然正对着大雄宝殿，消除了轴线的偏移感［图5-39（b）］。

仙峰寺、报国寺也采用这种中轴偏折手法。仙峰寺财神殿、大雄宝殿、舍利殿三重大殿的轴线左右偏差，但通过两侧建筑和庭院位置的校正，极大地削弱了轴线错位的观感。报国寺除了轴线偏折外，还有角度变化，山门、弥勒殿和大雄宝殿、七佛殿、普贤殿的轴线均具有微小的角度差异，在处理时，通过拉长佛殿间的距离，削弱了角度偏差之感［图5-39（a）(c)］。

（三）两翼变化

普通的寺院，多依据规制进行规则式的布局，建筑轴线两侧布局对称。但在山地环境中，由于地形、地段和建筑功能的制约，附加在佛殿两侧的居住庭院与服务庭院常采用半对称的形式。

以仙峰寺为例，轴线东侧风景优美但地形狭长，濒临山崖，建筑采用长形布局，在满足地形要求的同时加长了观景界面和受光面，满足游客与僧侣的生活需求。西侧地势平缓，但光照不足，景观一般，布局为杂园，

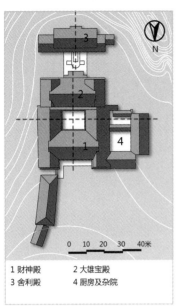 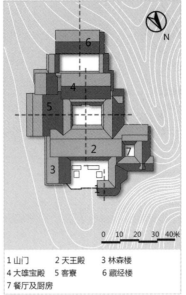 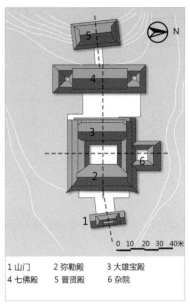

| 1 财神殿 | 2 大雄宝殿 |
| 3 舍利殿 | 4 厨房及杂院 |

(a) 仙峰寺

1 山门	2 天王殿	3 林森楼
4 大雄宝殿	5 客寮	6 藏经楼
7 餐厅及厨房		

(b) 洪椿坪

| 1 山门 | 2 弥勒殿 | 3 大雄宝殿 |
| 4 七佛殿 | 5 普贤殿 | 6 杂院 |

(c) 报国寺

图5-39 多重院落的构成与组合

包含食堂、餐厅、库房，空间内聚封闭，但可为三餐时间聚集的人群提供充分的集散空间。

（四）多层错落

多层错落是峨眉山寺庵建筑适应地形变化的重要手段之一。错落层次一方面顺应自然，塑造了层次丰富的山地空间，另一方面有利于突出主体建筑的体量。

峨眉山寺庵处理层次错落的方式主要有两种：

1. 吊脚处理

峨眉山土质状况复杂，一些区域为玄武岩，土层稀薄、岩石坚硬，无法整理为台地。面对这种基地状况时，峨眉山寺庵采用或局部采用干栏式吊脚楼的建造方法，简化地基处理，将基地局部整理为台地，大面积保留原始坡面。台地或坡面上直接立柱，支撑上层建筑。

2. 台层式跌落

通过天井院落的抬升和跌落对地形进行适应时，首先会将地形进行简单的处理，形成一个个台地，并在这些台地上修筑建筑，布置院落。在峨眉山中，当寺庵所处地段土质较厚时多采用这种处理方式。

台层式跌落是院落适应山地空间的典型变体，在佛殿部分表现出中原文化的深厚影响，具有规整、对称的特征。一般情况中，中轴建筑坐落于较高的台层上，将较高台层立面用砖石包裹，加设台阶，使得台层显示出近似于建筑台明、月台的景观效果，营造佛教建筑的庄严和正式感。当台层高差过大时，中轴建筑多跨越台层，将部分高差收纳到建筑内部解决，台层的外露部分仍然作近似台明的处理。

（五）主次分明的院落体系

峨眉山寺庵单体建筑在尺度、材料、风格上具有较强的统一性，区别不大。但在建筑组团中，各寺庵却体现出不同的等级与氛围。这种差异主要由院落的空间构成塑造。

与引导空间类似，建筑空间通过加强空间之间的对比达到放大空间特征的目的。在院落组合中，这种空间对比是通过空间大小和高差来体现的。纵观峨眉山寺庵建筑组团，加强空间对比的方法主要有以下两种。

1. 寺庵内外空间的对比

在引导空间的末尾，建筑山门前，设计较为宽敞明亮的空间，布局简洁明了，与寺庵建筑室内和建筑围合出的封闭式庭院进行对比。通过寺庵外部开敞、朴素的自然环境与内部封闭、精致的庭院环境的相互映衬，突出寺庵建筑环境的秩序性和精致感。

2. 佛殿间的对比

在一系列佛殿中，大雄宝殿是核心的佛殿建筑。为了强调大雄宝殿的重要性，采取加高台基、扩大庭院的方式，烘托大雄宝殿的雄伟。大雄宝殿所在的院落高宽比明显优于其他院落，适宜的观赏距离使主建筑更加庄严美观（表5-5）。

大雄宝殿后一般为藏经阁或供奉主位佛的佛殿。这些佛殿具有更高的空间等级。藏经阁和主佛殿采用增高台基、缩小庭院进深的方式，营造出视线向上延伸的竖直空间。并通过与大雄宝殿开阔庭院的对比，加强末尾空间向上延伸的视觉效果，以天际背景作为寺庵建筑组团序列的终结（表5-5）。

表5-5　峨眉山主要寺庵的院落进深与高度进深比

寺庵名称	单体建筑	建筑高度H_1（米）	台基高度H_2（米）	庭院进深D（米）	高度进深比$(H_1+H_2)/D$
伏虎寺	天王殿	11.7	3.7	—	—
	普贤殿	12.5	0.35	17	0.76
	大雄宝殿	12.9	4.5	29	0.6
仙峰寺	财神殿	10.6	3.1	—	—
	大雄宝殿	13.4	2.9	10	1.63
	舍利殿	10.5	9.1	14	1.5
洗象池	弥勒殿	12.7	0.7	—	—
	大雄宝殿	12.7	0.8	7	1.9
	观音殿	8.6	1	6	1.6
洪椿坪	山门	7.9	0.5	15	0.6
	观音殿	11.0	0.4	11	1.0
	大雄宝殿	14.4	3.2	9	2.0
	普贤殿	11.5	3.2	—	—
报国寺	山门	9.2	0.5	16	0.6
	弥勒殿	12.0	0.2	14	0.9
	大雄宝殿	14.1	2.7	18	0.9
	七佛殿	12.3	3.8	13	1.2
	普贤殿	15.7	6.0	—	—

第四节 环境空间

峨眉山环境空间指建筑外的自然、半自然环境。从景观整体性的角度考虑，环境空间的范畴与引导空间与建筑空间有一定的重合，包括了香道两侧的自然环境和建筑庭院中的半自然环境。从艺术理法的角度看，环境空间具有区别于引导空间和建筑空间的营构方式，因而在本节中对环境空间的理法特征进行单独的讨论（图5-40）。

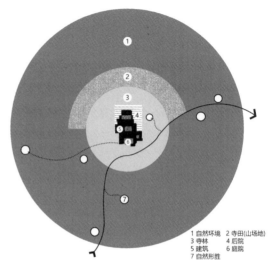

1 自然环境　2 寺田(山场地)
3 寺林　　　4 后院
5 建筑　　　6 庭院
7 自然形胜

图5-40　环境空间结构

一、环境空间的基本类型

从位置、景观面貌和营造手法上看，峨眉山寺庵环境空间包括庭院环境和外部环境两个部分。

（一）庭院环境

庭院环境指附属于寺庵建筑的园林环境。在川西大型城市寺庵中，一般还具有用于观赏游憩的附属园林部分。但在峨眉山狭小的山地环境中，更为讲究寺庵与山地风景的融合，并不追求也没有用地来追求寺庵内部的游憩环境[1]，仅在建筑的围合空间中做简单的园林处理。

峨眉山寺庵中，庭院环境的范围是十分清晰的。从山门开始[2]，在寺庵围墙界线内，除建筑以外的环境均为庭院环境。依据空间、景观和功能的不同，将庭院环境进一步划分为中庭、天井和后院三类。

1. 中庭

中庭指寺庵建筑围合成的环境空间。在不同的院落形式中，中庭的边界界定是不同的。四合院中庭完全由建筑围合，三合院中庭三面为建筑，

---

[1] 伏虎寺、报国寺、万年寺现有的附属园林皆因现代加建所致，部分手段实则破坏了寺庵与山林环境的融合。故未将这部分纳入研究讨论范畴。
[2] 无山门的寺庵从入口佛殿开始。

一面向外开放或设有影壁。中庭是寺庵中重要的园林环境，通过中庭园林环境的营造，美化了宗教活动场所，描绘了"佛国世界"的景象，体现出佛教的精神意境。

峨眉山寺庵的中庭大多朴素宁静，富有自然天趣。受中原文化的影响，中庭采取中轴对称的方式来安排构成庭院的园林要素。这些要素主要包括种植池、地面铺装、水池和植物。同时，一些建筑设施也被作为园林景观的一部分，进行了艺术化的处理。如庭院跌落露出的台层立面、庭院排水设施等。这些要素的布局具有以下模式（图5-41）：

占边：庭院中部为硬质铺装，中轴线上放置香炉、烛台等宗教小品，中轴线两侧的边界设水池、绿地。绿地中一般种植低矮的灌木和地被植物。

把角：庭院中部以轴线对称，设十字形或一字形铺装，上置香炉、烛台等宗教小品。四角设有水池、种植池等。植物选择以低矮灌木为主，有时用桂花等大型灌木对植。

居中：庭院水池、种植池居于中部，四周空旷。种植植物以小型灌木及地被植物为主。

占边与把角多式的中庭，能够充分展现轴线建筑立面，柔化建筑边角，多用于佛殿组团中。

居中式的庭院布局则有利于位于四周建筑中的人向庭院观景，具有内聚核心式的空间性格。多见于居住组团和服务组团，满足使用者在建筑内部观赏庭院空间的使用需求。

2．天井

天井，与庭院的差异主要表现在空间尺度上，当围合空间的建筑高度与空间进深的比例大于1时，该空间就被定义为天井。天井空间既运用于建筑的佛殿组团中，也广泛运用于居住组团。在空间性格上，庭院是建筑围合出的开敞空间，具有外部空间的特性，能够满足游憩、观赏、集散等功能。而天井空间具有更强的封闭性和围合感，具有更强的内聚性格（图5-42）。

在多湿少光的环境中，峨眉山寺庵天井并不种植植物，通过干净整洁的布置，获取最多的光照和通风；这种布置，也有利于体现佛教宁静质朴的精神追求。

3．后院

后院，指最后一重建筑的背侧到寺庵院墙间的空间。在远离城镇的高山寺庵中，大量的劳动需要由僧人承担，如砍柴、采药、晾晒衣物、种植蔬菜等。后院位于寺庵建筑的末位，一般有隐蔽的路径通向建筑组团中。后院隐蔽的位置提供了储存、饲养、种植的空间。

耕作劳动也是禅宗的修行方式之一，时至今日，峨眉山僧人仍然保持着务农的传统，常将后院作为小型菜园使用，菜园旁有晾衣台、柴房等。后院空间中，寺庵的院墙和建筑将这块土地与自然环境隔绝开来，划定出僧人使用的土地界线。围合的墙体还能对寺庵财产起到保护作用（图5-43）。

(a) 中峰寺占据边角的种植池

(b) 广福寺占据边角的种植池

(c) 纯阳观居于正中的水池和种植池

图5-41 峨眉山寺庵庭院环境

图5-42 洪椿坪的天井

(a) 广福寺后院　　　　　　　　(b) 牛心寺后院

图5-43 寺庵后院

（二）外部环境

外部环境指寺庵院墙以外的环境空间。与园林化的庭院空间不同，外部环境以自然环境为基底，经过少量的人工整理形成。外部环境景观以自然景观为主体，是寺庵文化和经济生活的外延。寺庵外部环境的建设，将宗教建设和风景建设融为一体，为风景名胜区的发展奠定了基础。典型的峨眉山寺庵外部环境由以下几个部分构成：

1. 茶田

寺田是隶属于寺庵的土地。寺田作物是地处偏远的山林寺庵的主要食物来源，是寺庵庙宇修缮、塑像维护、僧人起居等费用的重要支持。

峨眉山中峰寺现存有石碑，为乾隆三十七年（1772年）所刻，记录了中峰寺"山场地"被僧人私卖后赎回的事件。"山场地"也是寺庵地产的一种形式，碑中有"此寺……有山场地，土茶株不过乘摘取租，以为每年焚献之需"[①]。描述了中峰寺在寺田中种植茶树，并将茶田租给农户，通过茶树交易和租金收取支持寺庵运行的情景。

种植茶田的"山场地"是峨眉山地寺庵主要的寺田形式，除中峰寺外，万年寺、黑水寺[②]也有山场地种植茶田："明初赐有茶园，在白水寺，植茶万本，为云水常住之用。明万历末，为僧鬻去。""今黑水寺后绝顶产一种茶，味佳，而色一年白一年绿，间出有常。不知地气所钟，何以互更。"黑水寺和白水寺的这两座茶园都由僧人管理。目前黑水寺遗迹后坡还遗留有茶树桩，传说正是当时茶田的遗迹。其他寺庵也曾存在有大量茶田，峨眉山茶远近驰名乃古今名品。但由于土地性质的变更，这些茶田早已不再属于寺庵所有，多分配给农村开发作为田地。其后，在新中国成立初期的土地改革和植树造林运动中，茶田被还原成山林地，原有的寺庵茶田踪迹难寻。

目前，依据对山民的口头调查，能够有限地还原出寺庵"山场地"茶田的布局。这些"山场地"位于临近寺庵的平缓地段，场地面积和形状顺应山势。山场地与寺庵建筑和香道都有一定的距离，一般隐藏于山林之间，不影响寺庵周边的自然景观。峨眉山茶田的出现，吸引了周边居民上山[③]，聚集成小规模的村落，有利于峨眉山风景名胜区的早期建设与开发，在一定程度上奠定了峨眉山人居环境的形成。但后期寺田范围和村落人口的增加，对峨眉山生态环境存在不良影响，需通过规划手段限制。

2. 寺林

寺院外围经过僧人改造，服务于寺庙环境的树林称为寺林。寺林具有多样的功能，对于寺庵环境来说，经过人为改造的林木更符合人们的审美观念。寺林有利于提升寺庵的整体景观，营造出幽深静谧的修行环境，突出宗教氛围。从文化角度分析，寺林被作为环境改良的一部分，通过林木的适当布局，能够改善和维护寺庵的山水格局。从功能角度分析，寺林的栽植为寺庵提供了相对稳定而舒适的小气候环境。

峨眉山寺庵寺林一般从引导空间开始，至寺庵建筑组团周边。而其中规模最大的寺林是伏虎寺的"布金林"、大峨寺"旃檀林"和万年寺与白龙洞间的"古德林"。"布金林"及"古德林"目前仍有部分保留，传说为

[①] 中峰寺永镇碑。
[②] 已废圮。
[③] 寺中的茶田会出租给山民，成为寺庵收入来源。

依据佛经字数所植，每念一字植树一棵。"古德林"植于明代，相传约有6万株。"布金林"植于清代，相传约有10万株。据《峨眉山志》记载，"布金林""古德林"植树种主要为楠、松、柏、杉类植物。"旃檀林"中有海棠、松等。依据现场调研，寺林还多见竹类植物。

寺林一般环绕寺庵分布，通过林木的围合将建筑组团隐藏于环境之中。寺林的种植是通过林木围合模仿山水围合的模式。在种植方式上具有寺前空阔、寺周密集、寺后遮蔽的特征。垂直空间上则上密下疏、内部通透。寺林是僧人和游客活动的场所，人们来去往返较多。山区寺林又着重安全，因而林中灌木层栽植很少，可保持视线通透，减少野生动物隐藏栖居的可能。

寺林虽在模式上有所统一，但构成组合和形态布局是依随环境、地势和僧人营造所形成，每一处寺林在相对统一的主调中又具有自身独特的变化，形成了形态各异、大小不同的林盘景观。寺林是寺庵建筑组团与寺田、自然环境的中间过渡带，通过寺林的营造，寺庵的各个组成部分形成了融合、渗透的整体。同时，寺林也是限制寺田发展和人为砍伐的有效措施，通过僧人植树造林，对风景区内生态环境的保护和开发起到了平衡作用。

3．形胜

《峨眉山志》中描述峨眉山"其钟灵毓秀，涵积蕴奥之致，诚足令住者游者睹境明心，触机悟道。"自然景观尤为独特秀丽。蒋超又将其中一些"形具特拔之象，势标严峻之仪"，闻名于世的自然景观称为"形胜"，并在山志中著"全山形胜"一章，介绍寺庵周边独特的自然景点。

依据蒋超"形胜"的概念，"寺庵形胜"指山中具有寺庙文化含义和独特审美价值的自然景点。依据历史记载和现状调查，寺庵建筑的修建与形胜的产生与名声的流传有着相生相伴的过程。形胜是寺庵文化的外延，通过发现、命名形胜，和形胜典故的流传，使寺庵起源、传说得到了现实的印证。这种开拓景观的方式有利于寺庵地位的稳固和规模的发展。

峨眉山寺庵形胜散布在寺庵建筑组团周边。在空间构成上具有随机分散的特征。一些形胜与寺庵建筑组团经由山道松散地串联。一些形胜距离寺庵较近，或位于引导空间或庭院空间内部。还有一些形胜则与寺庵建筑组团相距甚远，在空间布局上并没有明显的关联。

而从文化属性上分析，形胜与所属寺庵联系紧密。形胜一般描述了与所属寺庵相关的人物传说与历史典故，如原为道观祭祀"吕纯阳"的纯阳观与周边传说源于"吕纯阳修仙"所造的"十字洞"等。寺庵与寺庵形胜共同构成一套意境体系，相互支持。后文将对自然形胜的种类进行详细分析，在此不再赘述。

二、庭院花木

"花木"包括了地被、灌木、乔木、藤本、竹类和水生植物，是庭院植物的总称。花木在庭院环境中常与其他造园要素相互配合。唐代王维的《山水诀》和《山水论》对植物和建筑的关系有评论："平地楼台，偏宜高柳映人家；名山寺观，雅称奇杉衬楼阁。"认为建筑需要植物的衬托，才具有完整的美学价值。宋代郭熙《林泉高致》认为："山以水为血脉，以草木为毛发……得水而活，得草木而华。"当有植物参与时，景观才能得以升华。可以说植物为园林带来了生机与活力。

为了探索峨眉山寺庵庭院花木的艺术理法，本节从种植环境、栽植方式和植物种类等角度进行分析。

（一）种植环境

峨眉山寺庵庭院以四合院及少数三合院构成。受中原文化影响，庭院由中轴对称的建筑围合，中轴正檐立面的建筑规制最高，两侧及后檐立面建筑次之。以海拔1100米的洪椿坪为界，山中较高海拔的寺庵由于环境限制，围合出的空间较小的天井中一般不进行种植。而洪椿坪以下的低海拔寺庵，均具有较大的庭院空间，花木繁盛。依据不同的基底界面和处理手法，将峨眉山庭院种植环境分为三类：

1. 传统种植池

这是与平原地区传统四合院类似的种植空间布局形式，以建筑为参照，在庭院中心轴线上布置"一"字或"十"字形道路，连接周边建筑。除道路外的空间均露出土地，进行种植。这种种植空间多见于低山土层较厚的区域，建造时保留土地的自然厚度就能够满足植物的生长需求［图5-44（a）］。

如清音阁下的广福寺。广福寺海拔750米，土壤以黄壤为主。在大雄宝殿前，沿中轴铺有道路，道路两侧留有长条形种植土，后以混凝土填筑，改为两对称的山形种植池。明代建设的纯阳观，其大雄宝殿庭院也采取了相似的手法。

2. 与台阶结合的种植台

峨眉山大部分寺庵都位于薄土层的岩石基底上，因而传统种植池的做法并不能满足植物生长的需求。寺庵中转而出现了大量高出地面的种植台做法［图5-44（b）］，抬高的种植台，既能够为人提供停留休憩的空间，又能够增加土层厚度，满足植物的生长需求。

(a) 纯阳观　　　　　　　　　　(b) 中峰寺

图5-44　峨眉山寺庵中不同的种植环境

峨眉山种植台多与庭院跌落形成的台层结合，依附于台明或月台，在台阶两侧对称布置。这样的布局不但解决了土层过薄的问题，同时能够有效柔化高耸的台层立面，提升整体景观美感。

3. 盆器种植

盆栽的大量运用是峨眉山寺庵种植空间的突出特征。峨眉山的寺庵，为处理地形，应用了大量的围墙、挡墙、栏杆。盆栽轻盈小巧的体型能够放置于较小的台面上，因此成为装饰墙体、栏杆的首要选择。佛殿组团中盆栽的摆放与其他种植手段类似，以中轴左右对称，选择一致的盆器与种类相同、品相相似的植物进行对植。所选又以常绿植物为主。对称的种植方式和常绿植物能够突出宗教空间的秩序性、严谨性。居住组团与服务组团中的盆栽则摆放自由，盆器样式多变，植物种类以观花植物为主，营造出亲切美观的生活环境。

（二）栽植方式

1. 对植

对植指植物以对称或两侧均衡布局进行种植的方式。对植是峨眉山寺庵庭院中基本的种植方式，无论大型寺庵或小型寺庵中均有使用。尤其在佛殿组团占边、把角模式的庭院中更为常见，以寺庵中轴为对称轴，植物左右对称，塑造均衡、稳定的空间性格，突出中心建筑。

对植式种植可能是两棵植物的对植，如伏虎寺大雄宝殿庭院中对植的桂花树。也可以是一组植物的对植，如万年寺般若堂前左右对称的两组自然式植物组团。

2. 列植

列植，指成排成行、序列式的种植方式。列植植物具有强烈的空间秩序性和方向引导性，常用于佛殿组团，装饰台层立面。在佛殿组团中使用盆栽装饰栏杆、挡墙时，也采用阵列式的摆法。

3. 丛植

丛植指三至十棵植物进行的组合种植，常模拟自然群落，进行植物层次和季相的搭配。峨眉山寺庵中丛植多用于大型寺庵的庭院绿地中，如伏虎寺、报国寺、万年寺。丛植组团具有适应较大绿地的丰富的层次变化和季相变化。此外，在这些佛殿组团中，丛植植株群往往是对称出现的。

在居住组团和服务组团中，常以小块绿地作为庭院中心的景观焦点。这种情况中多采用层次丰富的丛植组团作为主要观赏对象，有时也配合山石，形成艺术化的庭院中心景观。

4. 孤植

孤植指单独种植一棵植物的情况。峨眉山多数寺庵具有严谨的规制，孤植树十分少见。仅在个别散点布局的寺庵中有所体现，如清音阁和伏虎寺园林部分。

孤植树多选取形态优美的树种，种植于空间转折处，作为空间变化的引导物。或用于重要景点旁，与其他景物共同调控景观构图的均衡性。

(a) 清音阁大殿前的对植树

(b) 万年寺山门前的列植树

(c) 伏虎寺庭院中的孤植树

(d) 伏虎寺山门前的保留树

图5-45 峨眉山寺庵中不同的栽植方式

5. 保留树

峨眉山寺庵庭院中有时可见一些没有布局规律的树木穿插在庭院铺装之中，这些树木多为保留树。峨眉山佛教融合了道教文化尊重自然，追求"天人合一"的思想观念。禅宗又有"山水皆真知"的观念，强调修行者在对自然的直觉观照中，顿悟宇宙真理的修行方式。同时，由于佛教释迦牟尼诞生于树下，枝叶繁茂的大树在佛教中具有佛法的象征意义。因而峨眉山寺庵建造时对于无法避让的现有大树采取尽可能保留的措施。古树穿插在香道、庭院中，为峨眉山寺庵营造出古意盎然的景观氛围（图5-45）。

（三）植物种类

在寺庵环境中，花木种类的选择是基于宗教环境下的审美价值体系确定的。佛、古、雅、美、奇被作为花木的选择标准。

1. 佛

能够在人文寓意层面表达禅宗文化是寺庵花木选择的首要标准。在佛陀的诞生与成长典故中都有植物的身影，如释迦牟尼诞生于无忧树，于海南蒲桃下冥想，在菩提树下得道等。此外另有一些植物与佛教菩萨供养、修行法式有关，如荷花、玉兰、樟树等。但由于这些植物中许多原产于印度，峨眉山属于温带气候，高山地区更是气候寒冷阴湿，并不适宜这些植物的生长，因而常使用相似的树种来替代。

峨眉山寺庵中常用的具有佛教象征意义的树种有：

罗汉松。松是汉地寺院中常用的植物之一。因松树长寿常青，形态挺拔，具有佛法长留的美好寓意。同时依据佛经所言"论食，可以滋身养……道深山绝迹，去远人民，但资甘果美水，一菜一果而已，或饵松柏，以续精气，如雪山甘香藕等，如是食者，上士也。"松叶也用于佛教修行者食用。罗汉松是四川乡土植物，具有很好的观赏价值，并适合修剪造型。罗汉松以果实形态似双手合十的罗汉而得名被广泛运用于寺庙中。峨眉山寺庵中常用罗汉松对植于佛殿之前，有时修剪为龙游状。

棕榈。在峨眉山寺庵中常用于山门前对植。棕榈是印度佛教植物"贝叶棕"的替代植物。贝叶棕又名"贝多树"，其树叶晒干切片后可用尖铁笔刻写文字。刻写在贝叶上的经书被称为贝叶经。贝叶经多为古印度流传下来的梵文典籍，在佛典中占据重要地位，贝叶树因此也被认为是具有佛法的植物。但峨眉山地区贝叶树并不能存活，故采用形态相似的本土树种棕榈替代。

苏铁，又称铁树。在佛语中用铁树无花无果的形态来比喻"无心、无作"，了绝思虑的境界。峨眉山寺庵常将大型铁树对植于佛殿前。

银杏，树形挺拔，寿命长，具有长寿吉祥的寓意。银杏树质地坚硬，常用于佛教造像的雕刻，故有"佛指甲"之称。峨眉山低山寺庵，如伏虎寺、报国寺、万年寺在山门香道两侧均植有银杏。

香樟，佛教中著名的香木。从香樟中提取香料专门用于沐浴佛像。香樟是四川乡土树种，峨眉山寺庵中常将其种植于引导空间香道两侧。如布金林、古德林等寺林中也以香樟作为骨干树种之一。

桂花，又名"金粟"。在佛教《发迹经》中有佛名为"金粟如来"，与桂花同名，因而多将两者相互比拟。桂花花型庄严，可供奉于菩萨住处。在峨眉山寺庵中，常将桂花对植在佛殿前，作为香色秀美、形态庄严的供奉。

曼陀罗，佛教"心中宇宙图"的象征，也象征"无欲无痛的圆满"。川西地区气候比较适宜曼陀罗的生长，峨眉山寺庵中丛植组团中少量使用曼陀罗。

吉祥草，佛经中释迦牟尼在菩提树下开悟时，坐垫为吉祥草铺成。吉祥草为印度佛教中的圣草。峨眉山寺庵中地被以吉祥草最多。

在佛教从印度传入，逐渐汉化的过程中，吸取了大量中原本土宗教道教的理论，这些理论也包括道教植物体系。在佛教寺庵汉化过程中，沿用了大量源于道教的吉祥植物，并将其吉祥寓意运用于佛教。峨眉山寺庵中运用较多的有玉兰及紫薇，常丛植于绿地中。玉兰寓意长寿，紫薇则是"紫薇星"的象征。

2. 古

古木，又称寿木。在传统文化中，对于古木数百年的寿命和高大的体量是十分推崇的。在传统文化中，寿命长久的树种与祛邪益寿、青春常在相联系。

峨眉山寺庵中的"寿木"有两类：一类是自然生长了很长时间的古树，多为松柏一类，寺庵建设时将其原样保留。这样的古木或高大参天，或古拙苍劲，极具观赏价值。尤为重要的是古树经历了悠久的时间，体现了时空交错的深厚内涵和历史价值。位于天池峰下，海拔1100米处的洪椿坪，就以三株"洪椿"古树而得名。洪椿实指臭椿，在传统文化中，认为洪椿"以八千岁为春，八千岁为秋"，寿命极长，是大寿的象征。洪椿坪山门前原保留有一株洪椿，位于山门左侧，与建筑呼应，构图均衡。后被大火所焚，但所剩枯木仍然保留至今。

另一类为寿命长、体型高大的常绿树种，常种植在香道两侧，包括楠、柏、松、杉类植物。如布金林、古德林和其他寺林，多由这些常绿植物构成。

3. 雅

雅，是儒家伦理哲学渗透下的传统审美标准，要不沾尘俗，潇洒飘逸。植物之雅源自比德，《论语》中就有花木比德的手法："岁寒，然后知松柏之后凋也。"代表着雅的比德花木在文化积淀中获得了较为一致的认可，形成了以固定花木象征品德品位的体系：

"昔人有花中十友：桂为仙友，莲为净友，梅为清友，菊为逸友，海棠名友，茶蘼韵友，瑞香殊友，芝兰芳友，腊梅奇友，栀子禅友。"

"梅令人高，兰令人幽，菊令人野，莲令人淡，春海棠令人艳，牡丹令人豪，蕉与竹令人韵，秋海棠令人媚，松令人逸，桐令人清，柳令人感。"

桂、莲、梅、菊、海棠、茶、瑞香、兰、腊梅、栀子、牡丹、芭蕉、竹、松、棕、柳等植物可为雅之花木的代表。花木与文学、诗词、画意相互交融，构成了园林意境表达的重要部分。

峨眉山寺庵中，大量运用了能够在当地生长的"比德"花木。如桂花、莲花、海棠、茶花、瑞香、兰草、腊梅、栀子、牡丹、松、竹、棕等。其中一些与佛教植物相重合，多植于重要佛殿建筑前。另一些，以栀子、茶花、海棠、牡丹、腊梅为主的观赏植物多用于台阶两侧种植池中，成列种植，以装饰台明或挡墙。兰草用于盆栽，置于坐凳栏杆、石栏杆顶面作为装饰。

4. 美

美，是人类基本的心理追求。花木的美感表现在多个方面。从实体形体上讲，花木的树形、色彩、香味、姿态和配植组合具有视觉的美感。从意境上讲，花木的季相变化、文化含义也具有美感。

在前文所述的"佛""古""雅"中实际也蕴含着对花木美丑的甄别，所选取的花木普遍具有优美的姿态、变幻的色彩、形态艳丽或香气动人的花朵，并具有深厚的文化含义。这些植物均为寺庵园林中常见的观赏植物。

在峨眉山寺庵中，对于美观植物的选取并不止步于常见观赏植物的范畴。寺庵僧侣在山林劳作的过程中，发现了许多具有观赏性的峨眉山野生植物，并将这些植物移栽至寺庵之中，一些成组种植在居住组团的庭院中，一些对植在佛殿庭院中，一些小型植物则种植在各式盆器里，用于装点僧舍客房。这些本地野生观赏植物的应用形成了峨眉山寺庵独特的植物装饰语言。

峨眉山寺庵常用的代表性野生植物为报春及杜鹃。峨眉杜鹃种类繁多，具有树状及灌木状两种形态，观赏价值高，分布广泛。僧人多将野生杜鹃引种在香道两侧、寺庵周围或庭院中，盛开时犹如花墙。如太子坪、遇仙寺、仙峰寺、初殿、华严顶一带杜鹃尤其繁盛，引种至山脚报国寺也有存活。

5. 奇

追求花木之奇，是大量古典园林的审美传统。"物以稀为贵"，奇特是一种以珍稀少见为基础的审美心理。

稀有品种是奇特花木中的一种类型，如普通植物的颜色变异品种。峨眉山中应用较多的为桂花品种丹桂，花色橘红，香气浓郁。此外，峨眉山寺庵收集的天然品种也是追求奇异花木的一种体现，如山脚白龙洞大雄宝殿前并未采取以常见佛教植物对植，而以两棵大型桫椤[①]树替代。

通过修剪造型形成的形态能够为花木赋予更加丰富的文化含义与层次丰富的形态特征。峨眉山中有将佛殿前对植植物进行编制造型的例子，常用形态为龙游形、烛台形等。

奇异花木常和"古"联系在一起，经历上百上千年岁月的古树，也被作为一种奇观。峨眉山中关于奇特古老树种的传说典故很多，如华严寺的"木凉伞"[②]、华严顶"老僧树"[③]等。

三、景观水系

郭熙的山水画论中认为水是景观活力的源泉：

"水，活物也，其形欲深静，欲柔滑，欲汪洋，欲回环，欲肥腻，欲喷薄，欲激射，欲多泉，欲远流，欲瀑布插天，欲溅扑入地，欲渔钓怡怡，欲草木欣欣，欲挟烟云而秀媚，欲照溪谷而光辉，此水之活体也。"

水的形态具有多种变化，或静或动。应用于园林之中，是引人注目的景观元素。"江干湖畔，深柳疏芦之际，略成小筑，足征大观也。悠悠烟水，澹澹云山；泛泛渔舟，闲闲鸥鸟。漏层阴而藏阁，迎先月以登台。拍起云流，觞飞霞伫。何如缥岭，堪偕子晋吹箫；欲拟瑶池，若待穆王侍宴。寻闲是福，知享即仙。"明代造园专著《园冶》描述了园林中水对景观的提升作用。

峨眉山高山地区地形陡峭，难以形成大面积的湖面水体，以点状泉水为主要水源。泉水既是重要的生活用水，也是寺庵中的景观水体。除泉水外，寺庵通过给水排水系统的景观化，将雨水、冰雪水也作为景观用水和生活用水的补充。

（一）自然泉池的景观化

泉水与溪水是峨眉山地的主要水源。峨眉溪水随季节而涨落变化较

[①] 桫椤，学名：*Alsophila spinulosa*（Wall. ex Hook.）R. 米 . Tryon，别名蛇木，是桫椤科、桫椤属蕨类植物，是已发现唯一一种木本蕨类植物，极其珍贵，有"活化石"之称。

[②]《峨山图说》载：有古树一株大围十余尺，孤挺数寻，始敷枝叶，青青如圆盖，可覆亩许，俗呼木树伞，古名木凉伞。

[③]《峨山图说》载：古树一株，雪枝霄干，老气横秋，呼老僧树。

大，夏季多发洪水，冬季流量小，有时近乎枯竭；泉水水流稳定，终年不断，故多将泉水作为主要景观水源。

在峨眉山众多的寺庵中，万年寺、伏虎寺、神水阁、洪椿坪、洗象池及金顶诸寺都围绕泉池而建。目前金顶井络泉、白龙池已经消失，但万年寺等寺庵中的泉池还得以保存（图5-46）。

在较早时期，泉池中不但是寺庵重要的景观焦点，也是寺庵重要的饮用水来源。这种将饮用、观赏、消防功能结合在一起的做法，是峨眉山理水的典型特征。

峨眉山自然泉多经过人工改造，以出水口为中心修建池塘。池塘多近似方形，边沿以石材砌栏杆。方形的池塘是西蜀古典园林的典型形式。西蜀农业发达，园林中的水体多模拟农田池塘，故以方形为主。另一方面，方形池塘能够良好地布局在合院中，与庭院轮廓及绿地轮廓相呼应。

水池的布局形式与绿地相似，在佛殿前布局时多采用中轴对称的形式。典型代表如洪椿坪山门庭院，由左右对称的池塘和方形种植池构成。当水池布局在生活组团中时，多居中布局，形成四周围合建筑的景观焦点。另有泉池位于寺庵山门外，作为全寺标志性景观，如神水阁玉液泉。

在水源缺乏的高山区域，水池作为重要的生活资源和景观资源，受到僧人游客的重视。泉水常被赋予神奇的仙佛典故传说，以此增加寺庵的宗教神秘性。并通过命名、题字的方式将传说典故揭示出来。因而峨眉山泉池也是重要的宗教文化载体。如神水阁玉液泉，传说水质奇特，可治百病，自古有"神水"称号，并延伸出"神水通楚"[1]传说。洪椿坪锡杖泉，传说由僧人锡杖穿石凿出。洗象池相传有普贤白象洗身等。

（二）雨水设施的景观化

峨眉山寺庵具有完善的排水系统，通过檐下设置的硬质明渠网络，收集屋檐雨水，并组织雨水排放至寺外软质沟渠中，最终渗入土地或汇入溪流。峨眉山雨水较多，檐下水渠中流动的雨水是寺庵动态景观的有机构成部分。

另一方面，寺庵以泉水与溪水作为主要饮用水和用水来源。对于距离泉溪较远的寺庵来说，仅靠每日挑水，储水量是远远不够的。尤其在易发生火灾的高山地区，寺庵还需备有充足的水以防火患。在水量充足的平原地区，传统寺庵一般采取在主要建筑旁放置水缸的方式储备消防用水。而峨眉山寺庵则利用山地雨水充沛的特点采取雨水收集的方式，储蓄生活用水。对应不同的庭院形式，雨水收集方式不同：

1. 天井

天井中砌筑与屋顶镂空大小相等的水池，收集雨水和屋檐水。在纯阳观、牛心寺中采用该种做法（图5-47）。

2. 庭院

在檐下设明渠，收集后排入集水池。集水池紧靠台明，方便收集上层台地流下的雨水。集水池既作为水源储蓄池，也是庭院景观的组成部分。中峰寺大雄宝殿前，台阶左右两侧就设有这样的水池，实际为蓄积雨水的池塘（图5-48）。

---

[1] 神水通楚，讲述中峰寺主持返回楚国后因思念峨眉山玉液泉水病倒，后由龙女施法从楚国一口井中取水治病。故有"通楚"典故。玉泉寺的"天台宗"的祖庭，是中国最早本土化的成熟佛教宗派。这个故事实际是用水源代表寺庙的传承关系，将远在蜀国的峨眉山寺庙与玉泉寺关联，强调寺庙的"正统性"。这种以水源论传承的传说在寺院中较为常见，例如杭州虎跑的"南岳童子泉"等。

(a) 洪椿坪锡杖泉

(b) 洗象池象池

(c) 神水阁玉液泉

图5-46 峨眉山寺庵中的泉池

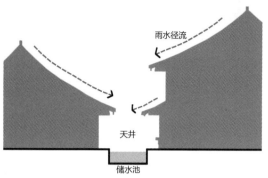

图5-47 峨眉山寺庵天井雨水的搜集

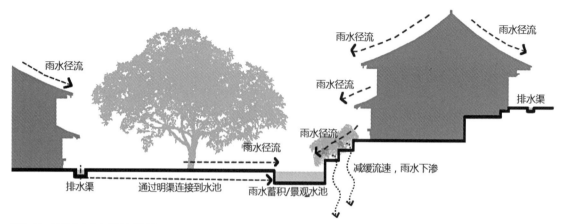

图5-48 峨眉山寺庵庭院雨水的搜集

四、台层处理

峨眉山寺庵依山就势，设置了比例不同的多个台层，通过井院的跌落使建筑贴合地形高差。而对这些台层的立面处理，赋予庭院环境更加自然的变化，更显示出了寺庵单体灵活的艺术理法。同时，峨眉山寺庵庭院中层层台地显示出与峨眉山断层相似的肌理效果，或近或远，或高耸或平缓，起到了假山的空间作用和艺术效果。庭院着重于利用高差表达山势，而不是堆山，正是西蜀园林"以墙为山"艺术理法的典型代表（图5-49）。

依据立面的不同形式，将台层分为直立式、阶梯式两种类型：

（一）直立式

不做多级跌落处理的台层，常用于建筑后檐处，因空间狭窄，故简单处理。为稳固地形，台层呈梯形，上窄下宽，沿下端设排水明渠，用以收集上层台地雨水及后檐雨水。台地立面用长方体石材砌筑，雨天时为跌水墙，冰雪天则悬挂着冰凌，十分自然古朴。后檐台地与檐口距离仅在1米左右，有意营造狭窄阴暗的空间，中部开口，有台阶通往上层，通过对比，豁然开朗［图5-50（a）］。

图5-49　峨眉山断层肌理和相似的台地处理

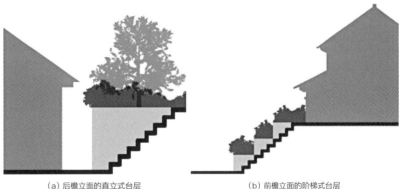

（a）后檐立面的直立式台层　　　　　　（b）前檐立面的阶梯式台层

图5-50　直立式台层和阶梯式台层

（二）阶梯式

阶梯式是指如同阶梯一般，多层跌落的台基立面处理方式，用于建筑正檐。跌落的数量多为3阶，阶梯上放置盆景，或处理为种植池，种植小型灌木[图5-50（b）]。

通过将高耸的台层立面划分为较小的形体，能够削弱台基高耸巨大的体量，形成视觉上尺度适宜的建筑下分，突出主体建筑。通过植物的配合，进一步弱化台基形体，自然过渡空间，并显著提升立面景观（图5-51）。

五、自然形胜

自然形胜指自然环境中具有特殊观赏性的风景点。其类型包括了奇异山石、名木古树、泉池水系以及基于气候气象演变的四季景观和天气气象景观，如朝霞落日、阴晴雨雪等。峨眉山僧通过赋予寺庵周边自然形胜以特殊的人文含义，将自然景观与特定的意象关联起来，从而将寺庵与环境从景观意象上相互连接，完成了寺庵环境的自然化以及自然环境的人文化过程。

(a) 体量巨大笨重的台基　　　　　　　　　　　(b) 通过分层和植物柔化台基体量感

图5-51　通过台层的划分削弱台基巨大的体量感

（一）景观类型

依据自然形胜的景观类型将其分为地文、水域、植物和气候四类（表5-6）。

表5-6　峨眉山寺庵自然形胜景观类型

景观类型		唐宋时期	明清时期	现状
地文	洞穴	孙思邈炼丹灶、十字洞	罗汉洞、桂花洞、左慈洞、九老洞、药王洞（孙思邈炼丹灶）、十字洞	九老洞、药王洞
	奇特山石	玩丹石	太湖石、大峨石、中峨石、归子石、凤嘴石、棋盘石、普贤船（石船子）、牛心石、太子石、鬼门关、仙女桥（天然石桥）、观音岩、观音桥（天然石桥）、升象石、磐陀石、圣钟、仙人石、象王石、第一山石、观音岩、天门石、金顶磐陀石、金刚嘴、仙峰石、玩丹石、歌凤石	大峨石、普贤船（石船子）、牛心石、天门石、金刚嘴、歌凤石
水域	跌水	双桥清音	双桥清音	双桥清音
	井	—	九龙井、龙泉井	—
	泉	—	井络泉	—
	池	—	玉女池、神水池、明月池、洗象池、白龙池	神水池、洗象池、清音湖
植物	独树	—	木凉伞、老僧树	—
	树林	—	布金林、古德林、旃檀林、藏舟林	布金林、古德林
气候	光学现象观赏点	光明顶佛光	金顶（光明顶）佛光	金顶（光明顶）佛光
	云雾现象观赏点	光明顶云海	金顶（光明顶）云海、红椿晓雨（雾）、萝峰晴云	金顶（光明顶）云海、红椿晓雨（雾）、萝峰晴云
	日月星辰观赏点	光明顶圣灯	金顶（光明顶）圣灯、象池夜月	金顶（光明顶）圣灯、象池夜月
	物候景观	—	白水秋风、大坪霁雪	白水秋风

地文类自然形胜是峨眉山自然景观中数量最多的一类，其中又以奇特山石为主。奇特山石多为体量巨大，独立于周边自然山体环境的巨石，多

具有天然花纹或形态奇特。

自然形胜中的水域包含了山中所有重要的泉池。水是峨眉山高山地区珍贵的自然资源，因而几乎所有泉池都被赋予了特殊含义的名称，成为人文景观体系的一部分。

植物类形胜包括了僧人植树造林形成的寺林，以及形态独特的名木古树。

气候类形胜是峨眉山自然形胜地位突出的一类。其中云海、佛光、圣灯被誉为"金顶三象"，自唐朝以来就被作为峨眉山普贤现世显灵的重要表现，对峨眉山人文发展起到了推动作用。随着山水审美的进一步发展，自然形胜从功能性角度进行的自然审美发展成为对自然景观本身的欣赏，季节景观和天气景观也被纳入自然形胜的范畴中。清代诗人谭钟岳将峨眉山赋予仙神意味的自然景观概括为：红椿晓雨、萝峰晴云、象池月夜、白水秋风和大坪霁雪。峨眉山季相景观和天气变化通过大量题字题名和文学作品的流传，成为神仙境界、仙山佛国的典型代表。

（二）主题类型

不同的自然形胜，表达的意境和主题也不相同。峨眉山是道教第七洞天，也是佛教普贤道场，山中自然形胜多以仙佛典故为主，进一步细分，主要有以下主题（表5-7）。

表5-7　峨眉山寺庵自然形胜主题类型

主题	巨石崇拜	特殊形态	神奇功效	僧道轶事	仙佛显灵	哲学含义
自然形胜	仙圭石、大峨石、第一山石、中和石、归子石	十字洞、棋盘石、凤嘴石、普贤船（石船子）、牛心石、太子石、鬼门关、仙女桥（天然石桥）、观音岩、观音桥（天然石桥）、升象石、磐陀石、圣钟、仙人石、象土石、观音岩、金顶磐陀石、金刚嘴、木凉伞	太湖石、神水池、药王洞、卜应泉	罗汉洞、桂花洞、左慈洞、布金林、古德林、藏舟林、明月池、大峨石、歇凤石、药王洞	棋盘石、天门石、九老洞、十字洞、神水池、玉女池、洗象池、井络泉、白龙池、九龙井、龙泉井、佛光、云海、圣灯	双桥清音、红椿晓雨、萝峰晴云、象池月夜、白水秋风、大坪霁雪

巨石崇拜是蜀地文明的典型特点之一，蜀文化将巨石作为生命的象征和死亡回归之所，并认为巨石具有原始神秘力量，能够遏制凶恶势力，祈求平安。成都"五块石"原就竖立有五块巨石，并留有诸多奇异传说[①]。

峨眉山自然形胜中的巨石占有很大的比例，一些巨石既无独特形态，也无灵异传说，但仍然是山中重要的景观单体。这种审美倾向一方面源自山区以巨石作为地点标识的需要，另一方面可能正是古蜀巨石崇拜的延续。在佛道两教传上峨眉山后，一些巨石被赋予了仙佛典故，成为人文景观的组成部分。

具有特殊形态的象形巨石是峨眉山自然形胜的重要主题之一，如"牛心石"是一块形状和颜色都和牛心相似的岩石，"太子石"像一个衣冠华

---

① 《益部谈资》："城南市名五块石。有大石五片，垒叠其上，云石下有海眼。岂即石笋年久倾断置此乎？又云五丁所置，下有海眼。"《古今图书集成·坤舆典》卷14："五块石。（成都）府城治南万里桥之西，有五石相叠，高一丈余，围倍之。相传下有海眼，昔人尝起其石，风雨暴作。"

丽的人站立在道旁。对于象形石的审美倾向源自"万物有灵"的认知观念，即认为形态特异的山石具有其形态所代表的"灵性"与"活性"，是所处环境特异的表现。而寺庵近旁的象形石，也能够为寺庵所处地点具有灵性这一说法提供注脚。对象形的追求还延伸表现在植物形态上，如华严寺古树"木凉伞"是一棵形状如同大伞的古树。华严寺古树"老僧树"则因干皮白色显得"老气横秋"而得名。巨石崇拜与特殊形态崇拜是对自然造物和自然灵性的一种崇拜，是以景物外形为基础的主题类型，带有原始信仰与审美的气息。

　　僧道轶事和神奇功效主题则不单局限于对自然景观外观形态的观察和想象，还将自然景观与特定的人物、事件联系起来，为峨眉山人文发展奠定了基础。如"歌凤石"与"陆通"；"药王洞"与"孙思邈"；"古德林"与"别传禅师"等。这些传说有些是峨眉山真实人物留下的遗迹，有些则是为了推动宗教发展的编纂附会之说。

　　仙佛显灵是另一类和人文发展相生相伴的自然形胜主题。一些仙佛故事是基于景物的形态衍生出的，如"十字洞"因为洞口呈十字形，便有了吕纯阳练剑划出十字的说法。另一类是对景物的产生用仙佛传说来解释，如"九老洞"为"九老仙府"等。这些自然形胜是文化物化的体现。这些形胜将虚无缥缈的传说故事转化成为能够观看触摸的实体，有助于稳固和促进峨眉山文化的发展。

　　与上文所述的主题有很大差异的"双桥清音""红椿晓雨"等形胜，是以动态的自然景观和空间氛围为物质基础的形胜。这些形胜不再与具体的形象或故事相连，而是通过多个景象的结合表达一种哲学观点。以"双桥清音"为例，《峨山图说》中记有与景名相配的诗句："孑然高阁出清音，仿佛仙人下抚琴。试向双桥一倾耳，无情雨水漱牛心。"诗句点名了"清音"的由来，清音阁高居崖岸不沾凡尘，清高出尘，山水奏出天籁，犹如天人下凡抚弄出琴声。若站在双桥上侧耳倾听，又像无情的雨水洗刷牛心石的声音。"清音"既是具有道家意味的自然之声，又是洗去凡尘的佛教"无情水"。

　　以哲学含义为主题的自然形胜，是所有自然形胜中最引人入胜的一类，它往往具有丰富的景观内容和动态变化，又能够引发观者情感与思想的共鸣，可谓是寺庵外部环境利用的典范。

（三）空间布局

　　自然形胜的发现与命名是由峨眉山中历代僧人与游客共同完成的，因而自然形胜的布局与人行走的路径和观看的位置息息相关。一些大体量以形态象形主题的形胜，是通过长时间的观察想象发现的，以视域范围为界，距离寺庵较远。另一些是僧人、村民、游客在牧山、游山时发现，表现出以寺庵建筑组团为中心，沿道路分布的特征，主要有以下两种类型：

　　1. 串联关系

　　形胜位于建筑组团四周的状况均有，但以寺庵建筑前后道路登山两侧居多。形胜与寺庵建筑组团前后串联在登山道路上。游人在登山过程中动态地体验自然景观与人文景观的转化，并通过景观单体意象的叠加感受寺庵整体意境。串联关系的自然形胜距离寺庵建筑组团较近，步行时间约在15分钟以内。

　　2．并联关系

　　并未串联在登山道路上，而是另有单独路径连接，寺庵组团周边有许多这种关联类型的自然形胜，有些距寺庵建筑组团距离较远，多为僧人牧山时偶然发现，一般将连接它们的道路入口设置在靠近寺庵建筑组团处，以加强寺庵与自然形胜间的连接。如仙峰寺与九老洞，两者步行距离约有30～40分钟，空间连接感极弱。但修建寺庵时，将通往九老洞的道路入口设于仙峰寺首重佛殿左侧，又将首重佛殿作为供奉"九老洞主"赵公明的殿堂。如此一来，前往九老洞必须经过仙峰寺佛殿，两者供奉的内容也相同，形成了景观感受和文化意境上的沟通。

第五节　空间的渗透与交融

　　中国传统建造观对于自然环境有着强烈的追求。计成的《园冶》、文震亨的《长物志》，生动地表述了传统建筑环境、园林环境和居室环境的要求，其中最为突出的就是"体宜因借"，提倡通过合适得体的手法将自然环境和人文景观引入园林和建筑环境之中，达成与自然融合的目的。

　　在城市平原环境中，这种"体宜因借"主要通过将庭院园林环境与建筑相互交融，引借外部有限的自然风光来实现。而在峨眉山山地环境中，主要通过将建筑空间和外部环境相互融合来实现。

　　峨眉山寺庵与自然融合的方式同时体现在"融入自然"和"自然融入"两个方面，将建筑整体极力融入山林环境之中，同时又将自然环境极力引入建筑环境之中。峨眉山寺庵通过观察点、建筑、环境的不同组合，实现了构景方式的转变，在引导空间中，是以自然环境为主体，建筑配景，展现建筑整体与环境的融合；在建筑围合的庭院环境中，虽不能直观地观赏外部自然景观，却也通过艺术手法塑造出山林意境。而在建筑空间中，通过边界空间的塑造，将室外自然景观引入室内环境中。这样复合形式的空间转变模式清晰地表现在峨眉山诸多寺庵单体中。将各类空间构景形式从建筑、环境和观赏点的角度进行归纳，主要有三种基本类型：

一、外部环境空间

　　当观赏者位于建筑组团之外的引导空间时，可以发现，峨眉山景观整体以自然景观为主，建筑仅起到"点景"作用，在视野中所占比例很小。建筑分散布局在山林之中，掩映在岩石、树木之后（图5-52）。

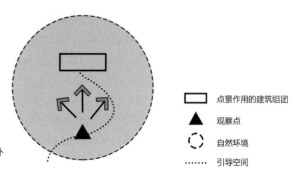

图5-52 以建筑点景的外部环境空间

点景建筑所占比例虽小,在功能上却具有视线焦点和点明主题的作用。通过建筑体量和材质的设计,确保建筑与环境保持高度协调。

(一)体量得宜

得宜的体量是指在透视构图上建筑与环境保持舒适合宜的关系。从整体宏观角度分析,透视关系的合宜是由于建筑整体体量与庭院尺度的进深、高宽比存在一定的规律。从单体理法的角度,能够揭示为建筑单体为保持与环境适宜的比例,所表现的理法特征。

峨眉山建筑组团为井院式建筑组团,建筑的外部尺寸即为合院的外部总尺寸。从实际测量来看,寺庵建筑组团的整体体量是巨大的。以伏虎寺为例,总宽约有120米,第一进佛殿总宽约50米。此外,如纯阳观、洪椿坪、仙峰寺总宽度均在60~65米之间,过于庞大的建筑体量要求范围更大的观赏空间,而在峨眉山地空间中是难以实现的。

"化整为零"是寺庵缩小建筑体量的主要手段,在峨眉山寺庵室内外均有应用。室内空间中,通过天井空间的插入,将原有巨大体量的屋顶划分为几个小型的屋顶组合,使建筑体量得以缩小,同时增强了室内空间的变化(图5-53)。

对于外部立面而言,主要通过凹凸变化和增加小型构件,将大体量立面分割,以改变体量观感。

雷音寺是使用该理法的典型代表之一,雷音寺山门面向东北侧,为井院式建筑组团,宽约30米,长50米。建筑西北侧为客寮,客寮紧邻登山道路。为了削弱客寮体量,将客寮改作二段式,通过凹凸变化突出立面形象,并削弱建筑笨重的体量感(图5-54)。客寮中通过穿插天井的方式,进一步降低了建筑整体高度。

纯阳观及伏虎寺入口,通过在巨大尺度的佛殿前增加一组小巧的山门建筑,通过玲珑的牌楼化处理,将视线集中于山门建筑上,改变了寺庵立面形态(图5-55,图5-56)。

(二)素雅的建筑材料

平原城市地区的寺庵色彩艳丽丰富,装饰华丽,与城市繁华的景观相匹配;山林地寺庵则色彩收敛,装饰简单,与山林朴素的野趣相协调。

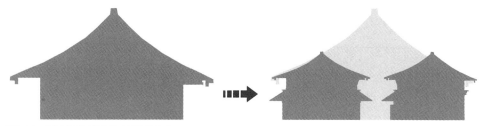

图5-53 通过穿插天井降低建筑整体高度

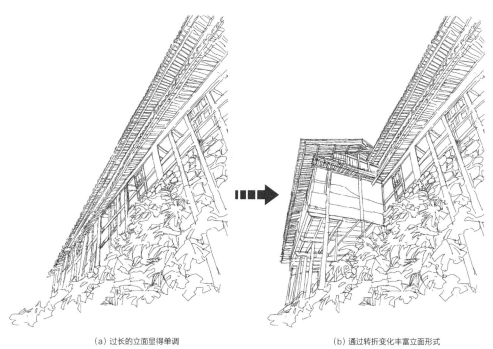

(a) 过长的立面显得单调　　　　　　　　　　(b) 通过转折变化丰富立面形式

图5-54 雷音寺侧立面的转折调整

(a) 伏虎寺入口离垢园巨大的建筑体量　　　　(b) 通过增加小巧建筑和植物削弱建筑庞大的体量感

图5-55 伏虎寺入口建筑体量的调整

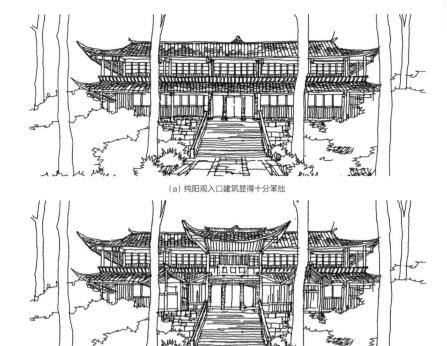

(a) 纯阳观入口建筑显得十分笨拙

(b) 通过小巧的山门改变原有建筑的笨拙形态

图5-56 纯阳观入口建筑体量的调整

寺庵建筑通过对色彩和材料的控制，达到与环境协调的目的。峨眉山建筑以暗红色调为主，通过色彩对比与降低明度的方式，恰当地在山林绿色环境中突出建筑形体。以山地石材、木材为主要建筑材料，富有自然天趣。

二、庭院环境空间

峨眉山寺庵庭院，虽在围合的庭院空间中，却仍有处于自然山林的景观氛围。主要构景手法有：

（一）低调化的庭院景观处理

人体感官对于复杂及突变状态的信息非常敏感，在景观理法中，常通过增加细节、改变形态的方式处理景观，达到突出强化景观的目的。

为了突出自然环境，削弱人工营造之感，峨眉山寺庵在建筑围合成的庭院中采取了相反的措施。通过去除装饰、简化材料的手法，使寺庵庭院显得朴素而低调，仅在必要时增添少量的水池、绿植作为点缀。极简处理的庭院，如同白纸，将自然环境中一些缥缈无形的东西引借进来，如云影、天光、风动、树声、鸟啼……围合庭院四周的建筑和底面铺装具有实体，但庭院空间本身仅是一处空间，空间中填充着以"虚"为主的意境元素，蕴含着寺庵纯净、空明、与自然融合的精神功能（图5-57）。

（二）匾额题对的指引

庭院空间体量的大小变化，以及空间中蕴含的"虚"之自然元素，是庭院意境和内涵的基本要素，而含义指向明确的匾额题对等文字信息，则是景观意境的触发点。通过文字信息的指引，外部自然环境、庭院"虚"空以及寺庵的宗教精神得到融合，形成相互渗透的整体。

洪椿坪是山中匾额对联保存最为完好的寺庵，内有清康熙题对："山色破空观自在，溪声说法了圆通。"又有题对"古木荫禅关，我来喜度谾谺，两水萦回开别径；清泉留峭壁，僧去尚传咒祝，一山名胜属斯坪。"均为上联写景，下联引述历史。人们于庭院中不可见真山色，却能回想登山途中的山色；不见古人，却能够通过文字指引形成联想。

三、室内环境空间

峨眉山寺庵建筑单体多应用廊，形成通透的建筑边界，将室内空间与外部空间相连接。常使用的廊有露出的明廊，和被屋身围合的内廊。观景者通过廊或敞开的窗，观览建筑外的环境空间（图5-58）。

观景廊的设置，起到了提供良好观景场所的作用。在气候适宜的环境中，寺庵多使用明廊，廊边设靠座，能够遮风避雨，又提供了停留休憩的设置。而在山风凛冽但景观辽阔壮观的环境中，寺庵面向外侧的一面多设有内廊，内廊再连接如客寮、僧寮等重要室内空间。内廊的设置，既遮挡了严寒，又为居住空间提供了赏景的可能。冈陵起伏、草木行列、风云开阖的绝美景观，由廊引入室内，可"置几席间作玩"，可坐卧观，形成了良好的"眺望—庇护"环境（图5-59），营造出舒适的渗透空间。

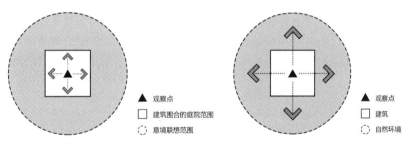

图5-57 通过意境氛围与外部环境相融合的庭院空间　　图5-58 面向自然的室内环境空间

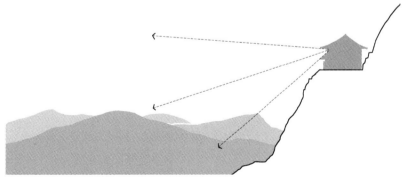

图5-59 寺庵与群山形成的"眺望与庇护"环境

第六节　随物赋形的单体理法实例解析

一、遇仙寺

遇仙寺是峨眉山清代同治元年（1862年）建造的中山区寺庙，位于洗象池与仙峰寺之间的长寿坡上。相传，汉代窦谊隐居峨眉后升仙，千年后有人在此遇一老人，赐一竹杖，视其杖刻有"窦谊"二字，游人认为所遇是仙人，遇仙寺之名即取其意。遇仙寺是山中僧人的习静之地，内部有山洞藏于寺内。

遇仙寺所在之处地形险绝，《新版峨山图志》记载周边地形"坡左尖石屹立，低昂不一，称石笋峰。坡足石梁横亘，为长寿桥。桥右高岩瀑布飞射，水出桥下，顺山麓屈曲而行。有观音桥，直跨山涧。右望百尺危岩，跳珠喷雪，惊涛怒湍，声震山谷者，呼观音岩。古苔如乱发鬖鬖，缠挂枯木顽石，下垂十余丈，缕缕不绝，名普贤线，方物略称仙人条。"

现存的遇仙寺仅有主殿为清代遗存，附属配套建筑为现代重修，布局已和清代大有不同。但结合清代图文资料和部分遗迹，尚可推测其历史面貌，探究其精巧的布局。

建筑择址在长寿坡顶部的一处狭小台地上，长寿坡到此因为山岩的阻挡，有一处转折。建筑在此处背靠隆起的崖壁，坐脊线之上，面朝长寿坡开口，视线开阔。原有的寺庵由两座建筑组成，受地形限制，山门狭小精致，建筑内设石阶梯，与山路交接。行至此处的游人只能穿寺而过。后殿依山布局，为三开间歇山顶建筑，明间设有佛堂，与山门轴线对应。游客登山而上，在山峰间穿行，山间一处小巧朴素的庙宇，穿庙而行，从山门可见寺中端坐的佛像。行至寺前，可进入佛殿内，或沿佛殿左侧道路上行。绕至佛殿后，可见建筑紧靠着山崖。原来此处的山崖内还有一处石窟，入口藏于佛堂后侧，十分隐蔽，是僧人闭关修行的石室（图5-60～图5-62）。

寺庵以天然石窟与长寿坡脊线连接线为中轴，背山面屏，山水环绕，择址观赏符合传统山水认知。同时依据地形布局寺庵，在狭小的台地上，依据地势建造如同廊般的山门，建筑内设登山台阶、小巧的主殿，又将天然石窟作为最后一进空间。建筑选址立基

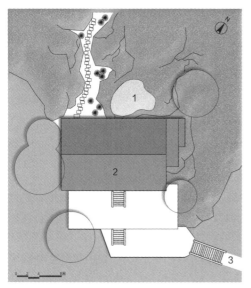

1 岩洞　2 遇仙寺　3 香道
图5-60　遇仙寺现存部分平面图

图5-61　清代遇仙寺山图

(a) 遇仙寺所在的山体环境

(b) 遇仙寺所在的台地（最上层为清代遗存）

(c) 从侧面看石窟所在的石岩

图5-62 遇仙寺实景

得体合宜，形式十分灵活，体现了随物赋形的精妙手法。

二、神水阁

神水阁原为明代安庆巡抚吴用先居所，因周围自然生长着大量的竹子，景色秀丽优美，又被称为"水竹居"。明代末年改宅为寺，因水竹居前有一口名叫"玉液泉"的泉水，因而被称为"神水庵"，清代初期更名"神水阁"。神水阁为大峨寺下院，规模很小，为一进合院，建筑面积约800平方米（图5-63）。1987年时对原有建筑进行了拆除，2004年重建为三进院落，成为中山地区的比丘尼修行中心，更名"圣水禅院"。

神水阁自建寺以来，一直是山中声名远扬的寺庵，吸引了大量文人墨客前来观瞻游览。但依据历史记载，神水阁寺庵建筑本身是由住宅改建，规模小，风格朴素，与峨眉山民居类似。明末清初时，大学士胡世安在《登峨山道里纪》中详细描写了神水阁的面貌："……万佛桥……桥头一大石，方广当途，即大峨石。界左方一石，蹲小池间……石后隔尺许，又一石……又'神水通楚'小碑坚其上……池左上，新创一坊，题'水竹居'。又上小亭，题'竹月松风'。正面方亭，题'宗漏'字。池右在昔九曲……池后有小石塔，塔后有圣水阁。"通过胡世安的描述可以看出，神水阁寺庵建筑虽然小巧朴素，也没有真正的庭院空间，但是周边区域却有着标示性明确的空间引导物和种类丰富的自然形胜。结合神水阁现状，其引导空间由"万佛桥"开始，至寺庵合院；从山上往下，则由"百福桥"开始，通往寺庵。在这条引导道路上串联有"大峨石""神水池（玉液泉）""神水通楚碑"，数块雕刻字迹的小石，路坊一座、亭两座、石塔一座，还有歌凤台、凤嘴石和一处涌泉。这些引导小品和自然形胜围绕着"神水"和"楚狂隐居"两条线索展开，体现了该处融合道家仙气和佛教灵验的气氛。"神水传说"中的玉液泉实

1 溪流 2 佛殿 3 法堂 4 登山道
5 玉液泉 6 庭院

图5-63 神水阁主体部分平面图

际上只是山中常见的泉水，从岩层中渗出，甚至没有明显的泉眼，但经与神水通楚的故事相结合，玉液泉的水源则显得非常神奇。大峨石，实际是山体崩塌下来的一块岩石，在山中绝非罕见。但经过各时代题刻后，本身就象征着弥久不变的山石，因此更加具有悠久和神奇的历史感（图5-64）。

从景观价值上来看，这些景物并没有太多独特之处。但在人文景观的塑造过程中，通过将单一景观以相同的意境内涵组合成景观群，并通过与景观特征相符合的方式进行人文加工，使原本平凡的自然景观的表现力和体量感得以加强，成为统领寺庵自然环境的形胜。同时，这些形胜围绕寺庵的布局方式也拓展了寺庵对空间的影响力，最终构建起建筑和环境协同的寺庵整体。

这种以自然景观为基础，借物立意的方式，也是峨眉山寺庵随物赋形的一种体现（图5-65）。

(a) 玉液泉池及神水通楚碑

(b) 水啸山空雕刻

(c) 风谷云根雕刻

(d) 玉液泉雕刻

(e) 佛像雕刻

(f) 福寿及大峨神水雕刻

图5-64 神水阁周边以"神水通楚"为主题的自然形胜和人文雕刻

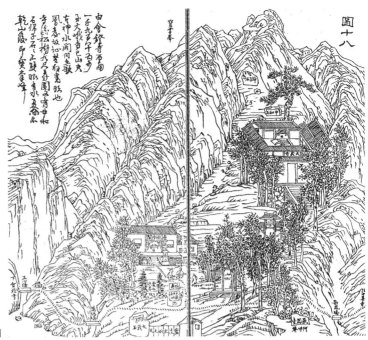

图5-65 清代神水阁全景图

参考文献

[1] 梁思成. 中国的佛教建筑[J]. 清华大学学报（自然科学版），1961，2：51-74.
[2] 中国大百科全书选编道教"宫观"条[Z]. 北京：中国大百科全书出版社，1990：89.
[3] 张继禹. 洞玄灵宝三洞奉道科戒营始卷一，中华道藏第42册[M]. 北京，华夏出版社，2013：75-100.
[4] 王秉铎. 社会心理学对第一印象的一些研究[J]. 福建师范大学学报（哲学社会科学版），1987，4：108-112.
[5] 朱静宜，沈朝栋，柴明良. 杭州西湖寺观园林前导空间分析[J]. 中国园林，2012，10：93-97.
[6] 约翰·L. 洛赫（John. L. Motloch），李静宇译. 景观设计理论与技法[M]. 大连：大连理工大学出版社，2007：125-127.
[7] 罗越楠. 中国古代牌坊设计的伦理思想研究[D]. 武汉理工大学，2013.
[8] 求那跋陀罗译. 杂阿含经·卷36[Z]. 上海：上海古籍出版社，1995.
[9] （明）读本律师. 大藏新纂万续藏经第60册，NO.1115 毗尼日用切要[DB/OL]. http://www.nanputuo.com/nptlib/booklist.asp?MID=72.
[10] 姚光钰，姚学军. 皖南民间土地庙和山神庙拾遗[J]. 古建园林技术，2014，2：65-68.
[11] 莫海波，孙海. 峨眉山植物观赏手册[M].上海：上海科学技术出版社，2015.
[12] 谷海燕，李策宏. 峨眉山常绿落叶阔叶混交林的生物多样性及植物区系初探[J]. 植物研究，2006，5：618-623.
[13] 杜洁祥主编. 中国佛寺史志汇刊第一辑，第45册，峨眉山志[M]. 台湾：明文书局印行. 1980：304.
[14] 姜海华，陈刚，徐迪，李晓伟. 寺庙园林的选址布局及植物配置[J]. 现代农业科技，2012，20：185-186.
[15] 宗桦，崔珑，傅娅. 四川东部地区寺观园林植物景观特色探析[J]. 西部人居环境学刊，2015，6：107-112.
[16] 侯幼斌. 中国建筑美学[M]. 北京：中国建筑工业出版社，2009：18.
[17] 王文锦. 礼记译解[M]. 北京：中华书局，2001.
[18] 吴樱. 巴蜀传统建筑地域特色研究[D]. 重庆大学，2007.
[19] 唐长寿. 凌云茶[J]. 三江都市报，2014.
[20] 陈洙龙. 山水画语录类选[M]. 北京：人民美术出版社，2008.
[21] （宋）郭熙. 林泉高致[M]. 北京：中华书局，2010.
[22] 杨忆妍. 皇家园林园中园理法研究[D]. 北京林业大学，2013.
[23] 马中举，王正祎. 川西寺庙园林植物造景探析[J]. 北方园艺，2009，2：216-219.
[24] （战国）庄子，孙通海译注. 庄子[M]. 北京：中华书局，2007.
[25] 金学智. 中国园林美学[M]. 北京：中国建筑工业出版社. 2005：219.
[26] 孔子. 论语[M]. 北京：中华书局，2006.
[27] （明）陈继儒. 小窗幽记[M]. 上海：古籍出版社，1999.
[28] （清）张潮. 幽梦影[M]. 北京：中华书局，2008.
[29] （明）计成著. 园冶[M]. 北京：中华书局. 2011.
[30] 四川省园林调查组（王绍增执笔）. 四川古典园林风格初探. 四川园林（15）. 1986：1-66.
[31] 罗建新. 古蜀石崇拜的文化内涵[J]. 长安大学学报（社会科学版），2008，1：117-120.
[32] 王孝廉. 中国的神话世界[M]. 北京：作家出版社，1991：192.
[33] 计成著. 园冶卷一兴造论[M]. 北京：中华书局. 2011.
[34] Appleton, Jay. The Experience of Landscape [M]. London: John Wiley & Sons, 1975.

第六章

峨眉山人文景观文化意蕴与意境生成

峨眉山景观作为一种人文景观，其价值体现在空间上，也体现在文化意蕴中。寺庵建造者以景观言志抒怀，传达着峨眉山独特的文化、历史与哲学观；对观览者而言，他们通过对景物的触景生情，来体会景观背后不曾言说的含义。主体与客体的碰撞，形成了"意境"这样一个包含了情感、文化与哲学的"只可意会，不可言传"的心理体系。

可以说，历史、文化与哲学观是决定峨眉山人文景观生成样式的最根本因素，而意境则是了解这些根本的捷径，是峨眉山人文景观价值的核心体现。

第一节　寺庵意境的思想根源与文化底蕴

景观，是人对身处的物质世界的描述，是人类社会记忆的载体。景观的形成与文化意识形态紧密相关。要了解峨眉山景观意境的核心内容，首先需要了解背后的思想根源与文化背景。

峨眉山位于成都西侧，古属嘉州。嘉州是巴蜀地区的重要行政单位，在文化特性上属于巴蜀文化圈，表现出巴蜀学派"蜀学"的文化特征。在峨眉山地区，由于道教和佛教的兴盛，又展现出更加浓郁的道佛氛围。本书以巴蜀地区文化为基础，结合峨眉山佛教禅宗、道教文化，由哲学、宗教、文艺以及民风民俗几个方面对峨眉山寺庵意境的思想根源及文化底蕴进行阐述。

一、文化意识本源

峨眉山在先秦时期至明朝，作为"第七洞天"，在道教历史上占有举足轻重的地位。至晋时，随着佛教的传入，成为禅宗的重要阵地，具有"普贤道场""大光明山""银色世界""四大名山"的美誉。许多文人墨客登山拜佛求道，与僧人道人交往，为峨眉山文化的传播做出了贡献。

峨眉山在发展过程中，受到佛、道文化的影响，也受到了巴蜀地方儒学的熏陶，显示出融合儒、释、道三家的文化品格。形成融合"道法自然""自然开悟""阴阳和谐"的自然哲学观。

（一）"道"文化

1. 自然——道的本质

传统文化认为宇宙是"不生不灭的"，既没有开端也没有终结。

"道气常上下，经营天地内外。"

"太虚之先，寂寥何有？至精感微，而真一生焉，真一运灵而元气自化，自化元气者，乃无中之有，有中之无，广不可量，微不可察，氤氲渐著，混漠无倪，万象之端。"

传统文化认为"气"是宇宙生成的本源，而"气"的运动演化产生了天地万物和人。其中"气"的运动演化规律被称为"道"。

在该思想的支撑下，"自然"状态被提升到极高的地位。道家提出"道法自然"的核心思想。在《老子》与《庄子》中，"自然"意为"自然而然""自己如此"。表示未受任何人为干预所形成的顺应本性的状态。这种"自然"的状态蕴含了宇宙运行的本源规律，是"道"的体现。由于"自然界"是"自然而然"状态的直观体现，"道法自然"也就具有了接近、尊重、学习"自然环境""自然景观"的价值导向。道的"自然"也逐渐具有了"自然环境"的含义。

2. 天人合一与师法自然

"天人合一"是道文化另一项基本观点："天地与人元同一根，天地万物皆禀其一气而成形。""天"和"自然"是异名而同义的词语。由于人与自然都从同样的"本源"中产生，又受到相同的"道"（规律）的制约，因而从本质上说人与天是同根同源的关系。人与天应当相互尊重，才能体现出人与天所具有的"同一性"。这种人与天谐同的追求被称为"天人合一"，表现为既不"以人胜天"，也不"以天胜人"，而要"天人合化"。通过观察自然、"师法自然"，了解宇宙运动演变的规律。通过顺应自然利用自然，将人与宇宙演化规律相融合。

（二）"禅"文化

魏晋南北朝时期，禅宗初传入蜀。至唐朝时，禅宗发展兴盛，因而有"言蜀者不可不知禅，言禅者尤不可不知蜀"的说法。禅宗曾是峨眉山的主流派别。

历史上，峨眉山禅宗在四川、西南及全国范围内都具有重要的意义和特殊的影响。在四川范围内，峨眉山是川西佛学修行、参学的中心。在全国范围内，峨眉山成为以"普贤道场""银色世界"著称的西南地区最大的禅宗道场。可以说峨眉山人文景观受到禅文化的深远影响。

1. 山水皆真知，触目皆菩提

"僧家自然者，众生本性也。"禅文化是中国本土发展的哲学观，具有明显的本土特征。在发展过程中汲取了道文化的自然哲学观，形成禅文化的自然哲学理论。禅文化对"自然"的定义与道文化相似，认为"自然"是一种"不假任何人为造作，自然而然的状态。"但与道的"自然"状态有所区别的是，禅文化的"自然"状态是由"心性"产生的。在"心性"中不为外物所羁绊、没有执着的心就是万事万物多具有的"本性"。禅与道一样，追求"自然而然"的状态，但道文化的"自然而然"指的是宇宙演化与运动的规律，而禅文化中"自然而然"的状态指的是人内心的心性。

自然界是禅文化常用的对象，在《法华经》《五灯元会》等禅宗典籍和僧人诗词中，记录了更多通过观察自然环境领悟真知的公案。

"诸法从本来，常自寂灭相。春至百花开，黄莺啼柳上。"

"尽日寻春不见春，芒鞋踏破岭头云。归来笑拈梅花嗅，春在枝头已十分。"

"春雨与春云，滋生万物新。青苍山点点，碧绿草匀匀。雨霁长空静，云收一色真。报言修道者，何物更堪陈。"

在没有执着的心中，对自然景物的感悟经历了几个阶段：首先仅观察到自然的表象；进而了悟到自然的变化只是"心"的投射，本质上是永恒的；最终明白所见的自然景观仅仅是自然景观而已，无论如何改变，都不会影响到背后蕴含的规律，因而可以放下执着。所谓"山水皆真知，触目皆菩提"，实际是强调"在对自然景观的知觉观照中，契悟宇宙实相，强调人与自然打成一片，人的本性与自然之法合为一体，追求自然适意的生命形态。"

2. 自然悟道

"若出无佛世，自然悟道，此即独觉。""自然悟道"是禅文化提倡的修行方式，源于释迦牟尼佛在没有先人引导的情况下，于菩提树下悟道。禅文化依此主张不借助他人，在日常的坐卧行住、饮食起居中领悟真知，反对读经、坐禅等修行方式。

"自然悟道"的说法，通过对修禅形式的简化，讲求在日常起居中保持平常心的修行方法，试图将复杂的修行转变为人人都容易把握的生活经验。

（三）巴蜀哲学

巴蜀，指现在的四川、重庆地区。该地区地处我国西南，东西均有山脉阻隔。巴蜀边境天然地形险峻，出入不便，故有"蜀道之难，难于上青天"一说。巴蜀地区长期处于与外界相互隔离的状态，发展出了与北方中原不同，具有独特特点的文化哲学体系。

峨眉山地区位于蜀国核心区域的西南边陲，在历史发展过程中，吸引了大量的名道、名僧和文学大家，峨眉山与巴蜀核心地的成都有着密切的文化交流，发展出了根植于乡土的浓郁文化氛围。

1. 阴与阳的对立与统一

《宋史·谯定传》记载了这样一个故事："初，程颐之父珦尝守广汉，颐与兄颢皆随侍，游成都，见治篾箍桶者挟册，就视之则《易》也，欲拟议致诘，而篾者先曰：'若尝学此乎？'因指'未济男之穷'①以发问。二程逊而问之，则曰：'三阳皆失位。'兄弟涣然有所省，翌日再过之，则去矣。其后袁滋入洛，问《易》于颐，颐曰：'《易》学在蜀耳，盍往求之？'"

程颐为北宋著名理学家。在他与兄长游历成都期间，曾遇一位篾匠带着一本《周易》。程颐感到很意外，上前想考考他。谁知篾匠先指着"未济男之穷"①一句问程颐："你学过周易吗？请将此卦解释一下。"程颐与兄长便谦虚地向篾匠求教。篾匠便为两兄弟讲解了卦象的玄机。兄弟两人听了深受启发。之后程颐还向来讨教易学的袁滋说"易学在蜀"。

巴蜀地区，自古以来就有研究易学的风尚。至宋代，巴蜀易学发展进入鼎盛时期，程颐认为蜀地易学已是全国之冠。到明清时期，经历了陈

---

① 一种卦象。

抟、苏轼、张栻、魏了翁、虞集、杨慎等人的传承与发展，形成了以易学为基础的理学体制。从宋代至明清，各时期易学理论有所区别，但都认为宇宙的形成源于"太极"或"无极"。"太极"和"无极"同道教中的"气"一般，是一种无始无终、不可见的最初本源。

"太极动而二气形，二气形而万物化生，人与物俱本乎此也。"阴阳二气由"太极"中孕育而生。阴阳二气的运行是万事万物形成和演化的原因。《易经》中以卦象说明了这一哲学思想：象征阴阳的乾坤两卦为父母，衍生变化出六十四卦；这六十四卦不过都是乾坤组合变化而来，是一种虚幻的假合。相应的，世间万事万物的变化也是阴阳变化的表象。

阴阳是对立统一的整体，以《易经》中的太极图示为例，黑色的部分代表阴，白色的部分代表阳。阴阳是相互对立的，但是也相互渗透，黑色的部分中有白色点，白色部分中有黑色点。从阴阳的对立统一关系中，又衍生出"物极必反"和"不圆满"的观念，认为万事万物都处于变化之中，当变化到一种极盛的层次时，必定会往相反的方向发展。因而圣人处世不追求过分圆满。这种辩证的哲学观点渗透于巴蜀哲学，并影响到巴蜀人的价值观念，在社会生活中，巴蜀人也认同事物变化的必然性，并表现出对"不圆满"的随和态度。

2. 理与仁义礼智

重视理学是巴蜀学派另一特点。理学吸收了大量源自易学的理论，在"太极"的理论基础上引入了以"仁义礼智"为核心的道德体系。

理学，以程朱理学为代表，作为理学正宗。巴蜀理学由于在个别观点上的出入，被划归为"杂学"。正统理学认为，道德等同于"太极"，三纲五常的道德体系又被称为"天理"。寻求天理，需通过"格物以致知"的方式，观察事物表象，了解背后的天理。巴蜀理学在正统理学的基础上，融合了佛教禅宗的观念，认为"理"存在于"心"，道德是"本心"的状态。"心者，人之太极，而人心又为天地之太极，以主两仪，以命万物，不越诸此。"朱熹理学以"天理"作为宇宙的本源。而以魏了翁为代表的巴蜀理学则认为"人心"超越了"天理"，是至高的存在，万事万物都是内心的投射。

（四）三教会宗的巴蜀文化

三教会宗是巴蜀文化和哲学观念的突出特征之一。巴蜀代表人物三苏认为：

"道家者流本出于黄帝老子，其道以清静无为为宗，以虚明应物为用，以慈俭不争为行，合于《周易》'不思不虑'，《论语》'仁者静寿'之说。"

"老佛之道，非一人之私说也，自有天地而有是道矣。……道并行而不悖，泯然不见其际而天下化，不亦周孔之遗意也哉！"

不同于正统理学将佛释道明确地区分开来，佛释道的殊途同归是巴蜀学者公开的思想认知。因而在巴蜀哲学观念中，常出现儒家融合禅宗"本心论"和道教"道法自然""天人合一"的理论。

峨眉山中，道、禅长期并存，又受巴蜀本地理学的影响，儒释道思想的共存现象十分明显，对峨眉山人文景观的发展演变起到了决定性作用。

二、传说意象

（一）皇人仙山

在道家所描绘的"彼岸世界"中，有着"十方三界三十六天"的天界概念以及"十大洞天""三十六小洞天""七十二福地"的洞天福地世界。天界和洞天福地是神仙所居住的地方。"彼岸世界"和"神仙系统"衍生出不少神仙故事。

峨眉山作为道教"第七洞天"，由于地处蜀国西南边陲，与《山海经》中的"皇人之山"和"西皇人山"位置相似，因而峨眉山又有"皇人之山"和"西皇人山"的称呼。"皇人"是峨眉山仙主。道教典籍《五符经》记载：

"皇人身长九尺，玄毛被体，皆长丈余，发才数寸，居峨眉山北绝崖之下。"

《太平广记》引述《神仙传》进一步解释道：

"皇人在三皇时为玄宗法师，在下皇时为金阙帝君，伏羲时为郁华子，神农时为九灵子，黄帝时为广成子，颛顼时为赤精子，帝喾时为元阳子，尧时为务成子，禹时为尹寿子，殷时为锡则子，文王时为文邑先生，周为守藏史，即李耳。"

皇人的最后一个化身是李耳。李耳，即老子，是春秋时哲学家，道家学派创始人，后被道教追尊为太上老君，纳入道教神仙体系中。在道教神仙传说中，皇人和其众多的化身都有"体演成经"的特异才能。"天皇真人，谨按道典，在天曰天皇真人，在人曰本命元神……皇人，乃先天之真，故能体演成经。以人而言，乃先觉之灵。朕兆未现，灵先觉焉。""体演成经"指的就是"先知"和"灵觉"的能力。皇人运用这些能力听懂了道教主宰天界之主的元始天尊所说的"天书"和"天音"，将其翻译成世人能够理解的经书，教化世人。续资治通鉴长篇拾补引述《隋书·经籍》中的记述：

"（元始天尊）所说之经，亦禀元一之气，自然而有，非所造为，亦与天尊常在不灭。天地不坏，则蕴而莫传，劫运若开，其文自见。凡八字，尽道体之奥，谓之天书。字方一丈，八角垂芒，光辉照耀，惊心眩目，虽诸天仙，不能省视。天尊之开劫也，乃命天真皇人，改转天音而辩析之。自天真以下，至於诸仙，展转节级，以次相授。诸仙得之，始授世人。"

皇人所授之经名为"三一真经"又名"三皇经"。传说皇人就将该经藏于所居住的峨眉山洞窟中：

"此文在天玉府之中，诸仙人受之以藏诸名山石室，皆不足具，惟独蜀郡峨眉山具有此文。"

传说轩辕帝为了取此宝典，曾上峨眉山求道。皇人将"三一真经"传授给了轩辕：

"道家之原，出于老子。其自言也，先天地生，以资万类。上处玉京为神王之宗，下在紫微为飞仙之主。千变万化，有德不德，随感应物，厥迹无常。授轩辕于峨眉。"

皇人藏经作为峨眉山神仙传说的核心主题，对峨眉山整体景观序列及单体景观的意境营造产生了极大的影响。山中流传着许多以此为名的传说和景点，这些景点按照一定的逻辑顺序，描述了轩辕求道和皇人山居的神话。如"三望坡""轩辕桥""授道台"等地名，都是皇人传说留下的遗迹。

（二）普贤道场

峨眉山被称为普贤道场。以金顶为最，是佛教中普贤居住的"大光明山"和比肩五台的"银色世界"。

普贤，传说是印度转轮圣王的第八个儿子。"证穷法界，久成正觉"后，现菩萨相。普贤象征"理德""行德"，与象征"智慧""正德"的文殊共同侍释迦牟尼左右。

"智、悲、行、愿"是大乘佛教四大菩萨之标志，普贤菩萨象征行践之"行"，有著名的"十大行愿"。"行愿"指实行、实践崇高理想的精神，在"行愿"思想的影响下，峨眉山僧尼躬身劳作、种植寺田，大量植树造林，造桥修路。此举影响了峨眉山人文景观面貌。

三、文人审美

四川、重庆地区，长期以来以蜀学学派作为精神导向。蜀学学派指"由苏洵开创，由苏轼、苏辙兄弟加以发展，由黄庭坚、张耒、秦观、晁补之等文人学士参与组成的有共同思想基础与学术倾向的学派。"

宋代是蜀学异军突起，兴盛发展的时期，蜀学中的文艺思想通过以苏洵、苏轼、苏辙为代表的杰出文学家展现在世人面前。后世蜀学长期秉承两苏思想，形成了以"苏学"为核心的体系构架。学术体系包容性的"杂"与追求思想的"平淡天真"是"苏学"的主要特征。

（一）咸酸杂众好，中有至味永

正统儒学认为万事万物来源于"道"，该"道"指的是"圣人之道"，是世间一切价值的最终标准，"圣人之道"与伦理道德紧密相关，讲求"君臣、上下、礼乐、刑法之事"。在生活中，礼乐制度与人的生活生产息息相关。自身修养是人的行为准则，代表了高尚的人格。儒家还认为人应当起到影响时事，改造社会，"修身、齐家、治国、平天下"的作用。"知古明道而后履之以身，施之于事，而有见于文章而发之。""不以是取名誉，意欲施之事实，以辅时及物为道。自为罪人，舍恐惧则闲无事，故聊复为之。然而辅时及物之道，不可陈于今，则宜垂于后。"这些论述，表明了联系实际，针砭时弊的文艺价值观。也表明了人的核心价值在于做有益于社会与百姓的事。世间的"道"有善恶，只有符合伦理道德的"道"才是善道。

正统儒家还认为，除儒道以外，并不存在其他的"道"，并尽可能地将儒道之外的思想排除，以维护"儒道"的纯净。

但在巴蜀地区，"杂"是苏式蜀学最为突出的特点之一。蜀学将道、禅思想融入儒家。又受到巴蜀地区崇尚玄学，流行巫卜的传统影响，形成了"三教会宗"的学术思想和文艺观念。以朱熹为代表的正统儒学，斥责蜀学为异端杂学。"早拾苏（秦）、张（仪）之余绪，晚醉佛老之糟粕。""苏氏出于纵横之学而亦杂于禅。"

对于其他学派的评论，蜀学学者则着力证明佛道之学与儒学一脉相承的关系。苏式蜀学融合道家的道思想，认为儒学的"道"指的是世界万物生成演化的规律，并不特指"圣人之道"。因而蜀学之"道"并不含有善恶之分，与伦理道德也没有直接关联。"夫道，非清非浊，非高非下，非去非来，善恶混然而成体，其于人为性，故曰有物混成。此未有知其生者，盖湛然长存，而天地生于其中耳"。"道"在本质上是天地万物演化运作的客观规律，无善无恶，道德伦理中的仁义礼智，是道的衍生，而不是普遍意义上的道。

蜀学在人性论上认为人性如同万事万物一样，是自然性质与本能的反映，不具有先天"善""恶"的分别。"人生而莫不有饥寒之患，化牝之欲。"人性就是具有饮食男女的自然本性，哪里有善恶之分呢。进一步地，蜀学批评了儒家理学强调人性中"善"的一面。虽然蜀学并不否认对"礼制"的追求，但认为仅通过仁义礼智的规定限制众生的做法是狭隘而偏颇的。蜀学中的"情"与"性"是一组同生关系的词语。"情者，性之动也。溯而上至于命，沿而下至于情，无非性者。性之与情，非有善恶之别也。""情"是表达和体验"本性"的核心要素，与"性"一样，也不具有善恶之分。苏轼阐述了"人情"的重要性："仁义之道，起于夫妇兄弟相爱之间，而礼法刑政之原，出于君臣上下相忌之际。相爱则有所不忍，相忌则有所不敢，夫不敢与不忍之心合，而后圣人之道得存乎其中。""圣人之道"实际是由"人情"才得以存在维系的，在"圣人之道"中既蕴含有相爱的情感，也有相忌的情感，而不单纯是"仁义礼法"。从现代观点解读蜀学"本性""人情"的观点，显示出高度的思想解放特征，与其他儒家学派以礼制约束、压抑人情的思想对立。

蜀学的杂糅特征深刻表现在蜀学文人的价值观念中："咸酸杂众好，中有至味永"，吸纳一切有益的思想，形成自成一格的巴蜀文化特征。

（二）平淡天真

"平淡天真"是巴蜀文人所追求的最高艺术境界。"平淡"指"发纤稳于简古，寄至味于澹泊"的艺术境界，将丰富细致的内涵蕴含在古朴简洁的外表中，将悠长的韵味体现在恬淡自然的艺术风格中。"天真"指"天成""真实"的艺术品格，是一种心理不为世俗所累，不被外物所拘役，体现本真自然性情的追求。

巴蜀文人"平淡天真"的艺术追求，"平淡而山高水深，似欲不可企及，文章成就，更无斧凿痕，乃为佳作耳。"巴蜀文人中的平淡天真，实际是"外枯而中膏，似淡而实美"。虽尽人力，却显得浑然天成，没有斧凿雕琢的痕迹；虽外表朴实，实则内涵丰富寓意深远。

巴蜀文人"平淡天真"的审美观与杂糅的巴蜀地方文化紧密相关，受到了在巴蜀兴盛发展的道、释两家的影响。道家认为，天地万物"自然而然"，不加干预的状态蕴含着万物生成演化的终极规律，故有"天地有大美而不言"的生命意识。道家代表人物庄子在《庄子·知北游》中说："圣人者，原天地之美而达万物之理，是故至人无为，大圣不作，观于天地之谓也。"提出圣人应当顺应天地的变化规律，不强行作为，通过"无为"的恬淡表现了悟天地的状态。《庄子·刻意》强调了"恬淡"的本质："夫恬淡寂寞，虚无无为，此天地之平，而道德之质也"。

禅宗哲学也强调"自然而然"的状态，并进一步提出，人的生活起居、坐卧行走也是一种寻求"佛法"的修行过程。只要在心中做到无所牵挂，无执念，那么日常的生活状态就是"自然而然"的状态。

因而巴蜀文化中，对于"平淡天真"的追求，一方面包含了"归隐""避世"的道家思想，但这种"隐居"并不是隐于山林，而是隐于"日常"的平淡。"避世"也不是避开世俗，而是避开"牵挂"和"执念"，追求"任情自性"的生活。

"平淡天真"实际反映了蜀学重视"本性""人情"的价值核心。通过对"平淡天真"的意义和产生来源分析，可以了解巴蜀"平淡天真"艺术审美的主要特征：在形态形式上追求古朴，喜爱事物不加雕饰的原本面貌。在情感特征的追求上，以"宁静淡泊"为思想内涵，以"浑然天成"为外在形式。在价值观念方面，承认"日常生活"的价值，避"俗"而不避"世"，追求由"本心"引导、"顺其自然"的生活方式。

四、民风与民俗

作为巴蜀文化的核心区域，成都平原地区自古水土肥沃丰美，资源丰厚，境内河流纵横，森林覆盖率广，矿产储量丰富。在物质条件的支持下，巴蜀地区社会经济繁荣，盐业、冶金业、纺织业、农业、畜牧业等制造业相对发达。又由于盆地的地理状况，平缓少坡的成都平原周边被陡峭的高山所围合，山路陡峭难登，形成了巴蜀地区天然的屏障，保护巴蜀免受战乱的侵犯。由于诸多有利因素，古代巴蜀核心地带的成都成为我国西南地区重要的政治、经济、交通、文化中心，"物阜民丰""百货交集"。在历史上成都有许多的别称，都赞美了它优美的环境、繁荣的商业和发达的制造业，如"蓉城""锦官城"等。成都地区的发展，也带动着周边城市的兴盛与繁荣。

而"天下山水之胜在蜀，蜀之胜曰嘉州"，自古以来，峨眉所处的嘉州因为秀丽的山水景观闻名蜀地，吸引了大量文人墨客前往，如王勃、陈子昂、李白、岑参、杜甫、薛涛、薛能、齐己等，大量的文学交流使得嘉州人文兴盛，具有"士大夫之郡"的美誉，"司马相如耀文上京，扬子云齐圣广渊，严君平经德秉哲，王子渊才高名隽，李仲元湛然岳立，林公孺训诂玄远，何君公谟明弼谐，王延世著勋河平"。在历史上具有重要地位的蜀地文人中，王延世便生长于嘉州。嘉州经济在成都的带动下，至唐代开始迅猛发展，成为蜀中重镇。

除具有良好的物质基础外，嘉州地区受蜀学影响，具有重视"本性""人情"的价值观念，追求思想自由、安逸平稳的生活。

（一）少愁苦，多逸乐

少愁苦，多逸乐是巴蜀人共通的民风。优渥的生活，塑造了巴蜀人乐于享受的个性。《全蜀艺文志》中收录了宋代张咏所作的诗篇《悼蜀》："蜀国富且庶，风俗吟浅薄……游女白玉珰，骄马黄金络。酒肆夜不扃，花市春渐诈。"虽是讽刺蜀国人浮华享受的诗篇，采用了夸张的艺术手法，但从侧面表现了蜀国喜好享受的民风。《华阳国志》及《汉书·地理志》对蜀国的描述则显得真实许多："其山林泽渔，园囿瓜果四节代熟，靡不有焉""民食鱼稻，亡凶年忧，俗不愁苦"。总而言之，巴蜀地区民俗为区域安定自足，喜好逸乐享受。

（二）喜好集会宴游的民俗

巴蜀逸乐文化源远流长，发展为具有大众性、普及性的宴游活动。《岁华纪丽谱》说："成都游赏之盛，甲于西南，该地大物繁，而俗好娱乐。"《成都古今记》记载了成都从每年一月至十二月间的展览集市，如灯市、花市、锦市、桂花市、酒市、梅市等，常年娱乐活动不断。其中花市、灯市更是延续至今，每逢集市又有交易、展览等活动，吃喝玩乐样样俱全。蜀地的其他郡县也有类似的宴游活动，如嘉州就有龙舟会、春游、庙会等活动。

除以娱乐为目的的宴游外，巴蜀地区还有许多以"社交"为目的的集会活动。"同籍有会，同业有会，妇女相聚有会，有无相同有会。"集会地点非常多样，除茶馆、会馆、公园外，具有公共属性的寺庙也是重要的集会场所。因而四川寺庙中多提供饮茶小坐的空间，并具备餐饮服务功能。

峨眉香会是峨眉山地区独特的集会活动，至今已有两百多年的历史。参与集会的成员以巴蜀各地香客居士为主。传统香会活动中除了朝山，还有"游行""喝茶"，看"板凳戏"[①]等娱乐活动，是一种民间兴起的具有游乐性质的朝山会。新中国成立后，香会形式逐渐简化，成为以游山、观光与朝拜结合的民间活动。自古以来，游山活动的兴盛造就了峨眉山寺庵庙居一体的特征，增强了寺庵的公共游赏性质。

"天然安逸"是巴蜀文化的根本特点，它诞生于蜀地丰美的水土以及重视"人情"，追求"本性"的独特价值观念中。但这种民风也被认为是具有盆地意识，缺乏进取心理的体现。过度的纵情娱乐导致蜀国多次在"颠迷昏醉"的状态中受到重创。在明清时期也由于平稳安逸导致巴蜀地区逐渐落后，学术低迷沉沦。纵观巴蜀地区文化发展的脉络，可以发现，巴蜀地区"天然安逸"的文化特征是有两面性的——当巴蜀文化面临外来文化冲击时，显示出强大的包容力，能够将新兴思想纳为己用，并将其转化为本土文化的生命养分。但当社会趋于平稳时，却显示出安于现状，发

---

① 一种简化的川戏，演员不化妆也不做动作，仅坐在板凳上唱。

展缓慢的局面。在峨眉山人文景观层面，文化带来的影响同样具有两面性，巴蜀文化的包容塑造了景观的多样性；追求"天真平淡"，重视"人情"的价值观塑造了平易近人、庙居合一的面貌，和自然朴素、淡泊无为的意境氛围。但这也在一定程度上限制了峨眉山寺庵的突破，使景观面貌重视整体的平稳而缺乏单体的变化与突破。

第二节 意境的生成与表达

一、意境、意象、立意

意境，是中国美学及文学研究范畴的概念性名词。意境的定义很多。现代"意境"研究起源于王国维《人间词话》，融入了许多源自美学和文学的概念。意是"情与理的统一"，境是"形与神的统一"。意境是"作者主观情意与客观物境相互交融形成的艺术境界"；"意境是情境交融、主客观统一的艺术形象"。一些研究者也认为，这些定义多数是对意境附加价值的阐述，解决的是现代人对传统艺术作品的认知差异问题，而不是站在历史的角度阐释传统"意境"的本意。因而，在目前的"意境"研究中，又回归到文学诗词的角度，将意境定义为一种通过语言意象表达立意情趣的"完整自足的呼唤性文本"。

虽然这些概念的侧重点有所不同，但都指出了构成意境的两个主要因子。一是有形的"意象"，二是无形的"立意"，通过对"意象"的想象加工，突破形体的限制，达到表现思想"立意"的目的。这种思想内涵就是本书所沿用的"意境"定义。

二、意境的生成原理

（一）文学意境的召唤结构

现代意境研究认为，意境并非是我国古典文学及美学中特有的产物，而是世界文学作品所表现出的共性。因而意境研究领域引入了许多西方理论体系。对于文学意境的生成原理，德国康斯坦茨学派代表沃尔夫冈·伊瑟尔于1970年提出了"召唤结构"的概念。

概念认为，文学文本是由词语组成的句子构成的，其中存在着"意义的空白和不确定性""各语义单位之间存在着连接的空缺。"这些"语义"空白与空缺会造成读者心理预期的落空。为了填补心理的空白，读者通过想象和联想构建出文学作品文本之外的含义，在读者与文本的共同作用下，文学作品才能够"超出作品中所包含的那些个别物体的表象"，成为蕴含思想魅力的完整体。

上文中提到的"空缺""空白"在中国古典文学中也存在。哲学家叶郎在解释传统文学意境时引述了晋代司马昱的诗歌《春江曲》："客行只念路，相争渡京口。谁知堤上人，拭泪空摇手。"在这首诗中，江边"客行"争渡、"堤上人"拭泪摇手的场景是实际描述的景象，而争渡与拭泪的原因并没有直接交代出来。读者对此能够通过想象与联想进行补充，了解到行为背后的原因是对于名利的追逐和亲人的不舍，进一步地体会诗中关于"放下对名利的追逐"的提示。这种对诗文没有明说的部分进行联想补充的过程，就是文学意境的召唤过程。而文学作品中，这种留有余地，引人想象的空白就是意境的召唤结构。在文学作品意境的召唤过程中，不同人的联想和想象还存在着不确定性。当读者的心理状况不同时，所理解的含义是有区别的，对作品的阐释有无限种可能。这种"不确定"的可能性也是作品意境所具有的魅力之一。

（二）景观意境的召唤结构

景观意境，指环境所蕴含的意境，是文学和美学意境的延伸。在中国传统环境空间中，园林建造者建设亭、台、楼、阁等景观建筑，但实际的审美对象却并不以这些建筑作为主体。蜀地核心的成都锦江旁有一座著名的建筑"望江楼"。望江楼作为成都古老的标志性建筑，流传着许多著名的诗句。其中一句"望江楼，望江流，望江楼上望江流，江流千古，江楼千古。"从诗句中可以看出，锦江边的望江楼，人们在楼外是抬头望楼，登上楼内看到的却是长流的江水。楼的意境不在楼，而在时空千古的怅然之情。这也是中国传统景观的构造方式。通过有限的形态和空间，将外部无限的形态与空间包含进来。在空间游览的过程中使游览者产生对于整个人生、整个历史甚至于整个宇宙的感受与领悟。这种人生感或历史感被许多畅游在自然山水和人工园林中的诗人吟唱过，"前不见古人，后不见来者。念天地之悠悠，独怆然而涕下。""仰观宇宙之大，俯察品类之盛。""天高地迥，觉宇宙之无穷。兴尽悲来，识盈虚之有数。"……

在相同的文化背景下，传统景观意境与文学意境有着相似的主题。在传统文化中，山水作为重要的审美意象，文人墨客通过描写山水来表述心中之志。在环境空间中，造园师也通过模拟、因借自然山水风光来表达立意和情趣。

环境意境可以采用比照文学意象对其生成原理进行解释。将环境中实际存在的、拥有具体面貌的物体等同于语言中的词语，这些词语具有基础的现实功能，是构成环境的基本要素。但单独的物体与独立的词语一样，难以引发人的想象，如一棵松树、一片瓦或一颗石头。为了激发观者的思维，需要将环境实体通过一定的形态加工和组合，形成足以引人联想的"景观"，表达出环境所蕴含的深层含义。这种过程可以看成环境意境召唤结构的构建。

从景观意境的来源可以看出，具有意境召唤作用的景观要素单体的局部特征往往是非功能性的部分，例如漏窗上万字形的窗格图案，佛殿前对植的两棵苏铁，屋檐被特意加高的翘脚，引导空间特意的转折变化……景观中的这些部分，不是出于功能的最优化，也不是出于造价的集约化来考虑的，甚至并不具备特定的功能。但在意境生成的角度，却起到了诱发想象的显著作用。因而可以说，景观意境召唤结构中的空白并非文学意境中"意义的空白"，而是"功能性的空白"，是景观中那些并不具备或仅具有少量功能的部分。

三、景观意境的类型

那么在景观意境的召唤结构中引发观者思索的结构是什么呢？为了解决这个问题，可以从景观意境的产生源头类型进行阐述。

现代研究者认为，在景观意境中存在两种境界，一种是"实境"，一种是"虚境"。"实境"指实际存在的艺术形象，"虚境"指艺术形象表现的情趣和气氛。虚实相生就是意境产生的过程。

但在实际情况中，意境的来源却可能是虚实都有的。如峨眉山金顶附近一块从中部断裂成两半的巨大岩石，道路从岩石中穿过。由于岩石的形态和道路的组合，会让人自然联想到"门"，再进一步结合周边云雾缭绕的自然环境，联想到天界的大门。这样的意境是凭借实体产生的。

又如华严顶寺庵，在面向山路的一侧是封闭严肃的建筑立面，当穿过山门进入到内部空间时，发现建筑呈三合院式组合，空出的一面朝向深邃的山谷，视线开阔无比。这种突然的对比产生的剧烈刺激，使人忽然有了佛法崇高、自身渺小的感受。但这样的意境是否来源于建筑实体呢？显然并非如此。因而用"实境"指代引发景观意境的实体，用"虚境"指代情趣和气氛并非完全准确——引发意境的不但有实体，还有实体所组合形成的空间，以及空间与空间的变化规律，这些无形的"虚无"的内容既不属于实体，又不属于气氛，却是景观意境生成机制中重要的组成部分。

在此基础上，本书从风景园林的角度重新依据来源对景观意境进行分类，提出实体意境和空间意境的概念。

（一）实体意境

实体意境指从有形的景物中生发出的意境。物体形态包括了形状、色彩、质感以及通过人体视觉、嗅觉、触觉、味觉、听觉等感官能够感知的特点，如光影、声音等。实体意境是基于对物体形态的直接领会产生的，是在对物体的观察中进行的联想的总和。

（二）空间意境

与实体意境来源于具体的形态不同，空间意境来自对事物演化、组合规律的总体感受。在空间和时间运动过程中，对隐含的规律进行深入的体验，并将这些体验理性地总合在一起，进行思考与阐释，实现观览者与景观在深层文化层面的沟通。

第三节　峨眉山人文景观中的实体意境

一、景观实体与实体意象

（一）实体与意象

实体意境是依附于景观实体的意境类型。观者通过景观实体所具有的意象进行想象和联想的过程，就是实体意境产生的过程。这些能够引人想象，具有文化含义的景观实体就是景观意象。

一些景观实体原本就具有特定文化含义，本身就是一种意象。如竹子、梅花、松树等。另一些实体本身并不具备文化含义，也不能引发人想象。必须通过装饰或者象形比拟的方法才能使它获得意象。以建筑构件为例，起围合限定作用的栏杆是景观实体，但不是景观意象[①]，将栏杆柱头雕刻成莲花，栏杆板上描绘上兰草后，栏杆就具有了某种文化含义。在该例子中栏杆是景观实体，而栏杆上的花草就是它所具有的意象。

又如峨眉山的象鼻峰。山峰原本不是意象，但通过象形比拟，寻找山峰起伏的山脊和象鼻形态上的关联，将山峰命名为象鼻峰。在峨眉山普贤道场的环境中，山峰就具有了普贤坐骑的意象。装饰与象形的本质都是将意象附着在景观实体上，从而转变实体的文化含义。

对峨眉山中的意境实体进行归纳，常见有建筑装饰、树木花卉、奇异山石、气候气象以及光影声音五类，以下将对每一类景观实体及其蕴含的意象进行解析。

（二）建筑装饰

峨眉山建筑以杂式建筑为主，建筑形态接近民居。建筑意象主要体现在建筑装饰语言中。

建筑装饰包括结构性装饰、立体装饰和平面装饰。结构性装饰指建筑中既有结构功能又具有装饰功能的装饰类型，如台基、梁柱、围墙等。立体装饰指建筑中仅有装饰功能而不具有结构功能，并采用雕刻加工的装饰类型，如柱头、花牙子等。平面装饰指施用在建筑各部分表面的绘画性装饰。依据画法的深入程度，又有敷色、图案、绘画的区别。

值得注意的是，峨眉山寺庵建筑施用的装饰很少，仅在佛殿、山门的局部进行装饰。整体风格朴素自然，表达出追求"自然天成"的思想内涵。本身就是一种朴素的意象。

1. 建筑色彩

色彩是峨眉山寺庵建筑的显著特征。前文中对建筑单体营造进行了分析，谈论到寺庵建筑主要由屋顶的瓦色、屋身的黑色和枣红色，以及局部的金色构成。其中，屋架部分多施用黑色，而屋身围合构件施用枣红色。屋架和屋顶的青黑色是巴蜀民居的代表颜色，在寺庵中使用具有平易近人的亲切感。屋身的枣红色是巴蜀寺庵建筑的通用特征，是地方佛教的标识

[①] 不具有文化含义，不能引人想象。

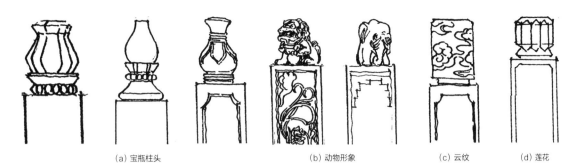

(a) 宝瓶柱头　　(b) 动物形象　　(c) 云纹　　(d) 莲花

图6-1　栏杆柱头图样

颜色。金色是佛教崇尚的色彩，在巴蜀地区仅有寺庵建筑能够使用。金色一般集中用于佛殿、山门等重要建筑上，是佛教重要建筑的标识颜色。

2. 栏杆

峨眉山寺庵中，栏杆是少有的普遍装饰的部分。栏杆以石条坐凳栏杆和石条带望柱栏杆两种形式为主。装饰部位集中在支撑石条的短柱或墩子，以及望柱柱身及柱头上。个别石条上也有简单的装饰图案。柱身与条石以花草纹浮雕为主，个别雕刻有诗句。柱头有宝瓶、莲花、云纹和狮、象等动物形象（图6-1）。

报国寺、万年寺及伏虎寺三座大型寺庵中有望柱栏板栏杆，形制更为复杂，望柱处理与其他栏杆相似，栏板上多有宗教人物、宗教故事雕刻。

3. 门窗隔扇

峨眉山寺庵建筑中佛殿及其他建筑面向庭院的一面，门窗隔扇上一般带有装饰。寺庵门扇采用上部为镂空格心，下部为裙板的形式。山麓区域格心与裙板对半，山顶区域寺庵门扇的裙板占总高的三分之二。窗扇采用槛窗式，每扇窗整体开合，形式庄重。僧寮及客寮面向庭院的部分门窗样式以槛窗式为主，其他立面门窗样式混合，并无定式，多无装饰。

门窗装饰以"棂条格心"的做法为主，即以棂条组成多种形式的花纹。对全山建筑棂窗花纹进行归纳，发现其花纹与官式建筑的正规严谨不同，多为标准花纹的简化体或多种花纹的杂糅体，具有很强的随意性。从整体上看，又以简洁大方的直线花纹为主，具有良好的统一性。

依据棂窗花纹显示出的主要特征，可以大体分为锦纹、灯笼罩、万字纹、套方和其他花纹5类。这些窗棂花纹多具有吉祥如意的美好寓意。如锦纹，由"工字、卧蚕或短檩条按规律组成"，有步步锦绣、前程似锦的寓意。灯笼纹具有"前途光明"的含义。万字纹则是佛教的代表性花纹，具有连绵不断、生生不息的含义。除这些花纹及其变体外，峨眉山寺庵门窗还具有其他杂糅的纹样，如在方格中融入龟背纹，在灯笼纹中加入拐子纹，还有将窗棂做成法轮状，四角以万字连接的做法。一些门窗在花纹的空隙处还加入雕刻图案，如蝙蝠、梅花、八卦图案，可谓变化多端（图6-2）。

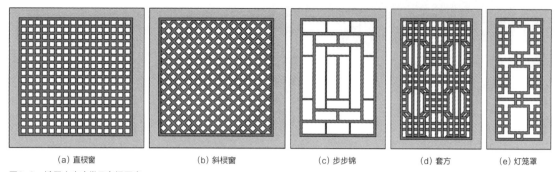

(a) 直棂窗　　　(b) 斜棂窗　　　(c) 步步锦　　　(d) 套方　　　(e) 灯笼罩

图6-2　峨眉山寺庵常见窗棂图案

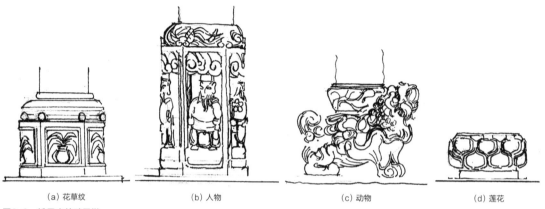

(a) 花草纹　　　(b) 人物　　　(c) 动物　　　(d) 莲花

图6-3　峨眉山柱础图样

4．梁柱

梁柱构件是建筑的核心骨架，在官式建筑中是重点装饰的部分。在峨眉山寺庵中，对于梁柱的装饰却大大地减弱了。梁柱构件中着重装饰的部位集中在柱础和外檐下的瓜柱柱脚。

其中柱础部分一般采用八边形复合式柱础，雕刻莲花或佛教人物图案（图6-3）。初殿现存有一对石狮和僧侣圆雕的柱础，形态古朴雕工精致，是传统建筑中不多见的形式。

峨眉山寺庵建筑出檐较大，为了支撑巨大的檐部，一般横向挑出一条横撑，承接檩条。有时在横撑上增加短柱，短柱上再安放檩条，并将短柱的下端延长，形成具有装饰功能的垂柱。垂柱做法多见于附属于寺庵的建筑小品，如亭、桥等景观建筑中，在佛殿中并不多见。但由于峨眉山寺庵近代经历过严重的破坏，难以判断这些垂柱装饰是否自古就有。目前残存于佛殿上的垂柱，下端多为简洁的瓜形，一些寺庵的最后一重佛殿和大雄宝殿檐下垂柱雕刻为花篮，并有莲花、蝙蝠等吉祥图案。

峨眉山寺庵对柱进行装饰的例子很少，仅有报国寺大雄宝殿金柱盘龙柱、洪椿坪大雄宝殿花草纹装饰檐柱两个案例。

(a) 宝瓶

图6-4　峨眉山中堆图样　　　　　　　　(b) 宝塔　　　　　　　　(c) 佛像

5. 屋顶

峨眉山寺庵屋顶装饰主要体现在"中堆"和"屋脊"上。此外在伏虎寺、报国寺、万年寺大型寺庵以及其他寺庵的重要佛殿建筑中，瓦当滴水处也具有少量装饰。

"中堆"指成都平原及附近地区建筑正脊中心的凸起装饰，又称为"中墩"。峨眉山寺庵的中堆具有各种样式，变化十分丰富。"中堆"有瓦砌和灰塑两种工艺制作。瓦砌"中堆"制作简易，成本低廉，在四川民间十分常见，也是峨眉山寺庵中堆的主要制作方法。峨眉山寺庵多用数片青瓦堆叠成"品"字形，被称为"官帽形"中堆，也有铜钱、花瓣等图案，大多延续了当地传统民居的做法，十分朴素。灰塑"中堆"较瓦砌"中堆"显得更加精致，在形态上具有更强的表现力。峨眉山灰塑"中堆"以宗教器物为主，如道教器物葫芦，佛教器物净瓶、宝塔。也有直接塑造为弥勒形象的（图6-4）。

峨眉山寺庵以悬山顶为主，屋顶正脊两端不用装饰，直接向上翘起。山门建筑和个别独立的佛殿多为歇山顶，戗脊起翘也多具有装饰。脊的装饰做法与中堆做法保持一致，分为灰塑和瓦砌两种。若用灰塑，则脊和中堆都为灰塑，瓦砌亦然。峨眉山寺庵中多数使用瓦砌脊饰，用青瓦垫起，形成简洁的起翘。灰塑时使用卷草纹居多，也有万字纹、蝙蝠、龙等纹样。

峨眉山寺庵基本不使用瓦当滴水。仅在大型寺庵中用牡丹纹饰的滴水。这种滴水制作容易，在当地民居中也十分常见。

（三）树木花卉

寺庵环境中，树木花卉是空间的重要组成，无论在庭院环境还是寺庵外部环境中，植物所占据的比重都是相当大的。这些植物，不光起到美化环境的作用，还起到烘托寺庵气氛的作用。

依据寺庵植物不同的姿态，可将其分为两类：

1. 自然形植物

保持自然形态的植物，其本身就具有约定俗成的含义，容易引发人们的联想。前文已经对寺庵环境空间中的植物进行了介绍，自然形的植物主要包括具有宗教含义的植物和具有道德比兴功能的植物。例如文殊兰、曼陀罗、梅、兰、竹、菊等，在传统文化中，这些植物通过文人的注解，已经成为具有特定含义的文化符号，不需要经过其他的加工，就能使观者有所领悟。如梅的高洁、松的挺拔、兰的高雅等。

自然形植物中还包含形态奇特或历史悠久的名木古树。如老僧树、木梁伞等。

在巴蜀地区原始文化中，存在着近乎于宗教的自然崇拜。

自然界中一些寿命极长的植物被认为具有灵性，得到人们的崇拜。进一步地，人们将植物形体与熟知的形态相互比拟，赋予植物一种"人性"特征。名木古树因为本身的古老，以及拟人、拟物化的形象成为山林灵性的意象载体。

2. 造型植物

造型植物，指通过修剪、编织、缠绕等塑形方式，将植物进行造型，形成特定的意象的修剪植物。峨眉山寺庵中常见的造型有调拐、三弯九倒拐①等。这些造型植物是对自然环境中植物苍劲形态的提取，是文人山水审美的物化。

峨眉山寺庵中还有一些形态十分奇特的造型植物，如报国寺七佛殿后有一对编织造景的石榴，既像烛台，又像一组花篮，这种造型源于宗教中供奉佛的器具，种植于佛殿前，也起到供奉佛像的象征作用（图6-5）。

（四）奇异山石

奇异山石是峨眉山寺庵中最为常见的自然形胜类型。除具有良好的观赏特性外，这些山石还具有深厚的文化含义。依据山石形态特征，可分为题字石和象形山石两类。

1. 题字石

指带有题字的山石。峨眉山题字石多为巨大的自然山石。对于将巨石作为景观对象的来源，有蜀国巨石崇拜一说。通过考古发现，古代蜀国有将巨石作为山体的化身，进行祭祀的习俗。巨石崇拜是山体崇拜的延伸，代表了古人"自然有灵"论的认知观。

在峨眉山中，巨石本身就代表了一种自然的灵性。在巨石上题刻，是题刻者感受到自然灵性后做出的回应。对后来者而言，巨石上的题刻又成为进一步渲染"灵性"氛围的媒介。题刻的主题以宗教语汇图案、传说典故和带有吉祥寓意的单字为主。如大峨寺前的大峨石，上刻有吉祥词"福

---

① 均为川派盆景的造型方法。

(a) 古德林古桢楠

(b) 报国寺造型植物

图6-5　峨眉山具有象征意义的植物

寿"，又雕刻了地名"大峨"和景点"神水"。大峨石旁还有一块较小的巨石，上雕刻有盘腿而坐的佛像形象，并雕刻"凤谷云根"四字，提点出石旁"陆通隐居歌凤台"的传说。

总的来说，题字石的意象首先来源于其巨大的形态。其次，来源于雕刻其上的文字内容，是对周边环境中"灵性"的揭示。

2．象形山石

象形山石，顾名思义，是由于与某种物体形态相似而得名的山体或岩石。峨眉山象形山石的比拟对象和山中佛道传说及历史事件紧密相关。可分为动物象形、人物象形、人工造物象形和其他形态。

动物象形多比拟为大象和鹿。象是普贤菩萨的坐骑，鹿是引领蒲公发现佛光的神兽，都是与峨眉山开山建庙相关的重要动物形象。

人物象形，以比拟仙女、观音为主。如遇仙寺和华严顶附近的两处观音石。这些象形石突显了山中的神奇氛围。

人工造物有船、桥等形象比拟。例如龙门洞口的普贤船，是一块树立在河中的大型页岩，象征着普贤前往峨眉时乘坐的渡船。

其他还有门形[①]、三牲内脏形[②]等（图6-6），这些形态多与道教文化有关。

象形山石的意象来源于山石比拟的对象，含义形象直观，便于理解。

（五）气象天时

峨眉山气象天时景观包括佛光、云海、圣灯等独特的自然景观，也包括了日月星辰、阴晴雨雪等常见的天时及气象景观。

佛光、云海、日出被称为金顶三相，是峨眉山寺庵气象气候实体的

---

① 峨眉山中有天门石、鬼门关两石，象征道教神仙传说中的关口。

② 三牲指猪、牛、羊，是古代儒家、道家祭祀中用以献给神灵的最高级祭品，又称为"太牢"。在道家文化中具有特殊含义。峨眉山岩石有"牛心石""猪肝洞"，均取自三牲祭祀，是具有道家神仙的隐喻。

(a) 清音阁牛心石　　　　　　　　　　　　　　　(b) 天门寺天门石

图6-6　峨眉山具有象征意义的山石

重要代表。前文中已经对金顶三相进行过系统介绍，明确了三相的象征意义。

而日月星光，阴晴雨雪所代表的意象则相对丰富而隐晦，并富有多个层级。首先，作为景物实体，这些气候天时都具有固有的特征，如皎洁的星月象征宁静的光明，雨水象征对土地的滋润，雪花代表洁白无瑕……依托这些固有特征，日月星辰阴晴雨雪就具备了初步的文化意象。

其次，天时景象与气象景观是自然规律的直接体现。自然规律，就是道文化中的"道"，自然规律中所蕴含的无牵无挂的心性就是禅文化的"法"。"道""法"是宇宙运转演化的根本规律。在这种规律的指引下，四季轮回，季相变化，世间万物的"表象"随之变化。这种宏观的宇宙规律往往反衬出人类的渺小，使人联想到人生和历史，产生对现世价值的反思。游人与僧人将这些反思写入吟咏峨眉的对联匾额中，成为流传的文学佳作。

天时气象景观所产生的联想是一种人生感悟和哲学思考，这种哲学思考逃脱了佛道的表象，而追寻世间本源，亦和地方文化紧紧相连。

（六）声音

《峨眉山志》中记载了峨眉山十景，其中一景"圣积晚钟"描绘的就是声音景观。峨眉山下，据城南2.5公里处，原有圣积寺，为入山第一大寺。寺中有一口明代嘉靖年间铸造的巨大铜钟，每月晦望傍晚，僧人敲钟，钟声远扬。1935年由赵循伯编纂的《游峨眉山》一书中，是这样描写的："其钟每于废历（即夏历）晦望二日之夕敲击……每一击，声可历一分零五十秒。近闻之，声洪壮；远闻之，声韵澈；传静夜时可声闻金顶。"

十景中另一著名景观"双桥清音"取的也是声音景观。山中黑白二水在牛心石处交汇，两水汇合冲击着碧潭中状如牛心的巨石，发出阵阵轰鸣，水声在幽谷密林中回荡，是堪比琴声的自然天籁。

十景中的钟声与水声，是一种声音实体，更是一种意象。听到钟声能够联想起寺院、修佛、禅心，因而钟声具有了等同于寺院的文化含义。流水声，是自然的天籁，与俗世之音相对。通过倾听水声，仿佛有真实的水从心田中流过，吸取俗世的尘埃。可以说声音景观，代表的是发出声音的对象。游人听到声音后，通过想象跨越视觉的空白，填补出发声对象的特性，最终形成意境。

二、实体意象类型及立意

对峨眉山景观实体所具有的意象进行总结，可归纳为动物、植物、器物、人物、符号和自然风光6大类。

（一）动物意象

峨眉山人文景观中所使用的动物意象主要包括上古神兽、具有吉祥含义的真实动物以及峨眉山传说典故中出现的重要动物。动物意象是建筑的重要装饰图案，也是自然山石的象形对象。

上古神兽以龙为主，在寺庵中，龙多用于建筑装饰，以表示对佛法的加持。峨眉山中常见的龙是一种身体形态植物化的龙，被称为"草龙"。这种龙纹具有富蕴绵延、轮回永生的佛教含义，形态自然活泼，善于变化，显得平易近人。

含义吉祥的动物如狮、仙鹤、蝙蝠运用较多，这些动物中，狮是佛教护法，用于寺庵山门前或屋顶、瓜柱、撑拱中。仙鹤是吉祥动物，常作为仙人坐骑，是长寿和成仙的象征。白鹤也象征着品德高尚、洁身自好的君子。蝙蝠和"福"谐音，具有趋利避害的吉祥寓意。

鹿和象，是峨眉山普贤道场形成的重要支撑。在峨眉山"蒲公开山"的故事中，是白鹿引导蒲公登上山顶，见到佛光。白象是普贤的坐骑。这两组意象在峨眉山的环境中代表了普贤（图6-7）。

（二）植物意象

植物意象包含的内容很多，可分为佛教植物、文化植物和一些稀有奇特的植物。植物意象常用作寺庵建筑的装饰题材，出现在屋脊和栏杆柱头上，或直接种植在庭院之中。

佛教植物，指具有佛教含义的植物。佛教植物包含与佛陀相关的花类植物、香料植物、修法用植物、佛教药用植物、粮食植物和用于经纶譬喻的植物。佛教植物的立意与其在佛经中的记载和佛教用途有关。花类植物表示对佛祖的供奉和礼赞，香料植物以气味的美好祛除种种不净，修法植物、粮食植物代表佛教戒律，与佛陀相关的植物和经纶植物代表佛法。由于地域的限制，在峨眉山实际种植时，常选用乡土树种进行替代，但其意象本源和立意仍然是佛经中所记载的。

文化植物，指在传统文化中具有比德意义的植物。这些植物是美好品德的指代。

峨眉山寺庵中还用了一些稀有植物意象，如桫椤、高山杜鹃、名贵草

(a) 草龙　　(b) 白鹿　　(c) 狮　　(d) 白象

图6-7　峨眉山寺庵中的动物意象

药等。在原始信仰和道教文化中，只有"通天神山"或神灵居住的"洞天福地"才会生长出世俗难以见到的奇花异草。因而这些植物是"灵性"的象征，在峨眉山环境中体现了仙山氛围。

（三）器物意象

器物意象常作为峨眉山寺庵建筑装饰题材，雕刻、描绘、塑形在建筑柱头、屋顶上，具体有葫芦、净瓶和宝塔（图6-8）。

葫芦是道家法器。道文化中将开口狭窄、内里宽敞的山洞称为"洞天"。"洞天"与土地相连，是具有孕育、胎息含义的神仙境界。与"洞天"概念相似的还有"壶天"。如"方丈""蓬莱""瀛洲"三座海上仙山又被称为"方壶""蓬壶"和"瀛壶"。"壶"通"葫"。道教认为在"葫芦"狭小的开口内，也包含着日月天地。"常悬一壶，如五升器大，变化为天地，中有日月，如世间……"除象征神仙境界外，道教徒在制作丹药时常用葫芦作为容器。神仙一般也佩戴有药葫芦或酒葫芦。由于这种神仙形象深入人心，人们逐渐相信葫芦中盛装之物一定是可治百病、令人长生的仙丹药酒。葫芦因此具有了"祛除灾病，镇压毒祟"的意义。

(a) 器物——法轮　　　　　　　(b) 器物——葫芦

(c) 人物——僧佛

(d) 人物——仙人

图6-8　峨眉山寺庵中的器物与人物意象

净瓶与宝塔意象来源于佛教。净瓶是佛教中盛水供饮用或洗濯的器具，也是观音的手持之物，具有祛除不净的含义。宝塔原为印度佛教中供奉舍利子的建筑。传入汉地后，佛塔作为寺院的标志性建筑，用于收藏经书。

（四）人物意象

人物意象包括传说人物和历史人物两种类型（图6-8）。人物形象既作为造像和装饰出现，也作为山中树木山石的比拟对象。

传说人物中以僧人、菩萨、仙人形象居多，是对峨眉山神仙氛围的直接体现。其中普贤形象、皇人形象、轩辕形象较多见。在历史人物形象中，出现最多的是多次敕赐峨眉的明代慈圣皇太后及其子神宗皇帝。明代皇室对峨眉山的多次敕赐，使明代峨眉名声迅速扩张全国，最终促使峨眉山成为"四大名山"。

（五）符号

峨眉山寺庵意象符号十分多样，其中包括文化符号、几何符号和文字符号。这些符号多作为建筑装饰应用在屋脊、花牙子、挂落等部位。

文化符号中最常见的就是"卍"字纹。数个"卍"字相互连接，形成带状或网状纹理。这种图案没有边际限制，能够无限延伸下去，具有"万字不到头"的说法，象征着轮回永生，生生不灭。八卦是道教常用符号，在峨眉寺庵中出现，是峨眉山佛道融合的证据。

回字纹是峨眉山人文景观中出现较多的几何符号。回纹的历史十分悠久，目前已难以判断其形象来源。据考证，或许是由战国青铜器上的龙纹简化而成并流传至今。回字纹的原始立意已经消失，在明清时期，回字纹具有与"卍"字类似的"循环""轮回"的含义，是应用十分广泛的建筑纹饰意象。

文字意象分为两类，一类是将具有吉祥寓意的文字作为装饰图案使用，常见如"寿""福""祥"等。这些文字如同吉祥图案一般，本身是具有吉祥立意的意象。另一类使用成段的文字，这些文字的意象与立意包含在文本信息中，起到提示和加强整体氛围，升华意境的作用。这些成段的文字一般以对联、匾额、题刻的形式出现。主题以历史事件、宗教思想、哲学顿悟为主。

（六）自然风光

一些特定的自然景物本身就是一种意象，代表了万物有灵和崇拜自然的朴素哲学观。峨眉山中的自然风光意象包括气象景观，如云海、日出、佛光、雨雪等，以及以月光为代表的天时景观和巴蜀地区独有的巨石景观。这些意象具有的立意在前文中已经进行过探讨，在此不再赘述。

（七）实体意象的立意

对峨眉山人文景观中常见的实体景观意象立意进行归纳，可分为吉祥立意、传说立意、比德立意、历史立意、哲学立意5类。

吉祥立意是峨眉山寺庵实体意象所具有的基本立意，体现了趋利避害的精神需求。

传说立意是峨眉山寺庵实体意象所表现的主要立意，旨在体现峨眉山自然灵异的佛国仙山的氛围。

比德立意通过实体意象，表达对高洁的思想道德的追求，是儒家"天道"文化的体现。

历史立意通过对历史的追溯达到纪念目的的立意。表现对古代圣贤的追慕，实际也是"儒家"追寻至高道德的文化投射。

哲学立意是以单体情感、人生领悟和历史思考为基础，涉及现世意义等终极问题的立意，是实体意象所能引起的最高级联想。在峨眉山佛道文化和巴蜀文化氛围中，这种思索又和佛道哲学、巴蜀哲学紧密相关。哲学立意包含了其他立意主体，其他立意也支持了哲学立意的形成，两者互为支撑，在本质上都是地方文化价值观的体现。

三、实体意象的意境转化

实体意象通过诱发人的想象转化为意境，这种转化大体有5个方面。

（一）畅神

"畅神"是对自然意象的一种联想思维，这一词语最早出现在魏晋时期宗炳的《画山水序》中，宗炳在欣赏山水画时感叹："余复何为哉？畅神而已。"这里的"畅神"是指不带功利心理的、对自然的美感进行欣赏。

畅神所提倡的唯美审美意识是人对外界的基本观感方式。当怀着澄澈开放的心境面对景物时，景物的美感便会跃然眼前，而不受观看者心境的影响。

这样的审美观念与禅宗所提倡的自然观有着相同之处。怀着纯粹的心境欣赏自然，追求自然中蕴含的"神理"，到达精神的驰骋，领悟自然灵性的境界。这种对"自然本性"的审美，也是巴蜀地方价值观的体现。峨眉山寺庵大量以"畅神"作为意象联想的主题。如伏虎寺山林景色"霜寒林壑依然绿，两霁峨眉分外青""山色千重眉髻绿，鸟声一路管弦同"。又如白龙洞的"慢扫白云寻鸟迹，自锄明月种梅花"。

这些景观石对寺庵周边的自然意象进行的直接描写，将树木、山色、鸟啼、云雾不同的"畅神"面貌，给人以强烈的"画意"。自然意象中的这种"画意"包含着审美情趣和艺术韵味，具有诱发情感共鸣和哲理思索的潜力。

（二）比德

与"畅神"一样，"比德"也是对自然意象的一种联想方式。是以自然意象的某些特征来比拟人的高尚道德情操的思维方式。比德是对自然意象的一种功利性认知，即通过"仁义礼智"的道德角度欣赏自然，而非对自然本身的审美思考。

从产生源头上看，"比德"的审美认知早于"畅神"。早在春秋战国时期，孔子就提出了"仁者乐山，智者乐水"的"比德"化山水概念。认为"山""水"和"仁""智"有着对应关系。宋代理学家朱熹做了进一步解释，认为"智者"明白事理，在人事关系中灵活地周旋，如同水。"仁者"安于义理，敦厚坚定，如同山。孔子和朱熹对山水的认知，都是由自然意象的某一部分特征引发的道德联想。除山水比德外，植物比德联想也十分普遍，如竹子中空，因而虚心谦虚。兰草幽香，因而纯洁高尚。梅花开于寒冬，因而坚韧。

在峨眉山寺庵中，由植物"比德"产生的意境不在少数。万年寺一楹联题写了寺庙中的松树，"松风水月，仙露明珠"，源自《三藏圣教序》"松风水月未足比其清华，仙露明珠讵能仿其朗润"，意为赞美佛教高僧"清华""朗润"的品德。

从心理过程的角度分析，"畅神"是"比德"联想的审美基础。景物意象首先要具有一定的美感，才能够与高洁的道德联系起来，竹在寺庵中的普遍运用，不光着眼于竹的谦逊，还由于竹的清脆润泽、碧绿鲜美等突出的"畅神"韵味。

（三）假借

"假借"原为古典文学中存在的一类语言现象，指借用相同读音的字来代表所想表达的字或词。

意象的"假借"也是基于读音的联想，如蝙蝠通"福"，鸡通"吉"，扇通"善"，五个柿子和海棠玉兰同时出现，读作"五世同堂"等。由一种特定的读音进行思维的发散，最终得到与原始意象十分不同的寓意。

意象的"假借"还有基于形态的假借，即通过形态的联想，将一种意象转化为另一种意象，如人形石、动物石等象形石图案石就是运用了形态的"假借"。

"假借"联想是一种直观的、形象的、易于理解的联想方式，即使是没有受过正统教育的山民也可以理解这种意象，并进行丰富的联想。峨眉山人文景观中有许多自然形胜是通过"假借"联想的方法诞生的，如山中的"太子石""普贤船""观音石""观音桥""仙女石"等，通过将具有特殊的自然景物与特定的佛教意象联系起来，赋予了这些自然景观"佛力""法力"，强化了自然景物所具有的宗教意境。

（四）联觉

李白十分钟情于峨眉，留下很多关于峨眉的著名诗作。在《听蜀僧弹琴》一诗中，有这样的描写：

"蜀僧抱绿绮，西下峨嵋峰。为我一挥手，如听万壑松。客心洗流水，馀响入霜钟。不觉碧山暮，秋云暗几重。"

蜀僧弹奏的琴声，本是声音，但从听者的角度却不光有声音，还有形、有韵、有静、有动，似乎在听的过程中又运用了视觉、触觉，动神而动心。李白的诗词十分形象地概括了意境鉴赏中的联觉现象——多感官的通感现象。在峨眉山人文景观实体意境的营造过程中,这种通感现象起到了十分重要的作用。

传统十景中的"双桥清音",用的就是声音的通感。游人在此处观看和聆听溪水汇流的声音,进而感受到心灵的洗涤和净化。

通过文字的提示和指引,不同感官实现"听声类形""观形类声"的转换,发挥景物意象的"联觉",是一种优化的意境召唤结构,其中所蕴含的丰富景观效果和富有情趣的意境构思,具有很高的艺术审美价值。

(五)放大

传统景观讲求简约,追求以简代繁,以少代多的艺术境界。"放大"是表达复杂意境时常见的手法。

峨眉山人文景观有两处形胜,一为象鼻坡,一为鹿颈岗,指代普贤坐骑的白象王和为蒲公带路的白鹿。白象和白鹿的形态固然复杂,但象鼻、鹿颈的形态却相对简单。这两处形胜通过对动物局部的表达,象征了完整的象和鹿。同时引发了更加有趣的想象,似乎在群山中伏卧着巨大的象和鹿,只是它们的身体被茂盛的植物和起伏的地形所遮挡。这种通过局部表现整体的手法就是意境塑造的"放大"。

除以局部指代实体的全部外,意境的"放大"还包括将具体的、确定性的实体,放大为泛指的概念。如"观亭中一树,便可想见千林;对盆中一圈,亦即度知五岳。"这样"一卷代山,一勺代水"也是传统园林通用的手法。常见的园林"放大"理法基于视觉联想。重点是景观的层次和形态。一汪曲折幽深的池水是泉池湖海,一组透漏起伏的岩石是山峰谷壑,通过对水和山石形态的细致观察玩味,体验到步移景异,一山千面的意境效果。

峨眉山人文景观的"放大"联想与佛法认知有关。洪椿坪洪椿树不过三株,洗象池水方整规律,一眼望尽,这种直白的处理全然没有江南园林般的曲折幽深,变化万千。从风景园林理法的角度,很难解释这种既无形态比拟也无细节支撑的意象,是如何进行"放大",形成宏观意境的——不知洪椿如何成林,小池如何洗象。但从峨眉山佛教禅宗文化的角度入手,这种理法就能够得到解释。佛教有两句成语:"心包太虚""量周沙界",讲的是一种唯心倾向的世界观——从心理的角度去理解世界,那么一切物象都是内心的投影,正是"一粒米中藏世界,半边锅内煮乾坤"。因而营造洪椿林的意境,仅需几株椿树,塑造普贤洗象的意境,仅需有水,而不需关注池的物象。可以说峨眉山意境的"放大"理法,着重的是心理认知的放大,而非物象特征的放大,是意象理解的"点题"与"指引",而非景观形态的塑造。

第四节　峨眉山人文景观中的空间意境

一、空间意境

前文中已经提到，从意境的产生来源来看，可以将意境分为"实体意境"和"空间意境"。"实体意境"依附于景观实体，"空间意境"依附于空间构成。

按照这个界定，景物客体中凡是有形、有色、有声、有味，能够通过某种感官体验的，都是"实"。而无法直接感知的部分则为"虚"。环境空间中有许多这样的"虚实"。树木是实，树木围合出的空地是虚；建筑墙体、地面是实，墙体地面围合出的室内和庭院是虚；墙面是实，门窗洞口是虚……

景物的虚实，是在景物构成的单元中，由空间要素的分布状态和组合方式所形成的，蕴含着疏密、远近、浓淡、动静、明暗等布局变化和对比。这种对比形成了环境空间中复杂的虚实交错，形成"缥缈""辽阔""幽深"等不确定性的空间感受，吸引和诱发观者通过想象创造去填补空间的空白。

二、山水空间意境

峨眉山人文景观的空间是以真实山水环境为主体，以宗教建筑为点缀的空间。真实山水空间所诱发的意境一般概括为三个方面："旷""灵"和"涵"。这三组概念实则与山水画论中的"三远"有着明显的对应关系。

旷即阔远，指视野范围的广阔，无尽的视线范围给人以心境开阔的壮阔境界。

灵即深远，强调空间的层次，通过前景与远景交叠遮挡的组合方式，形成明亮与晦暗、清晰与虚无的对比，形成幽深、空灵的意境体验。

涵即高远，指通过高远的视野，将空间整体形态收入眼中，以超人的视角洞察万物，形成洞观万象的感受。"涵"既是空间想象，也是时间想象。在极高远的视角下，不但能观察到景观的整体形态，还能够察觉到时间的流逝，这种对客观世界时空合一的观察，促使着观者在宏观宇宙中反观人生，形成突破人类社会视角的哲学意境。

三、建筑空间意境

峨眉山寺庵，在名山风景区的大背景中，是一种风景建筑。建筑前的香道、建筑的门窗游廊都是外向的，以这些构造为观景点，向外部广阔的自然空间取景。因而真实的山水景观就是寺庵建筑的主体景观，山水空间意境中的"三远"对建筑空间意境也起到至关重要的作用——壮阔、空灵和时空洞彻的山水意境也被赋予建筑。

从单体的视觉观察峨眉山寺庵，又是一个凝聚内向、深邃围合的空间，通过四面的建筑围合，造就了一个个井院式的内聚院落。这些院落相互串联组合，构成以宗教序列为核心的秩序性空间，诉说着佛法的崇高和修行的宁静。与山水空间的"远"相比，寺庵单体强调的则是"深"。

四、空间意境的营造

在宏观背景中，山水空间依凭"远"的景域表述了"乾坤万里眼，时序百年心"的人生感悟和宇宙认知。在单体范围里，寺庵通过建筑与园林的"幽深"诉说着宗教的神圣和超脱。峨眉山人文景观中，为了取得"深""远"的景域，主要采取四种常见的方式：

首先，峨眉山寺庵重视择址中的视点控制。"欲穷千里目，更上一层楼"，适宜的观景点是取得最佳观景角度的必要条件。前文中对于"三远"如何引发联想，进而产生意境的过程进行了阐释。在建筑择址过程中，欲求阔远，需选择凸出的山顶或山坡，视线开阔，少有遮挡。欲求高远，首先需寻找适宜的高视点，并可通过提高建筑高度来开阔景域。欲求深远则优先考虑山林谷壑。总而言之，风景美感是建筑选址的重要依据，是空间意境的构成基础。

其次，空间意境的营造离不开院落秩序与等级的设置。峨眉山寺庵单体体现出的"深"，首先来自秩序性的院落组合形式。通过一条纵深性的轴线，将寺庵院落串接起来，形成层叠性的空间。在山地环境中，寺庵院落虽有不同程度的变化，但总体来说还是以中轴为主线，呈现出层层深入环环相扣的格局。为突出建筑的宗教功能，佛殿、经阁被安排在主要轴线上，并依据佛教地位进行排序，构成参拜时序和视觉感官的主次等级，尽可能地突出寺庵所具有的宗教氛围。

"美感的养成在于能空，对物象造成距离，使自己不沾不滞，物象得以孤立绝缘，自成境界。"在空间中，将观察者与被观察对象隔离开来，两者能够保持一定的距离，才能够产生空灵的山水意境。在峨眉山寺庵空间的组织中，通过增加层次构成空间的隔离，如"隔帘看月，隔水望花"。照壁、檐廊、门窗、树木都能起到"帘幕"的作用，将观者的空间与被观者分隔开来。由寺庵向外眺望，山水框于窗内，近处是苍翠的树木，窗框和树木划分出人与自然的距离，使山水分外深远。同时，通过加强空间的抑扬对比，有意削弱部分景物的方式，形成藏露、深浅、疏密、明暗的变化，突出空间的旷奥度。第五章中曾列举了许多这样的实例，如伏虎寺、洪椿坪，都要通过引导空间的多次转折才能进入寺庵山门。在行进过程中，寺庵由山石树木遮挡掩映，只有到达山门，各种景象才豁然开朗。这种含蓄的意蕴，也有助于激发游人探索的欲望，具有"探幽寻趣"的魅力。

风景的因借与渗透是另一条塑造空间意境的方法。"隔窗云雾生衣上，卷幔山泉入镜中。"在峨眉山传统建筑中，门、窗、帐幔是山水景物的吐纳口，将室外的万千风光与室内日常生活融合在一起。正是这样的一点开口，将"阔远"引入寺庵之中，将有限的空间化为无限。

第五节　意境的指引与感知

前文中对于意境的生成机制作了介绍，认为意境的生成基础是"召唤结构"。"召唤结构"是在发生认识论和接受美学中提出的，关于认识构建的理论。在该理论中人对事物的认知过程包含了三个因素：刺激、同化和反映。其中，"刺激"指信息客体，"同化"指"主体把客体结合到主体已有的行为模式和认识结构中去"的过程，"反映"指接受信息的主体所做出的对信息的反馈。通过客体的刺激，观赏者产生认知，并进行反馈。

这一说法有效地解释了意境的鉴赏过程，即意境的感知既不完全从景物发生，也不完全从观赏者发生，而是存在于景物和观赏者的互动中。观赏者将景物所蕴含的意象，按照本身已有的价值观念、文化认知和艺术审美能力进行"剪辑和组合"，最终形成"意境"。

受观赏者能力的制约和限制，同样的景观主体在不同观赏者的心中会投射出不同的意境感受。因而，意蕴深远的意境不但需要景观的客观美感，还需要观赏者主观素质的支持。在景物主体和观赏客体既定的情况下，为了提升意境的韵味，常通过添加指引的方式，帮助观赏者在高层次审美能力的框架下进行理解，以对景物产生更加深厚的理解。

"题名""题对"是传统建筑和园林中常用的指引形式。这些指引以书面文字的方式存在于峨眉山人文景观中。此外，还有"诗歌""民间传说"这些以口头流传的指引形式。

一、题名指引

题名普遍存在于风景名胜、建筑和园林中。峨眉山人文景观中，常见的"题名"包括"命名"和"点题"。主要有3种类型。

首先是寺庵、建筑和其他构筑物的命名。寺名包括"寺名"和"堂名"①。如报国寺、息心所、万年寺等。建筑和构筑物名称如大雄宝殿、七佛殿、虎溪桥、虎浴桥等。这些名称一般以匾额的形式悬挂于山门、建筑和其他构筑物的正檐立面。

第二是寺庵建筑与庭院的点题。这类题名，不再体现建筑物或庭院本身的名称，而是对建筑庭院空间布景和所承担的功能做解释性的点题，以强化其文化意蕴。如报国寺"普放光明""鹤驻云归""慈云西极"，洪椿坪"提婆扬旨""愿门圣果"等牌匾都属于这一类的"题名"。

最后是自然景物和景点景区的命名。为点明自然景物单体和景点景区

---

① 大规模的十方丛林和子孙丛林所具有的正式名谓。

的意象和意境含义所进行的命名。这些名称常以立碑、石刻、岩刻的方式展现。如仙峰寺附近的岩刻"仙圭""九老洞",清音阁石碑"双桥清音"等。峨眉山中还有一些景点的命名是通过口头传颂的方式传播的,并没有明确文字题刻,如"萝峰晴云""大坪霁雪""金顶祥光"等。

对峨眉山人文景观中的题名进行归纳,共有现存"题名"146处(表6-1)。

表6-1 峨眉山人文景观中的题名

寺庵名称	具有特殊含义的题名	佛教惯用题名
报国寺	普照禅林、普放光明、鹤驻云归、宝相庄严、慈云西极、法雨东垂、法演三乘、严净毗尼、一合相、两足尊	大雄宝殿、弥勒殿、七佛殿、普贤殿
善觉寺	慈云普度	普贤殿、药师殿、五观堂、大雄宝殿
伏虎寺与萝峰庵	虎溪精舍、离垢园、萝峰晴云、布金林、虎浴桥、虎溪桥、虎啸桥	天王殿、弥勒殿、大雄宝殿、御书楼、罗汉堂、华严铜塔
雷音寺	震旦第一	弥勒殿、大雄宝殿、观音殿
纯阳殿	普贤船、藏舟于壑	弥勒殿、大雄宝殿、普贤殿
神水阁	神水禅院、水竹居、玉液亭、宗漏亭、神水通楚、大峨、神水、福寿、歌凤台、玉液泉	普贤殿、大悲宝殿、大雄宝殿、弥勒佛宝殿
中峰寺	云横峨岭、中峰古刹	普贤殿、大雄宝殿
广福寺	望月亭	观音殿、大雄宝殿
清音阁	离垢、接御亭、双飞龙桥、双桥清音、古德林	
洪椿坪	洪椿坪、提婆扬旨、愿门圣果、发弘四愿、如西来意、圣贤成佛、普贤殿内、红椿晓雨、忘尘虑、护国佑民、洞天首步	千佛禅院、千佛楼、大雄宝殿、观音殿、普贤殿
仙峰寺	仙峰禅林、不贪为宝、万行庄严、金刚般若、如来化身、餐秀山房、仙皇台、九老洞、仙圭、三霄洞、九老仙府	珙桐林、财神殿、大雄宝殿、舍利殿
遇仙寺	遇仙寺	大雄宝殿
洗象池	象池月夜、洗象池、岩谷灵光、古洗象池	山门、弥勒殿、大雄宝殿、观音殿、后山门
雷洞坪	雷洞亭、灵觉	大雄宝殿
接引殿	梳妆留月、仙床卧云、相台睹光、神灯夕照、一山兆瑞	弥勒殿、大雄宝殿、弥陀宝殿
太子坪		大雄宝殿
卧云庵	银顶、卧云庵、金刚嘴、飞来钟	观音殿、大雄宝殿
华藏寺	金顶、万德庄严、愿海庄严、灵山一会、愿力圣地、银色世界、梵宇重光、光照大千、行愿无尽、普贤愿海、华藏庄严、金顶祥光	永明华藏寺、祖堂、弥勒殿、大雄宝殿、普贤殿、方丈室
华严顶		大雄宝殿
初殿	初殿古刹、山秀神灵	大雄宝殿
息心所		大雄宝殿
慈圣庵		大雄宝殿
白龙洞	白龙洞	
万年寺	大光明山、古白水寺、幽冥钟楼、白水池、万行庄严、白水秋风	观音殿、弥勒宝殿、行愿楼、大雄宝殿、般若堂、巍峨宝殿、毗卢殿

这些"题名"主要有两种思路。一是以形式、功能或依据地名直接命题，如寺名"金顶""纯阳殿""华严顶"，建筑名称"大雄宝殿""七佛殿""五观堂"等。这一类的"题名"是依据命名对象的直观特征形成的称呼，便于识别标记，表达佛殿在佛教语意中的基本定位。观者不需要进行联想就可以直接理解。另一类则是对景物空间或意象含义的解读，共有79处，包括以下几类：

（一）佛国净土，宝相庄严

峨眉山人文景观题名中最常见的类型。这类题名多取自佛教典籍，如报国寺"一合相""两足尊"等。

伏虎寺"布金林""虎啸桥"等来源于佛教典故和传说故事，是对景点形成的一种解释。

（二）自然诗意，灵性山水

清代文人谭钟岳在绘制"峨眉山总图"时，将山中具有代表性的景观概括成"十景"："金顶祥光""象池月夜""九老仙府""红椿晓雨""白水秋风""双桥清音""大坪霁雪""灵岩叠翠""萝峰晴云""圣积晚钟"；其中，除"大坪霁雪""灵岩叠翠""圣积晚钟"外，其余七景都流传至今。十景命名方式是清代名胜点题常用的手法，其命名方式一般以地名加景观的方式，点出特定地点、时间所呈现的特定景象。这样的题名既是命名，又是点题。基于前人对峨眉山景观精华的认知，对景观特色及个性有准确的提炼。善于将人工构筑与自然山水、气象世界等虚头景象交织在一起，形成诗意盎然的风景氛围，对自然景物的鉴赏起到引导作用。

在《峨山图说》中，谭钟岳为十景做了相应的诗篇，对景观意象作进一步解释。如"白水秋风"："曾闻白水出真人，此山依然不染尘。何处西风吹木落，万山身处悟前因。"借用"身是菩提树，心如明镜台。……本来无一物，何处惹尘埃"的典故。点出在"万山"中"顿悟"的境界。因而，对自然景物的点题，既对景物的美起到提点，也对自然景物所蕴含的佛道哲理起到指引，形成物我合一，天人和谐的境界。

（三）仙风道骨，隐逸传说

隐士、神仙之说是我国传统文化的构成部分之一。峨眉山中很多命题来源于山中流传的隐逸故事，如陆通隐居的"歌凤台"，赵公明隐居的"九老洞"等。仙人和隐士的传说为峨眉山增加了山岳灵性，吸引文人墨客登山探幽寻古。

（四）人生规诫，时事思考

"离垢""忘尘虑""不贪为宝"……峨眉山中还有一类以规诫思想品行为内容的题名方式。这类题名常以人生观、价值观为出发点，提点观者要放下执念，保持"初心"。如仙峰寺第一重大殿，自古以来都供奉财神赵公明。后虽改为佛寺，赵公明的塑像却得到了保留，僧人仅在佛殿上增加了题名"不贪为宝"，提点参拜者不可贪欲。

峨眉山作为佛教名山，受到以明清皇室为代表的上层支持。而后战乱时期，一些著名将领也在峨眉寺庵中修养。这些人将"天下太平"的祈愿寄托在峨眉山中，并通过"题名"的方式表达出来。洪椿坪"护国佑民"的牌匾就是这种题名的代表作。

题名，能够使风景和建筑成为"有标题"的景观，在峨眉山寺庵中是十分重要的意境引导手法。对于建筑而言，题名多雕刻于匾额之上，悬挂于建筑檐下。匾额将工艺美术、书法融合在一起，通过文字指引，将建筑形体和宏观环境相互融合，是多种艺术相融合的产物。对自然形胜的题名，又突破了匾额的形式限定，通过"岩刻""石刻"的方式，营造出一种山水野趣，充满巧思。

二、题对指引

对联是我国一种形式独特的、讲求语言格律性的文学作品。对联的精髓是对仗，"把同类的、相关的或对立的概念并列起来，做到字数相等、词性相同、结构相应、节奏相称、平仄相对、内容相关，共同构成一个特定而完整的意义。"

在传统建筑中，一般将对联悬挂在建筑的柱上，作为建筑装饰的一部分，这种对联被称为"楹联"。"楹联"总结了建筑空间和建筑所处环境的"妙处"，概括环境美感，并从特定的角度引导游人进行观赏。"楹联"好比山水画中的"题跋"，是观赏者对景观的二次加工。通过"题跋"，一方面能够弥补原有景观的不足，突出其最优观赏视角，另一方面能够阐释景观所具有的内在意蕴，是高水平的鉴赏者对景观意境的发掘和阐释。

峨眉山人文景观中的题对基本以建筑楹联的形式出现。这些楹联由历代诗人词客、名流志士、名僧名道撰写。目前悬挂出的楹联共有120对。依据《峨眉山志》等典籍统计，历史中使用过的楹联数量更多。1983年，峨眉山文管所曾将峨眉山历代楹联进行统计，并整理出版，书中共记载楹联270余副，除宗教主题外主要涵盖以下内容：

（一）源流传继，借古喻今

受巴蜀地区重视史学的文化影响，西蜀园林名胜也具有明显的"纪念性"文化。"小到造园要素，大到就连整个园林，甚至就连空间、立意、布局等虚而不实的内容，都能传达出特定的纪念性和感情。纪念性始终影响着西蜀园林的形成、发展和延续。"

峨眉山钟灵毓秀，优美的自然景观和浓郁的宗教氛围吸引了数代文学家、艺术家、思想家、名僧名道，或游山览水，或隐居于此。这些人在欣赏峨眉的同时，也吟咏着峨眉，建设着峨眉，使峨眉的山水、亭台、草木都浸透着历史人物的光辉，人物与景观形成了难舍难分的紧密联系。峨眉寺庵建筑及自然形胜不但与宗教文化相关，同时还具有缅怀先哲的纪念性质。这种对历史的回顾和前贤的追溯均通过楹联的形式表达出来。

神水阁附近，流传着陆通隐居的传说。阁中明代董明命所书楹联"有客曾歌凤，无人解濯缨"，引述了"凤歌笑孔丘"和"沧浪之水清兮，可以濯我缨"中的意象，赞颂了陆通的清廉高洁。

中峰寺有联："涪翁旅此曾结翠，李氏武都致雄黄"。联中"涪翁"指黄庭坚，"李氏武都"指唐玄宗李隆基。全文追忆了宋代诗人黄庭坚在中峰寺修行，唐玄宗为孙思邈送雄黄石的历史事件。

金顶宋代楹联"天皇道人论道之地，楚狂接舆隐逸之乡"，从道教的角度，阐释了峨眉山宗教源头。

这类楹联，一方面借前人先哲的名气，渲染了峨眉山水的吸引力，作为山岳灵性的注解。另一方面，对历史的吟咏，容易引发时间流逝、时空交错的历史感，激发观者咏史怀古之情。通过对过去人物经历的想象与复原，引发观者的人生感怀和情感体验共鸣，形成古今交融的时空意境。

（二）名山胜迹，诗意升华

峨眉山水以秀丽闻名天下，寺庵楹联常以吟咏山水胜迹为主题。这些楹联善于捕捉环境中的文化意象，通过语言的剪辑处理，将景观中具有自然美、人文美的意象串接起来，形成唯美意境的升华。唐代王维在金顶留下名联："云霞成伴侣，冰雪净聪明"，将峨眉顶峰的景色概括为缭绕身边的云霞和晶莹剔透的冰雪。李商隐吟咏峨眉："蝶衔红蕊蜂衔粉，露似明珠月似弓""惟有松杉空弄月，庚午云鹤暗迷人"，这些楹联题对将寺庵外部的青山、明月、树影提炼出来，通过文字将自然山水景物与寺庵建筑庭院意境相融合，使寺庵更具有"人工天趣""自然而然"的意境氛围。

受传统文学"托物言志"手法的影响，峨眉山寺庵楹联中对自然的吟咏描写，实际上也是对"文人之志""佛教之志""道教之志"的阐释。

"披太华之天风，招蓬莱之海月""水鸟风林成妙啼，晨钟暮鼓是梵音""万峰浮翠拥天皇，孤亭月色自圆明"这些楹联为山水、构筑赋予了宗教含义。指引观者以佛教、道教的视角来观赏景物，拓展其想象和联想的空间，诱发对宗教意境的感悟。

（三）自然悟道，引申哲理

在赋予自然宗教意义的基础上，楹联进一步通过描述自然来引申哲理。

"万籁无声心自息，一身非我物同春。""胸中已得山林趣，寺外何妨市井喧。"这两组楹联都表现了内心宁静后物我交融的意蕴。这种通过观览自然达到的"天人合一"的境界正是传统文人文化和宗教文化的核心。在一些楹联中，作者通过直观的方式将这种境界提点出来。而在更多的楹联中，则蕴含在对山水意象的描摹中，让观者无时无刻不去关注峨眉山清新秀丽而变化万千的自然山水，并从中产生联想。

虽然上文将题对的指引内容分为了四种类型，但这四种类型常常是综合存在的。楹联上下联中蕴含丰富的意象，一方面参与了意境客体的剪辑与组合，将全部景观客体中具有强烈审美功能和意境潜力的部分筛选出来，形成完美的意象序列。另一方面参与到接受主体的领悟过程中，起到联想向导的作用，发挥鉴赏指示功能。

三、诗文指引

诗文指引包括艺文、尺牍、赋和诗歌。

诗文指引与题对指引在主题上有很大的相似性，在内容丰富度方面又优于题对。虽然一些题对来源于诗文，但很少直接以文字的形式出现在景观之中[①]。诗文是通过书本流传和口头吟咏的方式流传的，是观景前的文化储备和观景后的感慨触动。诗文并非与观览同步的提示指引，而是意境文学背景的组成部分。

基于诗文长篇幅的特征，在题对所具有的功能基础上，诗文能够更加充分地阐释景观的背景信息。如范成大《峨眉山行纪》，除吟咏登山所见景物和感怀外，还详细记述了山中道路走向，间隔距离，寺庵兴废历史沿革，山中气候变化等，为读者勾画出了清晰的峨眉整体形象。峨眉山诗文中不乏对某一景物进行专门描写的作品。如题咏白水寺的诗歌仅收录于《峨眉山志》中的就有5篇，此外还有伏虎寺诗歌10篇，这些诗歌记述了寺庵的景点命名缘由、兴废过程，有效地丰富了观赏者对于人文景观的知识储备，通过提升观赏者的本体意识，拓展观览过程中的联想对象，达到提升观览意境的作用。

另一方面，脍炙人口的诗歌唱和文章的流传有益于峨眉山名声的推广。"澄怀观道，卧之以游"是宋人宗炳提出的，通过观赏山水画卷或阅读游记来体悟山水的方式。这种"卧游"在交通不便的古代，流行于士大夫之间。因而吟咏记述之人越多，山岳名声就越能普及。

依据《峨眉山志》《峨眉山志补》《峨山图说》《新版峨山图志》统计，吟咏记述峨眉山的诗文共计约300余篇。其中有数量众多的名篇大作，如李白、杜甫、岑参、贾岛、苏轼、白约、黄庭坚、方孝孺、杨慎、江皋、陈子昂、范成大等著名文学家都有数量众多的峨眉山诗文流传，另还有明太祖等帝王诗篇。这些诗文为扩大峨眉知名度起到了至关重要的作用。

四、民间传说指引

民间传说是一种只通过口头传播的民间文学类型。由于传播形式的特殊，民间传说具有很大的变化性。

依据峨眉山历代志书、其他文字资料和现场访问，对峨眉山寺庵相关

[①] 例如雕刻或作为匾额悬挂。

的民间传说进行整理和分析，提取大量传说中的母题。

（一）得道成仙

讲述前人在峨眉修道，最终得道成仙的故事。常常带有关于修道地点和灵异事件的具体描述。

（二）长寿老人

游山者巧遇长寿老人，食用了老人提供的饭食后具有异能，或不食人间烟火，或长命百岁。在一些传说中，则描述了山中有隐居的长寿老人活了上百年，经历了数代人的轶事。在不同的故事中，长寿老人有时是僧人慧持，有时是隐士孙思邈，更多的时候是不知名的隐士或神仙。

（三）能工巧匠

讲述两位能工巧匠比赛建造技能，一夜间修好山中道路或寺庵的故事。在这些故事中，工匠在自己修建的构筑物上留下了记号，如山顶的金庙顶、道路旁状似棋盘的石头等。

（四）蒲公开山

蒲公开山是峨眉山成为普贤道场的重要传说支持。故事母本为蒲公在山顶见到"宝光"，认为是普贤菩萨显灵，于是修建寺庙供奉普贤。在其他版本中，又添加有白鹿指路、宝掌和尚指点蒲公等说法，使该传说内涵逐渐丰富。

（五）皇室朝山

以明清帝王游山，为寺庵、景点题名的故事为主。

（六）天外来物

天上掉落的神仙/菩萨物件，化成了寺庵或山石。在一些故事中，修建寺庙时飞出了仙鹤，升入天空不见踪影。

（七）奇异动植物

以具有神奇功能的植物和灵异动物为主。这些植物一般可帮助修行。动物则通人性，有引路、保护善良村民的善兽，也有害人性命，引发灾难的恶兽。恶兽以龙、蛇形象居多，在传说结尾一般被道士或僧人降服。

这些民间传说以神仙、菩萨故事为主，以丰富的想象力和生动的故事情节，解释了山中的一些现象产生的原因和寺庵景物的来源。峨眉山许多题名、题对和诗词都摘取了这些传说的片段。可以说，这些朴素的传说是峨眉山的仙佛意象素材库，是意境生成的共有意识和想象基础。

第六节　单体意境的升华和整体意境的生成实例解析

王昌龄在《诗格》中将意境分为三种类型："一曰物境，欲为山水诗，则张泉石云峰之境，极丽绝秀者，神之于心，出身于境，视境于心，莹然掌中，然后用思，了然境象，故得形似。二曰情境：娱乐愁怨，皆张于意而处于身，然后驰思，深得其情。三曰意境：亦张之于意而思于心，则得其真矣。"

借用王昌龄所突出的不同类型的意境特征，可将意境概括为物质境界、情感境界和哲学境界三个层次。物质境界强调对意象的塑造，通过艺术描写达到意象的形似，出现画意。物质境界是意境系统中最为稳定的一部分。在情感境界中，描述的对象已不是单纯的物象，而是蕴含着主观情感，表达"娱乐愁怨"的心意。在哲学境界中，通过对物象的解读和情感的领悟，在内心进行思索，达到顿悟的状态。

在峨眉山人文景观的环境中，表达佛法的至高无上，传达禅宗宗教观，实现禅宗以心传心的顿悟是人文景观的终极目的。这种追求既是山中佛教修行者的自身境界追求，也是希望传达给游山者的境界。为实现这种意境，峨眉山寺庵在建造过程中通过实体意象、空间组合的方式将抽象的宗教观念蕴含在实际的物象之中。而在观览者将物象还原为思想的过程中，意境的指引则起到了至关重要的作用。

峨眉山的题名、题对、诗词和传说，首先对于具有文化含义和美学功能的物象进行提炼和总结，引起观者的注意。这个过程不仅是对于既定物象的提炼，也是它的补充与完善，是鉴赏者对景物进行的再创造。通过这样一种指引，将平淡的现实物象在观赏者的眼中转化为一种美学意象，诞生出一种唯美的画意境界。

其次，将一系列的意象进行剪辑和组合，引导观者产生情感的共鸣，拓展审美的想象空间，达到情境交融、物我合一的境界层次。

最后，意境指引引导观者进一步地联想，对已经获得的审美感悟、情感体验进行体味和感悟，以获取语言之外的"不尽之意"，对所有现象的本质进行思考，达到哲学思索的境界。在这个层面上，峨眉山人文景观所蕴含的文化背景和哲学价值观念得到了再现式的还原，观者便达到了"顿悟"的境界。

值得注意的是，这样一种意境升华的过程，并不是由一座寺庵，或一组意境指引达到的。而是通过观者在峨眉山寺庵时空运动的过程中，受到所有物象与指引的影响，叠加而得。因而峨眉山寺庵的实体营造和指引，虽具有多种单体变化和风格演绎，但在观者的心理层面却显示出交融的统一性。在此过程中峨眉山的寺庵单体又融合成一个整体。

峨眉十景中的"双桥清音"是一个典型的、具有哲学意境的景观案例。

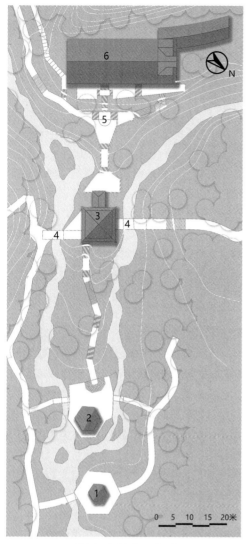

1 洗心台　2 牛心亭　3 接王亭
4 双飞桥　5 平台　6 清音阁

图6-9　清代清音阁平面图

双桥清音，指以清音阁为中心的散点式寺庵组团。该区域自下而上，分布着多个独立的宗教建筑，如牛心亭、接王亭和最高处的大雄宝殿，建筑左右两侧分别环绕着"黑龙江""白龙江"两条水系，形成幽谷流水的景观（图6-9）。

双桥清音位于峨眉山的中山。在清音阁以下，地形平缓，气候温和，庙宇与村落错落分布。而清音阁以上，山势陡峭，雾气浓厚，林木茂盛，居民稀少。清音阁也是峨眉山朝山的分岔点，道路到此分为南北两线，至雷洞坪会合。清代以前，石制道路仅修建到清音阁，往上只有更加难走的木栈道。无论从气候、人文特征还是朝山序列上看，清音阁都是一个重要的节点。它是朝山者经过长时间攀爬后的休息点。寺庵以优美秀丽的景色欢迎登山者，并为来往的行人提供餐饮和住宿服务。它也是下一段路程的起点。在这里朝山者需要制订计划，选择登顶的路径，并为真正进入山林区做好准备。

在完整的峨眉朝山序列中，清音阁是高山区的入口，是"世俗"与"佛国净土"的分界点。

当有人自山下而上，登至牛心亭内，首先听到黑白二江汇流的隆隆水声。晋人左思《招隐诗》中写道："何必丝与竹，山水有清音。"通过"双桥清音"这个名称的指引，游人能够将"清音"与此处终年不断的水声联系起来，理解其中的意境。山水清音，自然的天籁好过人工乐器，显示出峨眉"自然天成"的魅力。

牛心亭楹联"双桥两虹影，万古一牛心"。牛心指二江汇合处一块黑色的心形岩石（图6-9、图6-10）。楹联点提了黑白二水洗牛心的景观面貌。

由牛心亭溯溪而上，至接王亭中。接王亭得名于清代康熙年间皇室的朝山之行，显示出一种迎接的寓意。接王亭地板中心刻有"离垢"二字，寓意流水洗净俗尘。与"试立桥头一倾耳，分明两水漱牛心"的景观对应（图6-11）。

"离垢"二字，起到了单体意境升华和全山意境构建的作用（图6-12）。

一方面，以"离垢"这一意境指引为钥匙，引发感官联觉的想象。虽然游人在清音阁自始至终并没有真正接触到水，但通过听觉中的水声，联想到水的清凉、清澈洁净的质感和流过皮肤的感觉，在意识中感受到了水的触感，建立了"洗尘"的意象。进一步，在与佛教氛围的联想中产生放下世俗、洗涤心灵的顿悟。"双桥清音"由此从对自然景观赞颂的物质境界升华到心灵追求的哲学意境中。

另一方面，用水洗去仆仆风尘也有迎接客人的含义。"双桥清音"的"接王亭"和"离垢"既展现了相关的历史信息，也点明了一种新的迎宾

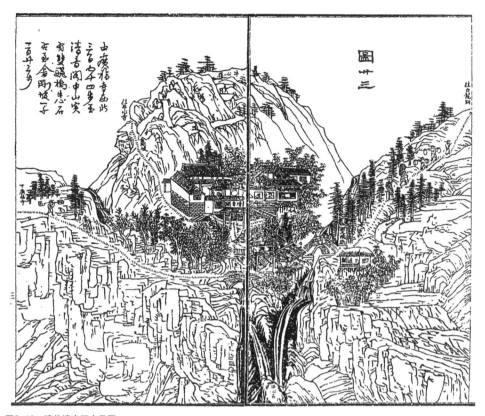

图6-10 清代清音阁全景图

(a) 牛心石与牛心亭　　　　　　　　(b) 接王亭　　　　　　　　(c) 大雄宝殿

图6-11 清音阁实景图

第六章 峨眉山人文景观文化意蕴与意境生成

图6-12 接王亭的离垢地雕

姿态。每一个登山者都是远道而来的贵客，在这里停歇，恢复体力，净化心灵，为真正的朝山做好准备。

从宏观的视角观察，清音阁作为一个登山途中的休整点，与山麓作为起点的第一座寺庙，以及金顶的华藏寺等重要节点构成了完整的朝山意境。从开始到高潮，从易到难，从世俗到佛国世界，各个寺庵虽具有多种单体变化和风格演绎，但在朝山者的心理层面却显示出交融的统一性，使峨眉山的寺庵单体融合成一个整体。

参考文献

[1] 肖遥，李方正，李雄. 英国乡村景观变迁中的文化驱动力[J]. 中国园林，2015，8：45-49.

[2] 伊恩·D. 怀特. 16世纪以来的景观与历史[M]. 北京：中国建筑工业出版社，2011：34.

[3] 史蒂芬·霍金，杜欣欣，吴明超译. 霍金讲演录：黑洞、婴儿宇宙及其他[M]. 长沙：湖南科学技术出版社，1994：62-63.

[4] 张陵. 老子想尔注[M]. 南昌：百度正版电子书公共版权授权http: //yu[&]du.baidu.com/[&]book/d19121[&]3c1c708a1294a442[&]?fr=aladdin&k[&]y=%[&]8%80%81[&]5%AD%90%[&]6%83%B3%[&]5%B0%94%[&]6%B3%A8，2016.

[5] 贤芝霁. 宗玄先生玄纲论·元气章第二[M]. 百度正版电子书公共版权授权http: //yu[&]du.baidu.com/[&]book/fa6abcb4d4d8d15ab[&]234[&]99，2016.

[6] 张伯伟. 禅与诗学[M]. 北京：人民文学出版社. 2008：222-223.

[7] 洞阳子. 太上洞玄灵宝天尊说救苦妙经批注[M]. 百度正版电子书公共版权授权http: //yu[&]du.baidu.com/[&]book/4013352c10a6f524cdbf8528.

[8] （宋）林希逸，陈红映校点. 南华真经口义[M]. 昆明：云南人民出版社，2002.

[9] 四川省地方志编纂委员会. 峨眉山志·宗教源流[M]. 成都：四川科学技术出版社，1996：227-228.

[10] 黄夏年. 峨眉山佛教在中国佛教中的地位和作用[J]. 宗教学研究，1993，Z2：31-38.

[11] 魏如松. 峨眉山禅宗传播考[D]. 四川省社会科学院，2007.

[12] 石峻，楼宇烈等编. 中国佛教思想资料选编. 菏泽神会禅师语录第2卷第4册[M]. 北京：中华书局. 2014：93.

[13] 荣梅. 禅宗"自然观"的理论内涵与美学意蕴[D]. 安徽师范大学, 2010.
[14] 普济著, 苏渊雷注释. 五灯元会·卷六[M]. 北京: 中华书局, 1984.
[15] （宋）无尽藏. 偈语[Z]. 两宋诗三百首[M]. 郑州: 中州古籍出版社, 1997.
[16] （宋）汾阳善昭. 示众诗[Z]. 禅诗词鉴赏[M]. 呼和浩特: 内蒙古人民出版社, 2008.
[17] 荣梅. 禅宗自然观谫论[J]. 安庆师范学院学报（社会科学版）, 2013, 3: 117-120.
[18] 大正藏（第33册）[Z]. 东京: 大正一切经刊行会, 1979: 726.
[19] 郭朋. 坛经校释[M]. 北京: 中华书局, 1983: 66.
[20] （唐）慧能. 菩提偈[Z]. 经典禅诗赏析[M]. 北京: 线装书局, 2007.
[21] （唐）李白. 蜀道难[Z]. 中国古典诗词名篇文化鉴赏[M]. 北京: 北京大学出版社, 2014.
[22] （元）脱脱. 宋史[M]. 北京: 中华书局, 1977.
[23] 黄开国, 邓星盈. 巴山蜀水圣哲魂——巴蜀哲学史稿[M]. 成都: 四川人民出版社, 2001.
[24] （宋）魏了翁. 鹤山集卷65[Z]. 上海: 上海古籍, 1987.
[25] （宋）苏东坡. 庄子祠堂记[Z]. 高海赴主. 唐宋八大家文钞校注集评[M]. 西安: 三秦出版社, 1998: 5633.
[26] （宋）苏辙. 历代论[Z]. 高秀芳, 陈宏天点校. 苏辙集[M]. 北京: 中华书局, 1990.
[27] （金）长荃子. 灵宝五符经[Z].
[28] （宋）李昉、扈蒙、李穆等编撰. 太平广记[M]. 武汉: 湖北辞书出版社, 2007.
[29] （元）陈致虚. 太上洞玄灵宝无量度人上品妙经三卷元始无量度人上品妙经三卷[Z].
[30] （清）黄以周. 续资治通鉴长篇拾补[M]. 北京: 中华书局, 2002.
[31] 骆坤琪. 峨眉山宗教历史初探[J]. 宗教学研究, 1984, S1: 27-34,14.
[32] （北魏）魏收. 魏书·释老志[M]. 延吉市: 吉林出版社, 2005.
[33] 寿勤泽. 北宋蜀学与文人画意识的兴起[D]. 浙江大学, 2008.
[34] （宋）欧阳修. 与张秀才第二书[Z]. 张春林编纂. 欧阳修全集[M]. 北京: 中国文史出版社, 1999.
[35] （宋）柳宗元. 答吴武陵论非国语书[Z]. 柳宗元. 柳河东全集[M]. 上海: 世界书局, 1935.
[36] 宋元学案补遗[M]. 四川大学古籍整理研究所. 儒藏史部历代学案[M]. 成都: 四川大学出版社, 2005.
[37] （宋）苏辙. 老子解[Z]. 曾枣庄等主编. 三苏全书, 第5册[M]. 北京: 语文出版社, 2001.
[38] （宋）苏轼, 顾之川校点. 苏轼文集[M]. 北京: 中华书局, 1986.
[39] （宋）苏轼. 书黄子思诗集后[Z]. 高海赴主. 唐宋八大家文钞校注集评[M]. 西安: 三秦出版社, 1998.
[40] （宋）黄庭坚, 吴言生等解评. 黄庭坚集[M]. 太原: 山西古籍出版社, 2007.
[41] （宋）苏辙, 屠友祥校注. 东坡题跋[M]. 上海: 上海远东出版社, 1996.
[42] （战国）李耳. 知北游[Z]. 孙通海译注. 庄子[M]. 北京: 中华书局, 2007.
[43] （战国）李耳. 刻意[Z]. 孙通海译注. 庄子[M]. 北京: 中华书局, 2007.
[44] 邵博. 题清音亭[M]// （明）李采, 范醇敬. 嘉定州志. 北京图书馆抄本.
[45] 常璩. 华阳国志[M]. 刘琳, 校注. 成都: 巴蜀书社, 1984.
[46] 张咏. 悼蜀四十韵[Z] 北京大学中文系文学研究生资料组编. 中国历代农民问题文学资料[M]. 北京: 中华书局, 1959.
[47] 马彪译注. 汉书[M]. 北京: 中信出版社, 2014.
[48] 费著. 岁华纪丽谱[M]. 北京: 中华书局, 1991.
[49] 贾大泉, 陈世松. 四川通志[M]. 成都: 四川人民出版社, 2010.
[50] 张承业. 漫话峨眉香会[J]. 民俗研究, 1992, 03: 73-74.
[51] 李泽厚. 意境杂谈[N]. 光明日报, 1957-06: 16.
[52] 袁行霈. 论意境[J]. 文学评论, 1980, 04: 134-142.
[53] 张少康. 论意境的美学特征[J]. 北京大学学报（哲学社会科学版）, 1983, 4: 50-61.
[54] 朱立元. 接受美学[M]. 上海: 上海人民出版社, 1989: 111-127.
[55] 鲁道夫·阿恩海姆著. 滕守尧, 等译. 艺术与视知觉——视觉艺术心理学[M]. 北京: 中国社会科学出版社, 1984: 609.
[56] 宗白华. 美学散步[M]. 上海: 上海人民出版社.1981.
[57] 蒲震元. 萧萧数叶满堂风雨——试论虚实相生与意境的构成[J]. 文艺研究, 1983, 1: 119-126.
[58] 赵循伯. 游峨眉山[M]. 超星学习通. https://m.chaoxing.com/search?appId=1000&sw=%E8%B5%B5%E5%BE%AA%E4%BC%AF%20%E6%B8%B8%E5%B3%A8%E7%9C%89%E5%B1%B1#INNER.
[59] 修行本起经[Z]. 王云路, 方一新. 中古汉语读本[M]. 上海: 上海教育出版社, 2006.
[60] 宗炳. 画山水序[M]. 陈传席译解. 画山水序叙画[M]. 北京: 人民美术出版社, 1985. 10.
[61] 何志愚. 峨眉山楹联诠释[M]. 北京: 中国文艺出版社. 2002.6.
[62] 褚遂良. 大唐三藏圣教序[M]. 太原: 山西人民出版社, 2010.1.
[63] 汤贻汾. 画筌析览[M]. 百度公共版权. http://yuedu.baidu.com/ebook/e72d0e2eff00bed5b8f31d2f?pn=1&rf=https%3A%2F%2Fwww.baidu.com%2Flink%3Furl%3D5lgBCl7UhLWtWdED_2BGU2W9Y_NdilZAo-wSZwxLD3pHifXwUAP8p9DjLwBreE6SEtCr3vhqSzueoVXQlho8OrBi米i4WNSUf米uQTIUYDQCg-42pfgWS908EsGK0E8iPHWuUOZ4JIS8vfU3hiPhf米BQyUG1cWNDXkbWfX米kKLB0O%26wd%3D%26eqid%3Dd6699384000bbeba0000000356eabe97.
[64] 侯幼斌. 中国建筑美学[M]. 北京: 中国建筑工业出版社. 2009: 308.
[65] 姚志强. 发生认识论的理论框架[J]. 怀化师专学报, 1999, 4: 31-35.
[66] 兰荣娟. 阅读信息接受: 主客体的持续建构过程——基于发生认识论和接受美学的读者阅读心理分析[J]. 贵州大学学报（社会科学版）, 2011, 4: 156-159.
[67] 谷向阳. 中国对联学研究[J]. 北京大学学报（哲学社会科学版）, 1998, 4: 125-134.
[68] 陈其兵, 杨玉烘培主编. 西蜀园林[M]. 北京: 中国林业出版社. 2009: 85.
[69] 峨眉山文管所编. 峨眉山楹联选集[M]. 杭州: 西泠印社出版社, 1983.

第 七 章

峨眉山人文景观的时空观与表达途径

景观的时间性已经是中外学者所公认的景观要素之一。英国学者纽拜从美学研究的角度评述了景观与时间的关系:"时间的流逝对风景较之对其他艺术更有意义……风景是受季节变换支配的……顺应自然力因时而变……风景是一组活动画片,它是在空间中也是在时间中展开的。"景观是由空间和时间构成的。时间可以通过季节气候的变化在景观空间中体现出来。

　　中国学者对传统园林、建筑和风景名胜景观中的时间特性也有共识。认为传统营造的过程中非常重要的部分就是"主动地、充分地利用和把握自然性的天时之美,使良辰和美景相互融合,使时间和空间相互交感,构成一个个风景系列。"在这些研究中,风景园林学者将"时间"纳为园林借景的对象,探讨了"时间"引起的季相、气象变化在景观空间构建和意境生成上的作用。

　　在峨眉山人文景观中"时空"概念总是反复出现。在寺庵的空间实体序列中,游览的先后顺序、游览的时长和节奏是时空关系的一种体现,影响着游览者的心理感受。在峨眉景观意境中,四季更替、时代变迁是寺庵意境的核心主题之一。时间和空间还具有超越审美的深层次交融,这些均体现在峨眉景观中。

第一节　人文景观的传统时空观

　　峨眉山人文景观具有"三教会宗"的特征,以"自然而然""顺应天道"的"易学"价值观为核心观念,认为在事物的表象背后存在着支配万物演变交替的规律,并将这种规律称为"道"或者"天道"。

　　"天道"是一种时空关系。《易经·系辞》中写道:"日往月则来,月往日则来,日月相推而明生焉。寒往则暑来,暑往则寒来,寒暑相推而成岁月焉。"时间流逝带来的物象变化是人对宇宙演变的基础认识。《吕氏春秋》又说"民以四时寒暑日月星辰之行知天",提出了通过季相流转、时间变化来了解"天道"的方法。可见,在以"易"为核心的中国传统哲学观中,时空关系是万事万物变化的基本规律之一。

一、时空哲学观

(一) 时空一体

　　现代"时空"一词,指"时间"和"空间",是依据现代西方物理学发展出的概念,而并非沿用的传统词语用法。与现代"空间"含义近似的传统词汇为"宇宙"。

　　宇,原意为"屋宇"即屋檐,由于屋檐的空间限定作用引申为空间。

宙，原意为"梁柱"。建筑中的梁柱是空间的支撑骨架，指代时间。

战国尸佼所著的黄老著作《尸子》中提出了"四方上下曰宇，往古来今曰宙"的宇宙概念，认为四方上下的三维空间叫"宇"，而过去未来的时间叫作"宙"。"宇宙"作为一个词语，描述了世间存在的万事万物。

"宇宙"的合用，显示出中国传统文化中时空一体的观念。"道"分阴阳，"宇宙"也包含了这种"阴阳"关系。"宇"是物象，为阳，"宙"是物象产生的源头，为阴。"宙"时间的变化促使"宇"事物的表象发生变化。而事物的变化又展现了时间的变化。"阴阳"演化就包含在了"宇宙"系统中。"宇"和"宙"组成了"阴阳"两面。这两面并非对立的关系，而是同一本质的不同面相。

由阴阳化的"宇宙"认识可知，在传统文化中，时间与空间作为万物演化规律"道"的两个方面，在本质上是源头与表象的一体关系。

（二）时空轮回

在源自易学的中国传统时空观中，时空是环状和循环的。《列子·汤问第五》对万事万物的开始和结束进行了讨论："物之始终，初无极已。始或为终，终或为始，恶知其纪？"认为时间和事物的发展中有许多轮回，一个轮回的完结就是下一个轮回的开始。

这种时间与空间共同轮回的观点在传统历法中得到了充分的表现。

传统历法由节气、干支纪时法和阴阳合历构成。

1. 节气

节气，依据一年内太阳在黄道上位置的变化和引起的地面气候的演变依次分为二十四段，每段约为半月，分列在十二个月中的历法。宋代王应麟所著的《玉海》解释道："五日为一候，三候为一气，故一岁有二十四气。"依据这个解释，可以看出，节气是包含了时间和空间的概念。节是一种纪时方法，气是时间变化所引起的气象气候。

节气中还包含了四时的概念，"立春"至"立夏"为春季，"立夏"至"立秋"为夏季，"立秋"至"立冬"为秋季，"立冬"再次回到"立春"为冬季。四季既是时间标识，又对应了气象与事件："春赢育，夏养长，秋聚收，冬闭藏。"

在节气制度中，时间和气象气候变化都是循环往复的，每一年都从"立春"开始，循环二十四次后再回到"立春"，开始新一轮的循环。

2. 干支纪时

干支纪时法是我国特有的传统历法。干支用于纪时、纪月和纪年。

干支，包括"天干"和"地支"。"天干"即甲、乙、丙、丁、戊、己、庚、辛、壬、癸。"地支"即子、丑、寅、卯、辰、巳、午、未、申、酉、戌、亥。"天干"和"地支"两两对应组合，形成的六十个单位，被称为六十甲子或六十花甲子（图7-1）。

使用干支纪时时，每一天、每一月和每一年都用一对干支表示。六十干支，以"甲子"为初始，每一天、每一月或每一年使用一对新的干支，这样按照顺序记录，在60个单位轮回后再回到"甲子"。为了明确所记录

甲	乙	丙	丁	戊	己	庚	辛	壬	癸
甲子	乙丑	丙寅	丁卯	戊辰	己巳	庚午	辛未	壬申	癸酉
甲戌	乙亥	丙子	丁丑	戊寅	己卯	庚辰	辛巳	壬午	癸未
甲申	乙酉	丙戌	丁亥	戊子	己丑	庚寅	辛卯	壬辰	癸巳
甲午	乙未	丙申	丁酉	戊戌	己亥	庚子	辛丑	壬寅	癸卯
甲辰	乙巳	丙午	丁未	戊申	己酉	庚戌	辛亥	壬子	癸丑
甲寅	乙卯	丙辰	丁巳	戊午	己未	庚申	辛酉	壬戌	癸亥

图7-1 六十甲子组合表

的是日、月还是年，在实际使用干支时往往会标示清楚。如戊子年、戊子月等。

干支纪时的轮回方法，也代表着传统时空的循环观。在每日和每月的循环中，重复着日出日落、春去秋来的变化，而在一甲子年的轮回中，则上演着朝代的更替。时间和空间物象的变化不断循环，永无止境。

3. 阴阳合历

"阴历"指依据月亮盈缺的周期规律作为纪时方式的制度，每月为29或30日。"阳历"是依据太阳的运行规律的历法，一年365天。在"阴历"和"阳历"中，时间以月和年的方式不断轮回。为了将时间周期和天象、气象等空间物象更好地结合起来，我国的历法采用阴阳合历的方式，将阴历的朔望月制度和阳历的回归年制度并列，形成一种能够指示农时的历法。但由于朔望月和回归年间没有公约数，在循环过程中会造成季相指示的误差，因而以增加闰月的方式保证时间历法与季相的对应，在月、年的轮回基础上增添了闰月、闰年的时间轮回。阴阳合历的计时方法也体现了时间与空间的共同循环。

（三）时空偶因论

法国学者路易·加迪（L·Gardet）在研究中国文化和时空观时，引述了马勒伯朗士（Malebranche）提出的"时空偶因论"。认为在中国文化中有着这样一种时间偶因论[①]意识，即"各种生物唯有使自己处于适当的位置，才能够从宇宙中活动的神圣力量中获益。"即，事件的发生和发展趋势与事件开始和结束的时间具有相关性。适宜的时间能够带来事半功倍的效果，而错误的时间将会带来灾祸。

时空偶因论实际是"顺应自然"的一种现代解释。在中国传统中表现为巫占术和堪舆术。在这两种传统"占卜"方式中，确定时间中最吉祥的时刻是十分重要的步骤。人们利用龟壳、罗盘的演算来寻找事件和时间的对应关系。这种思想还渗入了日常生活中，并延续至今。例如传统日历中的"黄历"，标识了每一天适合做的事情和不能够做的事情，包括动土、祭祀、娶嫁、搬家的时间。可以说，这种时间—事件相关联的思想是传统时空观的重要组成部分。

---

① 偶因论认为，一些看似偶然的现象背后，其实有一种规律或神秘力量在控制。

二、时空伦理观

在时空哲学观点的支配下,儒释道对时空做了进一步的解释。其中儒家赋予时空以秩序和伦理,对我国整体时空观产生了巨大的影响。

(一)天时与礼制

在我国传统认知中,时空的变化规律被认为是万事万物的基本规律之一。人们初步观察到时间、天象、方位和气候间的关联。早上东方日出,带来光亮和温暖。一年中较早的春季,雨水充沛,气候温和,万物生长。这种质朴的经验促使了时空偶因论的产生。人们逐渐认为时间是事件凶吉的制约因素之一。在合适的时间中,以合适的时序完成某件事可以带来吉祥,反之可能带来灾祸。

这种朴素的偶因论经过儒家的进一步发展,取得了相对固定的模式,形成了天时天道的认知。儒家"天道"与道家之"道"有着相似的含义,指推动万事万物发展演化的基本规律。《吕氏春秋》中记述道:"民无道知天,民以四时寒暑、日月星辰之行知天。四时寒暑、日月星辰之行当,则诸生有血气之类皆为得其处而安其产。"这些文字指出,天时变化是"天道"的一部分。人们通过观测天时天象建立历法。虽然天时在当时社会生产中非常重要,但并不是人人都能够参与天象观测。只有统治阶层才有专人观测天象。当天象观测完成后,统治阶层会编制历法,再授之于民,并要求人民依据历法安排劳作。这种过程在传统社会中甚至与祭祀相关联,是中国传统"礼制"的一部分。《礼记·利器第十》中说:"礼也者,合于天时,设于地财,顺于鬼神,合于人心,理万物者也"。又说:"礼,时为大",表明了在"礼制"中天时的重要性。

在关于天时的礼制祭祀中,晨昏、四时、时中是极为重要的三组概念。

晨昏,指日出及日落的变化,是每一日的标志。在传统礼制祭祀中,日出的早晨和日落的黄昏被认为是十分重要的时刻。在家族中,晨昏是向长辈请安的时间。在国家中,实行"寅宾出日"[①]的祭祀,祈求国运昌盛。

四时是另一项重要的礼制祭祀的对象。四时指四季,是在日月的变化影响下产生的节气变化。《礼记·月令》中详细记述了四时的变化,国家依据四时安排农事、祭祀乃至是否用兵出征。以孟春之月(立春)为例:"是月也,天气下降,地气上腾,天地和同,草木繁动。王命布农事,命田舍东郊,皆修封疆,审端径术,善相丘陵阪险原隰,土地所宜,五谷所殖,以教道民,必躬亲之,田事既饬,先定准直,农乃不惑。是月也,命乐正入学习舞,乃修祭典,命祀山林川泽,牺牲无用牝。禁止伐木,无覆巢,无杀孩虫、胎夭、飞鸟,无麛无卵,无聚大众,无置城郭,掩骼霾髊。是月也,不可以称兵,称兵必有天殃。兵戎不起,不可以从我始,无变天之道,无绝地之理,无乱人之纪……"

在相应的时段,必须实行相应的政令,否则就会违背天时,国家将遭受祸害:"孟春行夏令,则雨水不时,草木蚤落,国时有恐。行秋令,则

---

① 迎送太阳的祭祀。

其民大疫,猋风暴雨总至,藜莠蓬蒿并兴。行冬令,则水潦为败,雪霜大挚,首种不入。"

《礼记·月令》中还记录了立春、立夏、立秋、立冬四个时间节点,皇帝在东、南、西、北四个方位的城郊举行祭祀迎接春夏秋冬的礼制。

古代儒家对于日月晨昏和四时的崇拜,以及对于天时的顺应,将天时上升到了礼制教化的高度,使得时间成为社会伦理的重要组成部分。

除晨昏、四时概念外,儒家礼制还有一组重要的概念"时中"。"时中"源自《周易》:"蒙,山下有险,险而止,蒙。蒙亨,以亨行时中也"。这句话是在解释"蒙"卦,大致意思是遇到险阻停下来,要顺利通过就要因时而动,这个合适的时间就是"时中"。"时中"是独立于晨昏、四时外的概念,指代做事时最佳的天时。"时中"说是时间偶因论的典型例证,是古人"顺应天时"的思想表现。

(二)方位与秩序

传说在夏商时期,古人就通过长期的天文观察,认识到了天空东、南、西、北的天象变化和春、夏、秋、冬四时的联系,其中最为明显的就是北斗七星的方位:"斗柄东指,天下皆春;斗柄南指,天下皆夏;斗柄西指,天下皆秋;斗柄北指,天下皆冬。"如此自然而然地产生了"东春、南夏、西秋、北冬"这样方位—天时的对应概念。进一步地,在天文观测和五行学说的参与下,形成了"春东木、夏南火、秋西金、冬北水"这样一种五行—方位—天时对应的认知(图7-2)。最终,在四方、四时的概念中融入了色彩和神兽,形成了稳定的"东苍龙、南朱雀、西白虎、北玄武"的方位观。又由于古人习惯把南方作为前,北方作为后,东方为左,西方为右,所以又有了"左青龙,右白虎,前朱雀,后玄武"的说法。

除四方外,传统方位还有"中"的概念。《说文解字》写道:"十,数之具也,一为东西,一为南北,则四方中央备矣。"表明了四方与中央的概念。中虽然并不对应天时,不属于任何一个季节,但也对应着五行属性和守护之神:"中央,土也,其帝皇帝,其佐后土,执绳而制四方。其神为镇星,其兽黄龙,其音宫,其日戊己。"从这段记述中可以看出,"中"具有凌驾于"四方"之上的地位,在空间地位、五行属性等方面都处于控制性地位。

时间和方位的对应,使得传统礼制中的"时间偶因论"能够转化到空间之中。不同方位所对应的时间和五行表达着源自时间礼制的凶吉属性。和时间偶因论一样,在表达时间的空间中,适宜的方位有助于事情顺利地进行下去,而不适宜的方位则代表着前途的凶险。

这种空间凶吉观念是传统空间布局的重要礼制依据。在都城、陵墓和居所的选址布局都有着相应的体现。宋代聂崇义所著的《新定三礼图》中就记载了理想王城的形态:城市为方形,道路南北或东西向,十字交错,中心为王宫(图7-3)。

四方、中央的礼制观是四时时间观的空间转化,既包含了空间方位关系,也对应着天时。从时空哲学观和时空伦理观的分析中可以看出,古代

图7-2 方位与五行的关系

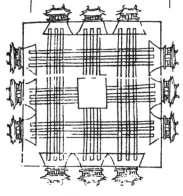

图7-3 理想王城布局

礼制是时空哲学的一种具象表达。这种表达将形而上的时间和空间转变成具象的时空象征，并通过具体的形象体现出来，如象征四时四方的五行、神兽、色彩、空间形状和方位等。将抽象的时空偶因论（凶吉观）通过色彩、方位、空间形态的方式，体现在环境中。

第二节　景观中的时空表达

时空伦理制度影响着传统生活的方方面面，包括传统构建模式。

如同人们需要通过文字符号来表示语言一般。时空伦理制度通过物质界面的空间组合、形态体量、色彩质感等物象因素实现从观念制度到景观实体的转变。

在这样的转换过程中，景观的空间结构和时间动态表现出两种转换方式："共时"转换和"历时"转换。"共时"指的是事物在某一个时间节点上的投影，是对静态时间中物体所表现出的特征进行研究的过程。"历时"如同树干的纵剖面，是将历史进程对事物产生的影响进行研究的过程。"共时"和"历时"共同构成了事物的时空整体。

在中国传统时空观中，存在两组相互独立又相互统一的观念，一是"时刻"，二是"时序"。"时刻"是在时空偶因论的影响下，把流动的时间中一些特定的时间节点摘取出来，并赋予特定的含义。这些具有特定含义的静止的时间节点被称为"时刻"。"时序"是在时间流动的过程中观察事物发展变化的过程，是无数时间节点的叠加。

第三节　人文景观的共时表达

景观的"共时"表达，指将具有特定含义的时刻以景观的手段表达出来的过程。在峨眉山人文景观中主要有以下体现：

一、重要天时的空间物象表达

共时表达指将时间中具有重要含义的时刻表现为空间物象的过程。"时刻"是这种转化的基本依据。在寺庵中，这种"时刻"表现在修行者的日常生活时序中，也表现在建筑建造的空间规律中。

（一）顺应天时的修行生活

历史上，峨眉山中的佛教修行者主要遵循禅宗戒律。禅宗戒律涵盖了修行者生活的方方面面，包括传戒受戒、衣食住用、寺院管理、修行生活、外出交流、宗教活动和仪式及各种礼仪制度等。其中，顺应天时是这些戒律的运作核心。古代禅宗寺院生活以年为一次轮回的单位，其中每日、每月、每季和每年都按照一定的顺序安排僧人和参拜借宿者的生活。每一日五时起床，进行早课，在清晨至午时间可以进食，傍晚晚课。每月初一、十五或十五、三十两日进行两次"布萨"，所有僧人聚集在一起以戒律为对照检查个人的行为。每年有两次"安居"，在农历四月十六至七月十五以及十月十五至正月十五期间寺庵闭门谢客，不再为游人、参拜者和脚行僧提供食宿，寺庵内的受戒僧也不能离开寺庵，专心坐禅。除这些活动外，僧人参禅、念经、饮食、更换季节衣物……种种细节也需要按照一定的时序进行，日复一日，规律地轮回。

寺庵内为了明确各种活动开始和结束的时刻，采用了种类繁多的敲击法器进行提示，将抽象的时刻转化为可以听见的声音。常见的敲击法器主要有钟、鼓、磬、板等。钟鼓之声是文人吟咏峨眉山的常见题材。李白诗作《听蜀僧弹琴》写道："馀响入霜钟，不觉碧山暮，秋云暗几重"，书僧弹琴至黄昏时分，琴音和钟声共鸣。诗人所描写的钟声充满了诗情画意。在寺庵的修行生活中，钟鼓声也是最重要的提示。如报时、集合提示、早晚课提示、用斋提示、进行佛事、警示等都会以不同的方式敲醒钟鼓。寺庵做法事时则敲"磬"，进出禅堂时则敲"板"。各种敲击声音按照时序响起，形成了朝暮不断的声音景观。

（二）顺应"天时"的构筑模式

寺庵中的共时性，不但体现在顺应天时的修行生活中，还体现在建筑空间模式中。

1. 构筑中的天象模数

天象观测是中国传统文化重视时空变化的一种体现。在天象观测的过程中，观测者将一些天象规律提炼为"象数"的形式，并形成占卜、礼制象征的基本模范。在建筑和园林构建中常见的"象数"分为"天数""地数""大衍""策数"等，这些数据依据阴阳、四时、十二时辰等基础数据计算演化而成，具有象征天时的意义。周易对这些数据有明确的记载："天数一，地数十""大衍之数五十有五""乾之策二百一有六，坤之策一百四十有四，总成三百六十，故方三百六十步。"在建造活动时，这些数字控制着开间数量、柱子数量、台阶级数、台基周长等模数。这种暗合天象的模数在传统官式建筑，尤其是宗祠祭祀建筑中十分常见。

峨眉山寺庵建筑接近民居，建造方式朴素自然，以小杂式为主，但在模数处理上仍然具有官式建筑的"天象"模数特点，尤其在佛殿部分，在开间、台阶数、建筑层数、柱数、台基层数等部分多有三、五、九、十二、二十五等"象数"出现，建筑形态严整，比例协调。

2. "时刻"借景

寺庵空间对"时刻"的重视，不但表现在具体的物象与空间构成中，还表现在意境营造中。时空认识，通过各种意境指引表达出来。峨眉山意境营造中常见的时间意象可以概括为两个系统。

首先是时分和时景系统。时分，指一天中的不同时刻，如清晨、正午、傍晚、深夜等。与这些时间相伴的是不同的时景，如清晨的日出和露水、正午明亮温暖的阳光、傍晚的夕阳云海、深夜的月光星辰和冷冽的凉风等。

其次是季节和季相系统。季节指春夏秋冬的节气时间段。季相则指在不同时间段中自然所显示出的不同景观样貌，如春花、夏蝉、秋叶、冬雪等。

时分和季节是一种时空观念，而时景与季相包含了气象、天象、动植物生命周期等实体元素，属于"景"的范畴。在峨眉山寺庵意境的生成表达过程中，正是通过对这些"景"的描述，达到表现时间观念的目的，将不同"时刻"的美景引借至寺庵空间之中。正是"春、夏、秋、冬、早、暮、昼、夜，时之不同者也。风、雨、雪、月、烟、雾、云、霞，景之不同者也。景则由时而现，时则因景而知"。

二、四方中央的布局模式

古代人对具有特殊意义的时刻进行进一步的抽象和提炼，形成了四方和中央的方位礼制概念。四方来源于四时，而中央是四方的统领。四方与中央在传统城市、建筑和园林营造中反复出现，是寺庵共时性表达的重要构成部分。

（一）表现"四方"意识的山水布局

峨眉山寺庵相地择址的重要依据之一是山水结构。传统建筑学以背山面水的庇护—眺望结构为最佳择址点，并对四周环绕的山体提出了形态要求。择址点四面环山，背山为玄武，面山为朱雀，左为青龙，右为白虎，即四面环绕"四象"的位置格局。传统"四象"实际是四方的象征，一般与"东南西北"四个方位相对应。但由于峨眉山山体走势与复杂的局部地貌，寺庵作为生活、艺术和宗教的结合体，难以保证严格坐北朝南的走向。因而采取以"左右上下"代替"东西南北"，依据具体的山川脉络安排择址布局。

四方意识不但表现在对大区域环境的辨别选址上，还表现在寺庵建筑群体组合中。传统禅宗寺庵具有极强的方位规则，佛殿、法堂坐北朝南，东西两侧布局僧寮、客房及厨房、餐厅等生活服务设施。这种东南西北四个方位的房屋布局是天时天象秩序和时空礼制的直接投射。在峨眉山具体的环境中，由于实际山势走向的限制，建筑布局方位以山川四象替代实际的四方，表现为佛殿法堂背靠"玄武"，面向"朱雀"，居住服务建筑顺应"青龙""白虎"的走向。

总而言之，在峨眉山地环境中，四方意识是通过以山水形态的格局，替代真实方位来体现的。不同特征的山体代表象征"四方"的"四象"，建筑又以"四象"定位，显示了"四方"时空礼制意识在山地环境中的灵活应变。

（二）以"中央"为主体的中轴式布局

峨眉山寺庵对"中央"的强调是十分明显的，表现为：

1. 中轴式的布局

峨眉山地形变化复杂，为适应地形，寺庵布局既有井院式的布局，也有散点式布局。在这两种布局形式中，中轴的控制力都是十分明显的。在井院式建筑组团中，由于地形原因院落之间也有转折与跌落，但都通过空间处理尽可能地消隐。对于自然式布局的寺庵来说，建筑与节点一般位于整个构图的中心，通过视线连接成相互对望的"虚"轴（图7-4）。这种规律明显的布局方式与其他山林的自然式寺庵具有显著的区别。

2. 中央建筑等级的凸显

通过建筑做法的等级凸显中轴寺庵的重要性。这些加强建筑等级的做法同时体现在屋顶、屋身和台基上。包括增脊、加高中堆、装饰正脊、增加层高、抬升台基等做法。在井院式建筑组团中一般中轴建筑等级高于两侧，正檐立面高于背檐立面和山面。

寺庵内外部环境也起到烘托主体建筑的作用。引导空间的中轴布局是山中寺庵的通识手法之一。与青城山和乐山乌尤寺自然曲折的引导空间不同，峨眉山寺庵长短引导空间显得更为直接，与山门保持正向对应。在浓密多变的密林空间中，这种直观的引导空间能够起到良好的指示性作用。

其他常见手法如对植、列植、山门置石、放置对狮等，通过强化空间的围合感，控制视线方向，凸显中轴主体建筑（图7-5）。

3. 宗教功能的中轴聚集

峨眉山寺庵具有庙居合一的功能布局特征，宗教功能、起居功能和生活服务功能常在同一幢建筑中解决，并不以院落分隔。其中进行宗教活动的部分集中布局于中轴线上，包括山门、佛殿、法堂、藏经楼等，其他功能则布局于两侧。

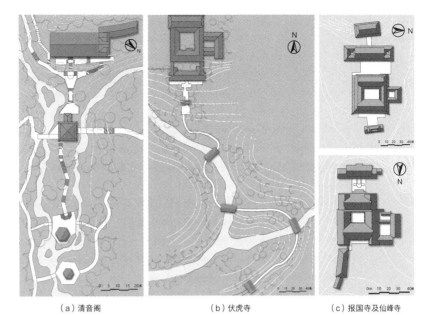

（a）清音阁　　　　　　　　（b）伏虎寺　　　　　　　（c）报国寺及仙峰寺

图7-4　峨眉山寺庵的中轴式布局

图7-5　通过提升高度、改变建筑形态，增加对植植物和铺装暗示来强调中轴建筑的地位

第四节　人文景观的历时表达

历时表达，指时间流逝的历史进程在峨眉山人文景观层面的表达。它建立在对时空整体的认知基础上。

在中国传统文化中，时间与空间是一体的，时空的轮回演化是自然的基本规律。但在单体生命中，时间仍然是线性存在的，流逝的时间永不再回来，因而面对事物的凋敝难免有悲怆之感。但在峨眉山环境中，时空轮回的观念明显更胜一筹。禅宗与道教乃至巴蜀地方文化，都强调"顺其自然""自然而然"的价值观念，讲求顺应自然的变化规律，追求本心。在这种文化背景下，人们对于时间的变化和事物的更替表现出一种更加包容与平和的心态。具体表现在峨眉山人文景观中，便是对寺庵兴衰的淡然和对时空变化的包容。这种意识具体表现在以下几个方面：

一、历代建设与寺庵的有机生长

自两晋时期峨眉山建立起第一座寺庵以来，寺庵时有兴废，经历了多代人的反复建造。从《峨眉山志》《峨眉山志补》的记载中可以看出同一寺庵的建设历程："光相寺……相传汉明帝时建，名普光殿……洪武遣僧宝云重修……明末倾圮，清巡抚张德地捐俸重修。""伏虎寺……宋绍兴间……高僧士性建尊胜幢一座……明末毁于兵火。继得贯之和尚携其徒可闻禅师结庐接待……清顺治十八年巡抚司道捐俸修建……甚为弘敞，诚峨眉之大观也。"目前山中尚存的26座寺庵都经历过历代的反复修复、重建和扩展。

在这种修复重建的过程中，寺庵展现出一种有机生长般的发展方式。

对于引导空间和环境空间来说，景观单体是随着寺庵的建设逐渐增加的。当寺庵规模扩大时，自然形胜单体、建筑小品和香道也逐步丰富。以清音阁为例，清音阁主殿建于北宋年间，为宋太宗赵光义发愿建设。南宋时，在绕清音阁流动的黑白二水上建设两座拱桥，名曰"双飞桥"，又名"双溪桥"或"双龙桥"。清康熙年间，康熙皇帝派遣头等侍卫海清伍格，向峨眉山各大寺御赐匾额楹联。为迎接御驾，在主殿下增建"接王亭"。《峨眉伽蓝记》记述了这件事："接王亭，王者孰谓，谓御前头等侍卫海清伍格也"。此后，清音阁前还先后建造了"牛心亭""万古清音"石碑等，逐渐形成了目前"双桥清音"丰富的景观面貌。

对于寺庵建筑而言，这种跨越时代的有机生长特征也十分明显，主要有两种方式：

一为在原有建筑的遗址基础上修复或重建。山中如纯阳殿、雷洞坪、遇仙寺、神水阁等寺庵都采取这样的更替方式。通过观察纯阳殿可以发现，建筑屋身和屋顶具有显著的明清建筑特征。但台基却采用唐宋隔身板柱式台基样式。这正是由于纯阳殿于明代修建时，利用了宋代"新观"的台基。还有报国寺中的七佛殿，石栏杆上雕刻的却是太上老君等道家人物，也是由多元融合发展得来。

另一种长期存在的寺庵，是随着僧人规模的扩大和游人数量的增多，原有寺庵建筑难以满足新的功能要求，因而多在原有寺庵的基础上进行扩建。这些寺庵采取了四川山地民居的扩建方式：一是在原有建筑的基础上，增加搭檐和墙体，扩展建筑面积。二是以合院为基本单元，依据山势，灵活地延伸、增加、加接，扩展寺庵建筑的群体体量。这两种扩建方式常用于拓展寺庵建筑的生活区及服务区，使建筑在保持佛殿整齐中轴的基础上，增添亲切多变的特性。值得注意的是，在狭窄的山地环境中，允

图7-6　万年寺无梁砖殿的历史演变

许建筑扩张加建的空间范围是十分有限的，但峨眉山寺庵却能够实现数代的加建，可见在建造初期，寺庵建筑的空间布局就采取了留有余地的做法，并未将山间空地填满。

在历时层面的多次建造和修复中，使得一座寺庵具有了不同时代的构造特征。这些十分不同的时代印记通过长时间的磨合和浸润，紧密地结合在一起，构成寺庵整体，因而显示出一种跨越时空的诗意。

万年寺无梁砖殿是其中的典型代表。2005年峨眉山博物馆馆长熊峰对万年寺无梁砖殿的历史演变过程进行了挖掘，从美国传教士Virigil C. Hart于1888年撰写的"*Western China: A Journey To The Great Buddhist Centre Of Mount Omei*"一书中发现一张清代无梁砖殿的素描，并考证了无梁砖殿由明代初建的拱顶式建筑，演变为楼阁覆罩，发展至今为喇嘛塔式建筑的过程（图7-6）。在万年寺无梁砖殿的演化过程中，历时过程中的社会因素、文化因素、审美因素和建造工艺技术通过建筑性质的变化和融合体现出来。最初的明代无梁殿出于为明神宗生母祝寿的理念，结合"天圆地方"的宇宙观，采取龟形圆顶结合方形墙身设计。而后经过多次火灾，最终在顶部增加了喇嘛塔五座和吉祥神兽的装饰，使无梁殿具备了金刚宝座塔的特征。砖殿由龟形顶演变成为今天的金刚宝座塔形象，是峨眉山僧聪明才智的体现。在砖殿龟形顶上增建喇嘛塔，是防止砖砌胎螺结穴处雨水渗漏的工程措施。结合藏式建筑特点，也成为新的文化符号和装饰因子。"自然的生长"在峨眉山寺庵建造过程中普遍存在。因而峨眉山寺庵并非是某一时刻由某些设计师规划建造的，而是在时间进程中，经过自然兴衰缓慢"生长"出来的。

这种"自然的生长"还表现在寺庵整体布局中。例如山中值得注意的是，这些现象并不是经过规划设计产生的，而是历史进程中的自然选择，是峨眉山人文景观的历时表达结果。

二、丰富的景观意象和交叠的时空境界

流动的时间赋予峨眉山寺庵的不单是形态的丰富性，还有思想意境的丰富性。

生成峨眉山人文景观意境的文化背景和价值观也属于社会意识的一部分，是各时期社会状况的反映。峨眉山的主要社会功能是宗教功能，主要核心意识是宗教意识。在峨眉山历史进程中，佛道进行过激烈的宗教竞争，因而在不同的历史时期，显示出或佛或道的意识倾向，又融合了巴蜀儒家学派思想。这些意识通过人文景观的方式保留下来，形成了峨眉山丰富的景观意象和交叠的时空意境。

景观序列是这种时空交叠的宏观产物。峨眉山景观序列是在道教皇人授道的叙事基础上，演变发展而来的。从历时表达的角度看，这种景观序列正是时代社会意识交叠融合的产物。

景观意象是表达意境的重要因子。峨眉山人文景观所具有的虚实意象除佛道典故外，还具有大量唯美的文人意象和民俗吉祥意象。这些意象的同时出现是历史演变中"自然"选择的结果，是景观的"历时"性表达。

第五节　景则由时而现、时则因景而知的实例解析

景则由时而现，时则因景而知。峨眉山人文景观是空间的产物，也是时间的产物。

从共时角度来看，峨眉山寺庵是"时刻"的景观表达，通过空间布局和形态转化，将传统时空意识中具有特殊含义的重要时间节点表达为能够感知的空间物象，体现了时空偶因论的基本认知。

从历时的角度看，峨眉山人文景观又是历史的产物，其景观外在形态、空间布局、细部装饰、制作工艺和内在文化意境都是社会意识的投射，是时代政治、法律、道德、宗教、形而上学等因子的综合体现。在漫长的历史演化过程中，以佛道为核心的意识价值观相互融合，塑造了峨眉山人文景观融合各时代建造特征，兼具佛道意象的景观风格。

以仙峰寺为例（图7-7）。仙峰寺位于峨眉山著名的陡坡九十九道拐上。九十九道拐又名寿星坡，道路沿陡坡曲折向上，呈"之"字形，迂行数里。沿道路向上，沿途山川秀美，石峰险峻，如同展开的山水长卷。

仙峰寺相传于明万历四十年（1612年）由本炯和尚在元代小庙慈延寺的基础上扩建而来，又名天峰禅院。明崇祯十六年（1643年）毁于火。清乾隆四十三年（1778年），江西太和县泰安、玉升和尚来峨眉朝山时重

图7-7 清代仙峰寺全图

建，并发展至今。

仙峰寺的建筑从清代重建时起，历经增改。从清代山图中可以看到，重建后的仙峰寺为一处对称的合院建筑，位于山间一处宽敞的平台上。建筑没有山门，以第一重大殿作为全寺入口。入口正立面造型别致，正中为一座二层歇山顶建筑，中部开敞，上悬"先锋寺"匾额，两侧为对称的三层建筑，以山面朝向游人。两侧建筑较中部突出，增加了建筑立面的层次，凸显了入口空间。从九十九道拐拾级而上，过莲花峰后登上两级平台，向左贴寺庵南侧过九龙池下行为九老洞，向右通过仙圭石上行可达金顶。

现在的仙峰寺在清代基础上又进行了数百年的加建。在主体建筑左侧增加了客房"餐秀山房"，右侧搭接跨院，以后勤服务为主，后侧增加舍利塔（图7-8）。仙峰寺的加建一方面满足了功能上不断增长的需求，另一方面又丰富了内外空间变化，顺应地势的高低起伏宽窄变化，将建筑与地形紧密地结合起来。首先，建筑主体所处的山地左侧紧邻悬崖，右侧峰峦矗立，整个视觉中心位于建筑右侧。加建时在地形狭窄的左侧，在原有山面外增加一排狭长的客房，在视觉上加强了左侧的空间分量，使建筑立面更为均衡（图7-9）。同时该建筑横跨于仙峰寺去往九老洞的必经之路上，顺理成章地成为九老洞的入口。加建部分与原有建筑形成的钝角，进一步强化了入口之感，同时也转化了进入的方向，将原有的九龙池作为穿过门洞后的对景（图7-10）。主体建筑右侧的院落虽然占地较大，却处理得十分低调。整个院落较山门后退，色彩朴素，山墙封闭，不加装饰，很好地融入了仙峰寺的立面中。

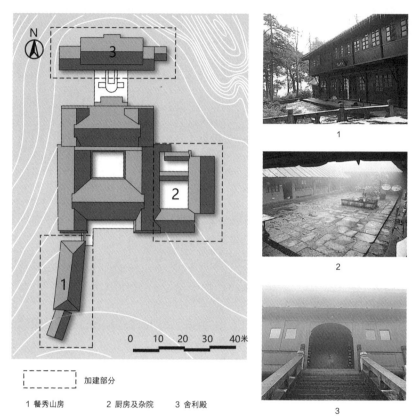

加建部分

1 餐秀山房　　2 厨房及杂院　　3 舍利殿

图7-8　仙峰寺平面及立面图

图7-9　餐秀山房在视觉上平衡了建筑入口立面的重心

图7-10 餐秀山房与原有建筑形成的入口，以及与九龙池的对景关系

餐秀山房与舍利塔的建造还起到了增加立体层次的作用。仙峰寺原本建筑位于第二层台地上，整体较为平坦。餐秀山房利用第一层台地建造，舍利塔顺应山势，增加了寺庵后的第三层台地。穿行在几重大殿间可以看到，不同时期的屋顶灵巧丰富地相互穿插，随地形起伏，带来了多灭点的透视效果。通过高低顺接、插接、庭院围合、水平插接和披檐连接，形成了有机的整体。原本平淡的建筑布局经过时间的洗礼，依山展开，逐渐具备了山地建筑适应地形的巧妙设计。

仙峰寺的意境也展现出时空交融的特点。首先从寺名和供奉内容可以看出，寺庵显示出一种佛道交融的和谐性。虽为佛寺却以仙为名，第一重大殿也一反常态地供奉着道教人物赵公明。寺庵周边点缀着享有盛名的风景形胜，如九老洞和三皇台都记述了道教轩辕帝问道峨眉，偶遇九位仙人的故事。种种神仙事迹，仍然展现着峨眉山作为道教名山的历史。上行途中的仙圭石，同时雕刻着"南无普贤菩萨"六个大字和体量稍小的"仙圭石"三字（图7-11），提醒着游人在漫长时空演变过程中佛道的融合。

时间塑造了仙峰寺人文景观，建筑有机地生长，寺庵形态和景色随时间流逝而变化。而从空间景物中，从不同年代建筑的巧妙搭接，从兼具佛道意境的匾额、题对和自然形胜中，不难感受到时空交融的奇妙意境。

图7-11 仙圭石

参考文献

[1] （英）纽拜. 美学译文第2辑：我们对风景的一种理解[M]. 北京：中国社会科学出版社，1982：185-186.
[2] 金学智. 中国园林美学[M]. 北京：中国建筑工业出版社，2005：220-221.
[3] 吴怡注译. 易经系辞传解意[M]. 台北市：三民出版社，2002.
[4] （东汉）高诱. 吕氏春秋[M]. 上海：上海书局，1992.
[5] （唐）房玄龄. 管子[M]. 上海：上海古籍出版社，1989.
[6] L·Gardet and others. Cultures and Time[M]. Paris: The UNESCO Press. 1976.
[7] （东汉）高诱. 吕氏春秋不苟论第四当赏[M]. 上海：上海书局，1992.
[8] 王文锦. 礼记译解[M]. 北京：中华书局，2001.
[9] 乐后圣总编，张清华主编. 鹖冠子环流篇[M]. 长春：时代文化出版社，2003.
[10] 陈遵妫. 中国天文学史[M]. 上海：上海人民出版社，2006：97.
[11] （东汉）许慎. 说文解字卷4[M]. 北京：中华书局，1985.
[12] （西汉）刘安. 淮南子天文训[M]. 沈阳：万卷出版公司，2009.1.
[13] （宋）聂崇义. 新定三礼图[M]. 北京：清华大学出版社，2006：115.
[14] 韩养民. 中国古代寺院生活[M]. 西安：陕西人民出版社，2002：22-251.
[15] （清）董诰等编定明堂规制诏.全唐文第1部（卷十三）[M]. 上海：上海古籍出版社，1990：156-157.
[16] （清）汤贻汾. 画筌析览论时景第五[M]. 百度公共版权. http://yuedu.baidu.com/ebook/e72d0e2eff00bed5b8f31d2f?pn=1&rf=https%3A%2F%2Fwww.baidu.com%2Flink%3Furl%3D5lgBCl7UhLWtWdED_2BGU2W9Y_NdilZAo-wSZwxLD3pHifXwUAP8p9DjLwBreE6SEtCr3vhqSzueoVXQlho8OrBi米i4WNSUf米uQTlUYDQCg-42pfgWS908EsGK0E8iPHWuUOZ4JIS8vfU3hiPhf米BQyUG1cWNDXkbWfX米kKLB0O%26wd%3D%26eqid%3Dd6699384000bbeba0000000356eabe97.
[17] 杜洁祥主编. 中国佛寺史志汇刊第一辑，第45册，峨眉山志[M]. 中国台湾：明文書局印行. 1980：175-186.
[18] 汤明嘉编著. 峨眉伽蓝新记[M]. 成都：四川人民出版社，2005.
[19] 熊锋. 峨眉山万年寺无梁砖殿的修建缘起及其演变[J]. 中国俗文化研究，2005，89-92.

后记

回顾本书的撰写过程,不得不提到一本非常重要的资料——收录于明文书局1980年版《中国佛寺史志汇刊》中的《新版峨山图志》。《新版峨山图志》是1936年成都华西大学哈佛燕京学社出版的一本介绍峨眉山的中英对照读物。全书的开篇介绍了它的编撰过程:峨眉山最早的专门志书始于明末清初胡菊潭的《译峨籁》;清康熙十一年(1672年)蒋超在《译峨籁》的基础上进行增编,写成《峨眉山志》;清光绪十一年(1885年)起,黄绶芙、廖星堂、谭钟岳等人又在《峨眉山志》的基础上进行增补修编,尤其增加图纸的绘制,编撰成《峨山图说》;最终,民国二十四年(1935年),华西大学英文系教授美国人费尔普(Dryden Linsley Phelps)偶然得到一本《峨山图说》,以其为蓝本,加以整理订正,翻译为英文,并重绘其中的山图,成书为《新版峨山图志》。可以说《新版峨山图志》见证并传承了峨眉山跨越百年的变迁史。当翻看书页时,仿佛能够看到百年来文人墨客穿梭于峨眉山月之中,他们将峨眉绝怪的山岭景观作为神奇、灵动、浪漫的文化标志,感受它、记录它、歌颂它。而在诗人骚客、道士僧人的反复感知和吟咏过程中,峨眉山的景观完成了自然与人文的结合,成为巴蜀地区文化融合与历史演变的缩影,也成为中国名山景观的代表。

然而,在经历清朝后期以来的连续社会动荡和长时间的放任发展后,峨眉山的人文景观持续衰退。新中国成立后,国家将峨眉山划定为第一批国家级风景名胜区,对峨眉山展开了长期而深入的景观修复。如今,在中国国家公园体系建设的背景下,峨眉山的自然和文化价值受到了更加广泛和持续的关注。在这样的背景下,本书从峨眉山景观形成的历史进程出发,深层次地剖析峨眉山人文景观特征,对其整体布局、个体营造进行系统的总结、归纳与分析。对景观生成背后的地域文化进行探讨,以峨眉山为典型案例,为传承巴蜀地域文化,构建名山风景区研究框架,推动中国国家公园体系研究与建设作出贡献。

山岳风景名胜是中国壮丽河山的缩影和代表,几十年来,笔者携研究生们跋山涉水,遍访名山大川,足迹遍布祖国各地。在自然的感化之下,多年来一直在思考"人化的自然"这一哲学和美学命题。随着时间的推移和对名山风景名胜认知的积累,逐步形成明确的思想体系和研究路径,遂作"中国名山风景名胜区研究丛书",旨在挖掘和探讨中国山岳风景名胜中所蕴含的人与天调、自然与人文高度融合的理景精髓和文化传统。

本书撰写过程中，肖遥结合其博士论文做了大量工作，工作室的研究生展开了多次现场调研、测绘工作。在此，也感谢中国建筑工业出版社严谨的审阅和检查，他们耐心、细致和认真的工作促使本书兼具可读性与科学性。感谢协助本书排版、校对的研究生们，他们不厌其烦地检查校对文字与图纸，完成了大量细碎但重要的工作，保障了本书的出版质量。

本书由北京林业大学"城乡人居生态环境学科相关专著出版"项目资助